CROYDON AIRPORT FLYI

Historic Aircraft Profiles in Colo

Research, Text and Artwork

PETER G. COOKSLEY

London Borough of Sutton Libraries and Arts Services

CONTENTS

Introduction

Royal Aircraft Factory B.E.2c, 1916	(1)	Douglas DC-2, 1935	(11)
Sopwith Pup, 1917	(2)	Mitsubishi "Kamikaze", 1937	(12)
Royal Aircraft Factory S.E.5a Racer, 1921	(3)	de Havilland D.H.88 Comet, 1938	(13)
Bristol M.1D., 1922	(4)	Hawker Hurricane Mk.I, 1940	(14)
Gloster Mars I Bamel, 1922	(5)	Curtiss P-40 Tomahawk, 1941	(15)
de Havilland D.H.34, 1923	(6)	Avro XIX, 1945	(16)
de Havilland D.H.60G Gipsy Moth, 1930	(7)	Douglas DC-3 Dakota, 1954	(17)
Fokker F.VII/3m, 1930	(8)	Miles M.65 Gemini, 1959	(18)
Handley Page H.P.42W, 1931	(9)	de Havilland D.H.82A Tiger Moth, 1961	(19)
Wibault-Penhöet 283, 1934	(10)	Druine D.31 Turbulent, 1980	(20)

First Published 1984
London Borough of Sutton Libraries and Arts Services
Central Library, St. Nicholas Way, Sutton, Surrey. Tel: 01-661 5050
ISBN: 0907335101
Printed by Judges Postcards Ltd., Hastings

INTRODUCTION

It seems difficult now to believe that Croydon Aerodrome was once the equivalent, before 1939, of London Airport today. Even after 1945, and Heathrow, Croydon Airport was still providing a service to the Croydon area as Lulsgate does for Bristol.

That there still exists an enormous interest in the Aerodrome is proven by the sales of the series of books on its history which Sutton Libraries have published, and also by the existence of the Croydon Airport Society.

This organisation, founded in 1978, has rapidly grown in membership and stature, under the Presidency of Sir Peter Masefield, and there is now a real prospect that a museum of Croydon Airport and civil aviation will soon be established in the former Terminal Building along Purley Way, in conjunction with the Guardian Royal Exchange Assurance Group, its owners.

detail. Here, specific aircraft are taken as representative of those which might be seen at Croydon at any one time, and also as showing part of the evolution of aircraft design. The coloured pictures re-create the atmosphere of a past era and must appeal to all who are interested in the history of transport.

When the first aeroplanes came to the land beside Coldharbour Lane, where reputedly the finest wheat in Surrey had been grown, man had achieved flight only thirteen years before; and the Battle of the Somme had yet to take place. After the First World War, the district would never be quite the same again; and, at the aerodrome, there were aerial races, before Customs facilities were transferred from Hounslow, bringing the passenger planes.

From aircraft that were merely converted warplanes, aeroplanes developed to designs that were the acme of sophistication in their day.

As well as British Machines, there were the airliners from abroad; and airliners dominated the Airport until 1939, interspersed with the visits of record-breaking machines. Late in that fateful year the airliners vanished: their place being taking by R.A.F. machines; including those of the local Auxiliary Squadron, No. 615. In twenty-three years the wheel had come full circle.

After a period of home defence, and then Army Co-operation, Croydon was taken over by Transport Command, and in a sense, reverted to the role for which it was best suited.

Much the same type of work continued in the post-war years with the omnipresent Dakotas, together with Avro Yorks; and even some Percival Proctors which restored the pre-1939 service of trips round the airport, at 10/- (50p) a time.

It was the end of an era when the decision was taken to close the Aerodrome; a ruling that caused the forceful Sir Alan Cobham to tell the Minister of Transport: "Well, you decided wrongly!" Nevertheless, nothing could save the field; and in 1959 the last aeroplane climbed away into the gathering dusk.

. . . Or was it the last? Apart from some remaining industries associated with flying, a forced landing, and some static aircraft for the Croydon Millenium Exhibition, there were few planes at Croydon Airport until May 1980; when, on the same day that the S.A.S. rescued the hostages from the Iranian Embassy, Sutton Libraries and Arts Services organised an air display at Croydon to celebrate the fiftieth anniversary of Amy Johnson's solo flight to Australia, and launch the book Croydon Airport: The Great Days 1928-1939. At the end, a lone machine took off into the cold early evening; this was the very last aeroplane to fly from Croydon . . . perhaps?

Royal Aircraft Factory B.E.2c, 1916

History records that although, in the words of the brief history that appeared on the south wall of the entrance to the Airport, following its reconstruction in 1928, it had "been utilised for national purposes continuously since December, 1915", the first aircraft to be permanently based at Croydon were a pair of B.E.2cs which arrived in January of the next year; and it is said that these were sent up at the end of the same month when raiding Zeppelins were reported heading for London.

We know for certain that both of the B.E.s were also alerted on the night of March 31st when the German airship L15 was reported over the South-East suburbs. If any of the citizens of Croydon heard one of the Daimler-built machines taking off at 11.55 p.m., it must have been comforting that the Royal Flying Corps was at last hitting back at the raiders, for bombs from Böcker's L14 had fallen on Oval Road, and other roads nearby, damaging houses there.

The armament of B.E.2c 2574, which was flown by 2nd Lieutenant P. Rader, consisted of four 20 lb. high explosive bombs, and five incendiary bombs, in addition to a Very pistol with four cartridges, and two parachute flares; testimony, like the light-coloured finish of the aircraft, that night interception was still in its infancy, and the best way to deal with Zeppelins seemed still to be bombing them from a superior altitude; a tactic with which Sub-Lieutenant Warneford had successfully dealt with LZ37 over Ghent, only nine months before.

The 90 h.p. R.A.F. 1a motor, No. 22981 (WD871) was running smoothly, as the pilot made two circuits of the aerodrome before setting course due east in the direction of Joyce Green in Kent. Twelve minutes later, he was passing over Farningham; and after twenty minutes in the air, having climbed to 5,000 feet, he was in sight of the other aerodrome which marked the limit of his patrol line.

Here, Lieutenant Rader crossed the river which shone brightly below, and at the same moment noted another machine sent up to seek out the raiding airships, passing 200 feet below in the opposite direction, an unusual event as interceptors tended to be scattered over a large area and widely separated.

During the thirty-five minutes that he circled the vicinity, the pilot became aware that patches of mist were developing below; so that, gradually losing height from the maximum of 9,500 feet to which he had climbed, he now turned west and headed for Croydon once more.

At about midway between Waddon and Joyce Green, the sound of the motor attracted the attention of the ground defences, and an uncomfortable few minutes followed as a searchlight beam probed the sky behind.

After a few more minutes' flight, during which Rader noted a pair of inexplicable bright blue lights, one of which was intermittently winking, in a very dark patch below, Croydon came once again into view, and, fearing a sudden ground fog developing (a commonplace in rural areas such as this), he made a landing at 1 a.m.

The aircraft, a presentation from the Central Argentine Railway, as noted on the side, is known to have been with another detachment at Sutton's Farm in the middle of July 1916 and again in October.

On the same night that Lieutenant Rader was on patrol, Croydon's other B.E.2c was sent aloft with Captain F. G. Dunn at the controls. This flight lasted from 9.55 p.m. until 10.56 p.m. on the night of March 31st, but was uneventful. Maximum height gained by 2584 was 11,000 feet.

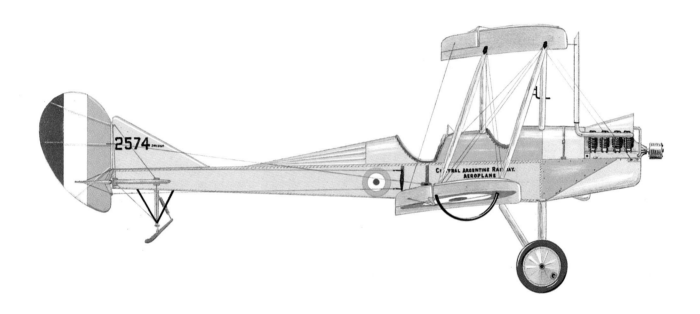

Royal Aircraft Factory B.E.2c   **(1)**

Sopwith Pup, 1917

During 1917, the use of the aerodrome was increased, and this brought other aircraft types to the area. Among these were the famous Sopwith "Pups" of No. 40 Training Squadron of the Royal Flying Corps, a type which was to become a part of history as among the most delightful of all single-seaters to fly.

It was these qualities that made the "Pup" much sought-after as officers' "hacks" and one such was A 7311 built by the Standard Motor Company, the trade-marks of which appeared on the wing-struts. This was flown by Major J. B. McCudden, the V.C. who had a close friend in Onslow Gardens, Wallington, and who visited Croydon Aerodrome at least once in it.

McCudden had taken delivery of the machine at the beginning of May 1917 from Hounslow, and flown it to Joyce Green where he was stationed as an instructor. Here it had been overhauled; and, probably at the same time, the windscreen of his own design had been fitted. The day following the completion of the work on June the 2nd, it had been taken to Dover, where the gun-mounting was fitted on the upper wing in a modified centre-section, to take the 47-round Lewis gun. Another special feature was the colouring of the underparts light blue to blend with the sky when flying above enemy raiders; interception being a not unusual task of instructors at that time.

June the 13th, 1917, found McCudden arriving at Croydon, only fifteen minutes' flying time from his own station, to give a lecture. He taxied up to the sheds and was at once struck by the atmosphere of excitement. Asking the reason for this, he was told by Croydon's Commanding Officer that an aeroplane raid was expected, a type of attack that was replacing the night raids by airships of the previous year.

On hearing of the impending attack, McCudden at once became angry with himself for not having brought his machine-gun along, so that he immediately took off from Croydon once more and returned to Joyce Green in a further quarter of an hour, later proudly recording that the journey was completed at 105 m.p.h. Here, he and his mechanics fitted the weapon which replaced the standard armament of a fixed, forward-firing Vickers gun, in record time, for the sound of the raiders could be heard approaching.

He took off again, and soon arrived over Sheerness at an altitude of 13,000 feet, from where he could make out the bombers over Southend. At the cost of some height, he caught up with the Gothas, but then found that the distance could not be closed futher; so he opened fire from the range at which he was. The whole of a drum loosed-off seemed to go unnoticed by the raiders, but part of the second brought some return fire that was sufficiently accurate for McCudden to note the scent of the incendiary bullets.

He then withdrew from range and expended the whole of the third and final drum of ammunition without visible result, so that there was nothing for it but to break off and return to Joyce Green in a mood of frustration.

On other occasions when James McCudden was at Croydon he recalled that it provided particularly rich opportunities for shooting game in the surrounding area!

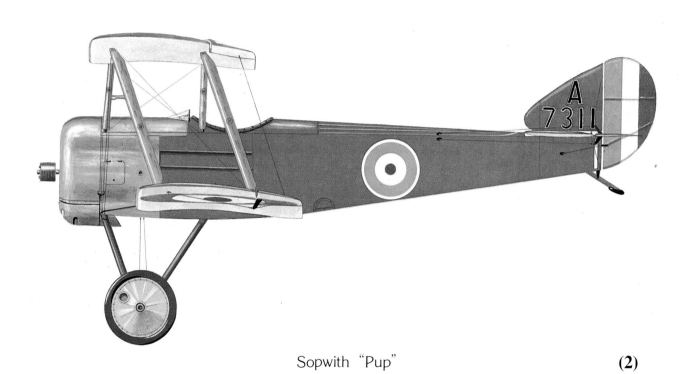

Sopwith "Pup"

(2)

Royal Aircraft Factory S.E.5a, 1921

With the end of the First World War, military aircraft produced against late contracts were delivered straight to store and from thence sold via the Aircraft Disposal Company at Waddon. This was the case with a batch of one hundred S.E.5a fighters produced by the Martinsyde Company of Brooklands, Byfleet, Surrey; the market value of these machines being £700 each.

Eight of these virtually-new Wolseley Viper-powered S.E.s were taken from store and prepared for hire to the Royal Aero Club for use in a proposed Oxford v. Cambridge Air Race on the 16th of July, 1921, three machines for each University to be flown by undergraduates with more than 1,000 flying hours to their credit. One S.E. was kept in reserve by each team, Oxford's former F5303 being registered G-EAXR, racing number 20; while Cambridge's reserve, No. 28, was ex-F5285, now G-EAXS, its race number being unusually carried on the fin. These received their Certificates of Airworthiness on July 9th and 8th respectively.

Although the aircraft were produced from Croydon, and serviced there, as well as having their racing colours applied (Oxford sported dark blue rudders with white numbers), the race took place from Hendon, returning there after a circuit over Epping and Hertford. Oxford's line-up was No. 31, G-EAXQ, formerly F5249, only the second S.E.5a to receive civil registration, flown by A. V. Hurley (Keble); No. 25, G-EAXV, ex-F5253 with A. R. Boeree of Oriel, the originator of the varsity air race, at the controls; and N. Pring (New College) in No. 29, G-EAXW, previously F5259.

Cambridge entrants were R. K. Muir (St. Catherine's) in No. 26, the former F5258, G-EAXT; W. S. Philcox (Caius) flying No. 30, G-EAXU, previously F5333; and No. 32, lately F5257 and now G-EAXX with A. Francis (Caius) at the controls.

After a hard-fought contest on one of the hottest afternoons of the summer, Cambridge, who chose to fly the course in the cooler conditions offered in the upper air, won the first three places and the accumulated prizes of more than £400, with Philcox (30) coming in first, and with Francis (32) and Muir (26) in second and third positions respectively.

The careers of all the competing S.E.5as, following the race, were relatively brief, and they continued to fly without any registration save for that on the fuselage (of course, the racing numbers were deleted); 'AXQ which had larger letters than the others, set further forward, gaining a "G" on the rudder; unlike 'AXV, which did not, but was unique in having a small-character serial number under the fin rib well forward. Other detail differences that appeared were the clear-doped wheel covers, and domed spinners, on 'AXW and 'AXQ.

By November 1922 all the University Air Race S.E.5as had gone, either lost in crashes or broken up; 'AXU, the winner of the contest, being destroyed on the 17th April, 1922, at that same Croydon from which all eight had come only nine months before.

Royal Aircraft Factory S.E.5a (3)

Bristol M. 1D, 1922

Following the sudden curtailment of orders at the end of the First World War, the British aircraft industry made strenuous efforts to procure orders in other than military fields. The Bristol Aeroplane Company was no exception, and the former monoplane fighter type that had seen service in the East seemed to offer possibilities as a racer.

Accordingly, three were brought back from the Aircraft Disposal Company, and conversion of these to sporting and race standard was undertaken; one, registered G-EAVP, being powered by a three-cylinder, air-cooled radial motor, the 100 h.p. Bristol Lucifer.

Finished largely in the Company colours of scarlet and white, the Bristol M. 1D, as it was known, made its *debut* at Croydon in 1922, on the 17th of April. Fifty pounds lighter than its military predecessor, it appeared, with its spectacular performance, almost the epitome of the brave new world that was looked forward to after the Armistice. To the watching crowds, it seemed that so much that was exciting and new was taking place in several fields; including that of radio, for the same year saw the foundation of the British Broadcasting Company.

Flown by Cyril Uwins, Bristol's test pilot, the little Bristol achieved third place in the first race of the day, over sixteen miles and at an average speed of 100 m.p.h.; and second place in the next event over double the distance.

The next appearance of the M. 1D, with a slightly revised shape to its fin and rudder, was once again at Croydon, during the Whitsun meeting on the 3rd of June. With Uwins again at the controls, the Type 77, as it was occasionally known, achieved first place; and the archives of the Croydon Airport Society contain a photograph of the racer being taxied-in to a welcome by a large crowd at the end of this event. It flew again on the Bank Holiday of 7th August that year, with Larry Carter winning in it at its best speed to date, 108 m.p.h., although not at Waddon.

Minor engine trouble caused it to be withdrawn from the King's Cup race in the following month, when Rollo de Haga Haig was forced to retire at Aylesbury; although neither was this contest connected with Croydon.

The Bristol's next, and final, appearance, however, was when it was entered for the Grosvenor Cup Race on the 23rd of June, 1923, now fitted with a more powerful 140 h.p. Lucifer engine. The course started from Lympne, and was to be flown via Croydon to Birmingham and then Bristol. Leslie Foot completed this stage in good time, but on landing at Filton complained of petrol fumes. The source of these was discovered in a fuel-tank leak which was hastily repaired.

Setting course for Lympne, again via Croydon, on the return journey, the racer was seen to be flying low and with the engine at full throttle, on course for Waddon. A few moments later, watchers were horrified to see the scarlet machine dive without warning into the ground near Chertsey, where it burst into flames; Leslie Foot, one of Britain's most accomplished aerobatic pilots of the time, perished in the disaster.

Bristol M.1D   (4)

Gloster Mars I Bamel, 1922

Although set in quiet surroundings where agriculture was still carried on, the position of Croydon Aerodrome, so close to London, made it a natural mecca for sports flying; and 1922 was a vintage year for such events.

Among the entrants for the Aerial Derby was a small biplane of smart appearance, the Gloster Bamel, alternatively known as the Mars I. It had already distinguished itself in 1921 at the same event, and in the following December, flying from Martlesham Heath, had achieved a speed of 196.4 m.p.h., breaking the World Speed Record, although with too small a margin over the existing figure for an official claim to be made.

Its appearance resembled the S.E.5a fighters and racers, due to both these and the Bamel being designed by H. P. Folland; although the new racer more closely owed something to his 1918 fighter design, the Nieuport Nighthawk, before the parent company was bought up by Glosters, the Bamel being Folland's first design for his new employers.

At various times considerable modifications had taken place, including even wheel fairings and the enclosure of the wheels themselves in linen bags, the better to streamline the machine. The so-called "lobster pot" Hamblin radiator, one of the first ducted designs, was at one time doubled, and the central bank of cylinders of the 450 h.p. Napier "Lion" motor was on occasion uncowled. Later, the fin and rudder were increased in area, giving an even stronger resemblance to the S.E.5a, and it has been claimed that this modification and the doubling of the radiators had been carried out for the 1922 Aerial Derby.

However that may be, the artwork is based on a photograph of the machine at Croydon Aerodrome where the Gloster Bamel was flown by J. H. James, the livery of Cambridge blue fuselage and white flying surfaces exciting comment from the spectators at Waddon as it flashed round the course.

It came as no surprise to the crowds to learn that, of all the contestants in the event, the Bamel had achieved the fastest time, of 177.85 m.p.h., but the day did provide a different type of excitement, which probably gave a far more interesting topic for conversation than did the new record that had been set up.

In those days, crowd control was somewhat lax, and photographs show no barriers between the spectators and the racing planes as they taxied-in after finishing the course. That the gathering was a large one was ensured by the Derby's being staged on August Bank Holiday. The gathering at Croydon was particularly dense where the competing planes were scheduled to land, and there was a ripple of fear along the front ranks as the Bamel came in with its high landing-speed. This was not unjustified, for many believed that the little racer was about to run into part of the crowd. Seemingly, the pilot also felt this, and with his velocity still high enough for the controls to respond, Mr. James managed to avoid a tragedy at the last moment by means of a violent swerve away from the phalanx of people. The crowd was avoided and no more harm done than that of a few pulses set racing; but the fact remained that the danger had been very real, and so violent had been the manoeuvre that the tyres were stripped from both of the Gloster's wheels!

Gloster Bamel

(5)

De Havilland D.H.34, 1923

Civil aviation had, by 1923, made great strides since the days of converted military aircraft for commercial transports, and a large number of companies had sprung up, all intent on gaining maximum trade from the small number of air passengers of the time.

Two of the more important were the Instone and Daimler companies, both based at Croydon and operating the D.H.18 powered with a Napier Lion motor. It therefore came as something of a surprise to these operators to learn that the replacement type designed by the same manufacturer was to be equipped with the Rolls Royce Eagle engine. The result of the negotiations which followed was that a partial re-design of the new passenger machine took place, and in its final form it emerged with the earlier power plant.

The D.H.34, as the type was designated, was destined to be one of the most successful machines to be produced by the company during the early days of scheduled air services, despite its ungainly appearance and the impression it was possible to gain that the motor was added as an afterthought; although it bore the stamp of its builders in having the typical de Havilland shape to the fin and rudder, albeit with a slightly more blunted apex than usually encountered.

Eleven aircraft were eventually produced, the first flying in March 1922; the same machine making an inaugural commercial flight from Croydon to Paris on the 2nd of April.

Eventually these machines became a common sight at Waddon, as the Aerodrome on occasion continued to be called, either in the blue and silver livery of the Instone Air Line, which operated four, or in the distinctive all-red finish of Daimler Airway, which flew half a dozen (G-EBBS, at least during a part of its career, being unique in having a grey finish to the nose panels).

Ten passengers could be carried in the comparative comfort of a closed cabin, which contrasted with the open position for the pilots, a provision which may well indicate a similar thinking to that which resulted in the failure to provide tram drivers with a seat, in order that they should remain alert!

Two years after the introduction of the type at Croydon, the seven which were then in use were absorbed into the new Imperial Airways, an amalgam of the several smaller companies then operating, including Instone and Daimler.

That the de Havilland 34 was a reliable machine there is no doubt, for it is recorded that, some nine months after the maiden flight of the prototype, 8,000 miles had been flown by it; while the second machine of the Daimler fleet, G-EBBS, shown here, is claimed to have flown 100,000 miles without overhaul. It was this machine which opened the service to Paris from Croydon on the 2nd of April, 1922, having been delivered only on the 31st of March.

On 30th April, 1923, this same aircraft opened a new service to Berlin via Amsterdam and Hanover (or alternatively Hamburg).

Despite achievements such as these, the type was relatively short-lived; and by 1927 it had vanished from the Croydon scene; the final four D.H.34s having been scrapped in the preceding year, their end being hastened by Imperial Airways' decision to re-equip with larger machines.

Difference of detail, with regard to such items as control runs, folding passenger ladders, navigation lights, etc., could be found between individual aircraft and at different times.

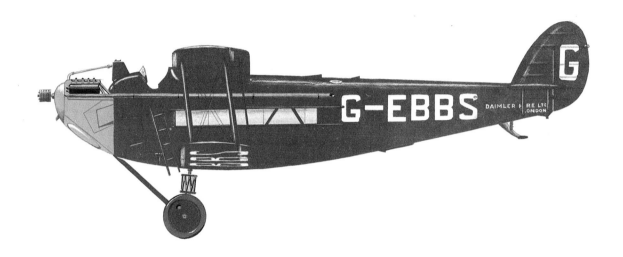

de Havilland D.H.34 **(6)**

De Havilland D.H.60G Gipsy Moth, 1930

Nowadays, a night spent in the Aerodrome Hotel is a most pleasant experience, and there is no fear of sleeplessness brought about by the traffic thundering along Purley Way. However, in 1930, when the comforts of the rooms were less complete, Amy Johnson had spent a miserable night with very little rest; hardly conducive to a bright and early start when you are about to fly alone to Australia the next morning.

Not surprisingly, she was therefore up before dawn, and after breakfast, when she declared herself as feeling "lousy", was soon out into the chilly May morning to look over her aeroplane.

It was newly finished in a colour scheme of bottle green, "about the shade of my suit", as she described it to her mother; with silver lettering. On the nose was the new name, added when the previous owner's dark red livery had been discarded; "Jason", a reference not to classical mythology, but to her father's brand of kippers!

Croydon Aerodrome, with its new terminal buildings gleaming off-white in the cold light of dawn, was almost deserted, as the Moth was wheeled out and the final checks made. Muffled-up against the chill, like the other men there, were a few Press photographers, who would have noted the long, cumbersome bundle, lashed to the centre-section struts on the port side, which was a spare propeller being taken along in case of accident.

Another feature which made "Jason" different from other Moths at the time was the disappearance of the front cockpit, now used to house an additional fuel tank and covered over.

Everything seemed ready, and the £5 a week typist, the "ordinary girl" from Hull, settled herself as well as she could, with her heavy clothing and parachute, into the cockpit, and the heavy propeller that would reduce her cruising speed below the 90 m.p.h. norm was swung. Just as the motor spluttered to life, a smell of petrol was noticed indicating a leak. After the engine had been stopped, a search showed this to be at a faulty connection which could not be remedied for several hours. Frustrated, Amy went back to the hotel.

It was 7.30 a.m. before the work was completed; and "Johnnie", as she liked to be called, was again in the pilot's seat; this time all seemed well, and there remained only the problem of getting the overloaded little biplane off the ground. She had never taken such a heavy machine off before, and the first attempt was a failure, so that she had to close the throttle to prevent running into the boundary fence; although this was partly due to failure to use the full width of the Aerodrome.

However, Amy had gained the "feel" of the Moth now, and precisely at 7.45 a.m., "Jason" staggered into the air and vanished into the early morning haze.

In a letter written the next day, Will Johnson, her father, set down what he had seen and felt the morning before; naturally, he was looking forward to his daughter's return when they all met again — "at Croydon", he added.

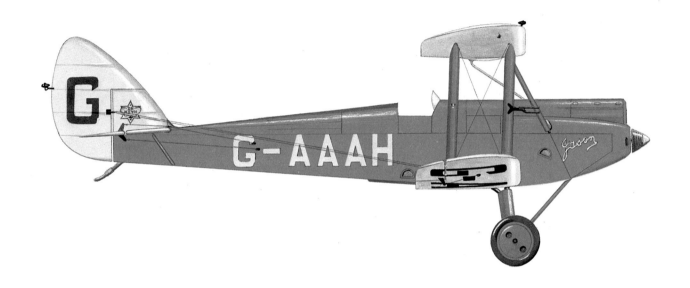

de Havilland D.H.60 Moth (7)

Fokker F.VII/3m, 1930

Despite the appearance here of individual sports machines to be used in bids on various records from time to time, Croydon, the prototype of Customs Airports throughout the world, was firmly the Airport of London by this time. This was probably a contributory reason for the re-building of the small Victorian Waddon Station a little later, and rail travellers would be greeted by a sign "Waddon, alight here for Croydon Aerodrome".

Among the many striking airliners which now regularly used the Airport was an example of the famous high-wing Fokker tri-motors, similar to the trans-Pacific "*Southern Cross*", of Australian Charles Kingsford Smith, which also visited Croydon on one occasion *en route* for overhaul by the parent company.

One of the best-known operators of the Fokker F.VII was the *Société Anonyme Belge d'Exploitation de la Navigation Aérienne*, more briefly known as SABENA, which introduced a large fleet of these machines in 1929; although their first real impact at Croydon was probably made the following year when the type was used to inaugurate, in April, the London to Brussels mail service.

In this role they provided a nightly spectacle for residents of the district; when, particularly in the dark evenings of the winter months, the Fokkers made a dramatic picture with their big, wide-chord wings, as they made an almost stately progress, with a prominent searchlight beam from the aircraft seemingly carving out a path through the gloom.

Power was supplied by three Gnome Rhône Titan radial motors delivering 230 h.p. each, so that, with a ten-passenger capacity, they were capable of a cruising speed of 93 m.p.h.

However, although the Belgian operators of this type are probably the best remembered, the country of origin, Holland, also flew them on European routes under the flag of KLM, *Koninklijke Luchtvaart Maatschappij.*

In use, these Fokker airliners, particularly those operated by SABENA, were to prove safe and reliable, so that they enjoyed a comparatively lengthy operating life, remaining long part of the Croydon scene. But, by 1936, they were clearly becoming superseded, and a gradual withdrawal was begun; although, at the same time, some bearing the legend SABENA TRANSPORTS AERIENS were inaugurating new services from Brussels to the (then) Belgian Congo, where they could still be found four years later.

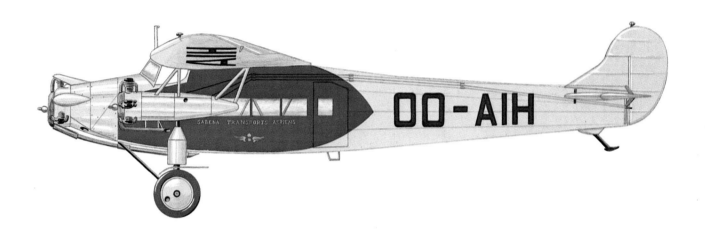

Fokker F.VII/3m

(8)

Handley Page H.P.42W, 1931

Probably no airliner is more evocative of Croydon Airport than the H.P.42, so much so, in fact, that even today a photograph of one such, *Hengist*, occupies pride of place on the cover of Sutton Libraries' *Croydon Airport: The Great Days*, while in silhouette it forms the logo of the Croydon Airport Society.

The first of these imposing machines made a proving flight from London to Paris on the 9th of June 1931, and there was thus established the long association between the machine and the London Airport of the day. Indeed, so long was the operating life of the type, that several, if minor, changes of markings took place; but there lodges firmly in the mind the huge word "IMPERIAL" along the undersurface of the fuselage with the tops of the letters to the port side.

Handley Page H.P.42Ws (i.e. Western version; there was a different one for Eastern services) were the first four-engined airliners to go into regular passenger service anywhere in the world, and their stately grace soon endeared them to the travelling public and enthusiasts alike, particularly when the fleet amassed a total mileage of some ten million miles without harming a single passenger.

This reputation was retained, and even enhanced, in August 1931, when all aboard walked away from a forced landing near Tonbridge, although *Hannibal* had to be dismantled (temporarily) as a result.

The crew sent to do this found the machine the centre of interest for a large crowd of spectators, and these were quickly organised into orderly lines, each being charged one shilling to view the inside of the machine. Great was the astonishment, therefore, of the men responsible, when they were dismissed from employment a few days later, perhaps partly because one of their number failed to recognise some officials of the operating company, and ordered them sharply back into the queue.

This action by Imperial Airways quite naturally caused some strong feelings, until the crew suddenly had their jobs restored when it was pointed out that they had been "safeguarding the aircraft" and, by their action, had prevented vandalism by souvenir hunters!

An additional charm that appealed to many of the passengers taking H.P.42s out of Croydon was the provision of meals and light refreshments in flight, although this service was by no means confined to the Handley Pages. One wonders how many, if any, of the travellers ever knew that provisioning the aircraft was part of the duties of the cabin crew, and that each day they would make the trip to Croydon market in Surrey Street, there to buy the perishable necessities for that day's flights.

As the 1930s drew towards their close, more modern machines such as the A.W. "Ensign" and D. H. "Frobisher" Class airliners seized public attention at Croydon; but, despite their slow performance, giving rise to jibes by their critics about "built in headwinds", the H.P.42s soldiered on until finally impressed for transport duties by the R.A.F. at the outbreak of war in 1939 (except for "*Hengist*" which had been destroyed in a hangar fire at Karachi in 1937).

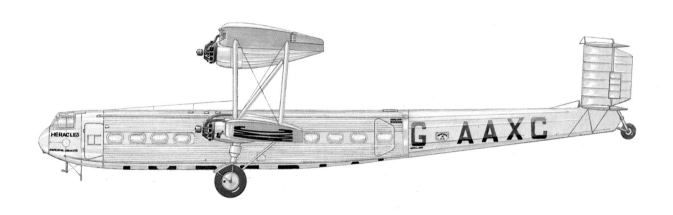

Handley Page H.P. 42 W

(9)

Wibault-Penhöet 283, 1934

Although the name might lack a familiar ring, the shape of this airliner is still strong in the recollections of many, an outline which was emphasised for some by the distinctive livery of Air France with its winged sea-horse badge which is still to be seen.

The prototype first flew in November 1930, and was designated the Wibault 280. Small and compact in size, with dimensions approximately those of the Junkers Ju 52, another tri-motor and a contemporary, these airliners first became familar at Croydon in the shapes of the 282 models operated by a forerunner of Air France, Air Union, two being F-AMHN and F-AMHO.

This service was the famous Golden Clipper (Voile d'Or) route from Paris to London where they replaced the ageing LeO 213 machines, a familar sight beside Purley Way in former years, but now obsolete, having been developed from a bomber design that followed the principles which had been laid down for such machines at the end of the First World War!

Another operator of the 282 was CIDNA (*Compagnie Internationale de Navigation Aérienne*), and the fleet of this organisation was combined with the Air Union machines when the two were amalgamated to form Air France in August 1933.

Following this, a new version was introduced by a company resulting from the joining of Wibault with Chantiers de Saint Nazaire Penhöet, the result being the Wibault-Penhöet 283. This improved model differed from the earlier versions in having motor cowlings, at first on the wing-mounted engines alone, and the enclosure of the main landing wheels in deep fairings.

Ten of these models were delivered in 1934, all now being of course directly earmarked for Air France, and in the meantime the earlier versions were allegedly brought up to the new standard, including F-AMHO, "*Le Téméraire*", shown here. However, perhaps because the new undercarriage arrangement brought airflow problems in its wake on the 283 model, resulting in a call for auxiliary fins and enlarged rudders, it seems that despite their new designation (Models 282, once modified, were re-designated 283s) the programme of improvement was only partially carried out, for as late as 1934-36, F-AMHL, "*Le Fougueux*", could, in company with F-AMHO be regularly seen at Croydon with newly-acquired outboard motor cowlings but retaining the earlier unfaired undercarriage.

But perhaps the most interesting fact associated with this airliner of the 1930s may be found in the name, for 1954 saw the conception by Wibault of the first crude ideas of V/STOL in the Wibault "Gyrocopter" with rotatable casings for a quartet of blowers from an 8000 h.p. Bristol Orion turboprop motor by means of which the efflux could be directed downward to achieve vertical lift!

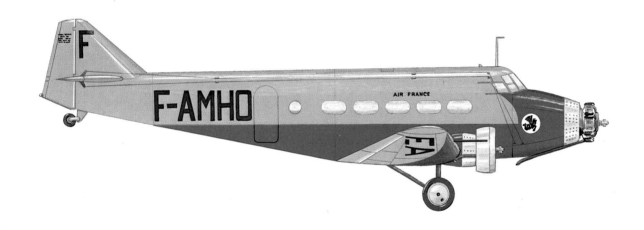

Wibault-Penhöet 283 **(10)**

Douglas DC-2, 1935

A prominent feature, it seemed, of a large number of passenger liners using Croydon as the 1930s advanced, was a fin and rudder boldly painted red with a white cross thereon.

Obviously Swiss, for the insignia was nothing other than the national flag of that country, they were the latest additions to the Swissair (Schweizerische Luftverkehr) fleet. The Company had been formed only a year before the first American Douglas DC-2s had been purchased in 1932, the organisation being formed by the amalgamation of two older companies, Ad Astra and Balair.

Swissair's first machines were Fokker F.VIIs similar to those operated by Sabena, but VIIb models of slightly larger dimensions; and these were operated by very few ground and flight staff. In the same year that the DC-2s were purchased, a small number of Lockheed Orions were procured, the first American types to be operated by the company. However, these, spectacularly finished in an all-red livery, were never operated into Croydon, being committed to the Basle-Zurich-Munich-Vienna service.

By 1935, the DC-2s had become very much part of the Croydon scene, and small boys with notebooks were intrigued to note that not all had identical fin and rudder flashes, some having the cross on a red rectangle filling the width of the rudder alone.

With accommodation for fourteen passengers, plus a crew which included a stewardess, as air hostesses were known then — still something of a novelty — the Douglas machines were used on what was probably the longest non-stop scheduled route in Europe when flying the 450 mile final leg of the Zurich-Basle-Croydon run which the type had inaugurated.

These Swissair Douglas machines were, in their day, very much regarded as a symbol of modernity at Croydon, with their sleek lines emphasised by the undoped metal finish, prominent landing lamps in the nose — which delighted successive press protographers who emphasised the "face" they appeared to make from a certain angle — and the Douglas "Globe" insignia on the nose with its scarlet writing which also tended to show slight variations of style.

Powered by twin Wright Cyclone radial motors which gave a cruising speed of 191 m.p.h., they were undoubtedly very useful machines, with a loaded weight of 18,000 lb., giving a good carrying capacity; but, while Croydon was still at the peak of its international importance, Swissair was to introduce a new machine derived from the earlier Douglas, the DC-3. This, in the years to come, either as a passenger liner, or in its military form — known as the Dakota — was to become almost as much a symbol of Croydon Airport then as the Handley Page H.P.42 had earlier been.

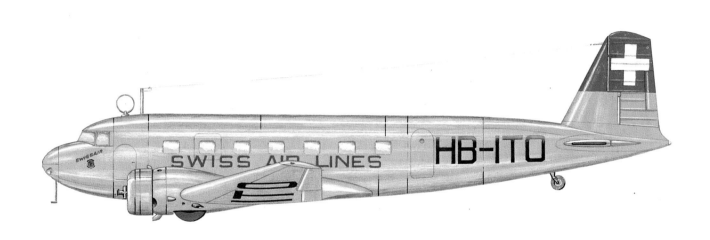

Douglas DC-2   (11)

Mitsubishi "Kamikaze", 1937

If Croydon Airport was now the accepted mecca of scheduled passenger services in and out of the Capital, this is not to say that the record and special flights of the earlier days had by any means ceased, although air travel had become accepted and the seemingly golden age of the route pioneers was no longer regarded as quite so newsworthy.

But one arrival which did excite the media of 1937 was the landing, at 3.30 p.m. on 9th April 1937, of the first Japanese-built aircraft, powered by a motor of native design, ever to arrive in Great Britain. The crew of two consisted of the pilot, Maasaki Iinuma, and the navigator/radio operator, Kenji Tsukagoshi, both of whom were to receive the Order of the Rising Sun following their return home.

The aircraft was of Mitsubishi design and, named the *"Kamikaze"* or *"Divine Wind",* had been built for a leading Japanese newspaper, the *Asahi Shimbun*; the chief purpose of the flight being to bring an illuminated address of greetings to King George VI, whose Coronation year it was.

Twelve stages were planned for the flight, the first being between Tokyo and Formosa, a distance of 1,390 miles, which was begun on the 5th of April. An average speed of 190 m.p.h. was maintained as far as Indo-China, but near Vientiane the flyers were forced down by poor weather, only later managing to reach Calcutta at the highest speed attained on the journey, 215 m.p.h.

The final leg of the trip was merely from Paris to Croydon, and this completed the 9,900 mile attempt in 94 hours 8 minutes flying time, or 3 days, 22 hours and 18 minutes.

Among the crowds that were gathered at Croydon were many of London's Japanese population, in addition to an official of the Japanese Embassy. Also there were the Director of Overseas Civil Aviation, C. J. Galpin; and Harold E. Perrin, the popular Secretary of the Royal Aero Club; but it was the former who delivered the welcoming address on behalf of the Under-Secretary of State for Air.

Examination of the aircraft revealed that the finish was all-metal, flush-riveted throughout with fabric covering on the ailerons and elevators, the whole being finished with several coats of mainly clear dope and polished to achieve a high-speed finish.

The motor was a Nakajima Kotobiki III, nine-cylinder air-cooled radial, delivering only 550 h.p. via a two-blade, controllable-pitch airscrew.

Following the successful completion of the main purpose of the flight the two airmen began a European tour on the 16th of April and, following the return of the record-breaking Mitsubishi to Japan, the aircraft served as the prototype for a second version which was to be named the *"Asakaze"* or *"Morning Wind"*.

Mitsubishi "Kamikaze"

(12)

De Havilland D.H.88 Comet, 1938

There can be few who are not familiar with the tale of the de Havilland D.H.88 Comet, designed for participation in the 12,314 mile race of October 1934, from Mildenhall to Melbourne, Australia; if only for the fact that the sleek, wooden machine was the precursor of the wartime Mosquito aircraft.

Less well-known is that, following the race, the victorious G-ACSS, "*Grosvenor House*" came into fresh ownership, was re-named, and was to be briefly at Croydon Airport.

Naturally, the achievement of the revolutionary machine was not lost on the Air Ministry, and, the following year, the Comet temporarily took service identity as K5084, and in this guise was displayed at Hendon in 1936, only to resume its civil identity during the following year.

After a period of reconstruction by Essex Aero Limited, when de Havilland airscrews and Gipsy Six Series II motors were fitted, G-ACSS emerged with both a fresh colour scheme of pale blue with dark lettering in place of its former dark red civil identity, as well as a new name "*The Orphan*".

It was now entered in both the Marseilles-Damascus-Paris race, where it came in fourth; and the King's Cup of 1937, where the handicap system resulted in its being placed twelfth, but with a speed of 214 m.p.h. However, his experience with G-ACSS in the French race had stood Flying Officer A. E. Clouston in good stead, and he was scheduled to fly it with Mrs. Kirby Green later the same year for the attempt on the Croydon-Cape record and the return journey.

For this, the Comet had gained yet another name, "*The Burberry*" which was emblazoned on the nose with that manufacturer's famous trade-mark, but there were few present to note this type of detail, since the machine landed beside Purley Way in a fog so thick that the fact they had arrived over the Aerodrome was only indicated to the pair on board by the fleeting glimpse of a Rapide looming through the murk!

The Comet's next appearance at Croydon was at a naming ceremony when it became the "*Australian Anniversary*". This was for the celebrations to mark the 150th anniversary of that country's foundation, prior to an attempted record flight financed by the Australian Consolidated Press; but, although Sydney was later reached, the flight was marred by the necessity of escaping from Turkey in the small hours of the morning, and a crash in Cyprus.

Following the extension of a subsequent flight to New Zealand, the return was to Croydon, still with Pressman Victor Rickets as second crew-member; a landing being effected in yet another fog through which the flashing Croydon beacon provided the only recognition sign.

G-ACSS was displayed in the Festival of Britain exhibition on the South Bank site in London in 1951; and is now preserved in the Shuttleworth Collection at Old Warden Aerodrome, near Biggleswade in Bedfordshire.

de Havilland D.H.88 Comet

(13)

Hawker Hurricane Mk.I, 1940

War seemed to come quite suddenly to Croydon. First there was a mass exodus of the civil machines; and then, on a magnificent Saturday morning that made the whole idea of killing one's fellow men seem the final degree of insanity, the Gloster Gladiators of No. 615 Squadron arrived; Kenley, their normal base, having new concrete runways being laid at the time. On the next day, Sunday, the ageing Neville Chamberlain formally announced that this country was at war with the Nazis.

A year later; and the 18th of August, 1940, found the "Kenley Warriors" — as No. 615 were apt to term themselves from the code letters (KW) on the aircraft sides — back at their traditional base and re-equipped with Hawker Hurricanes.

This was to be the "Hardest Day" of the Battle of Britain, but the fact that they were architects of history was far from the minds of the pilots who sprinted for their machines on yet another order to "scramble".

The machine generally flown by Pilot Officer David Looker was unserviceable; and, in consequence, he had been allocated the reserve Hurricane: like himself, a veteran of the Battle of France; a machine allegedly once part of No. 56 Squadron and generally flown by Sergeant Houghton, but one regarded as old fashioned due to its fabric-covered wings.

Having gained height, the Pilot Officer had time to look about him; it was the second alert of the day, and seemed at that moment as unlikely to provide excitement as the first; at least, such were his thoughts until an unseen Messerschmitt 109 made its presence known to Looker by the fact of the Hurricane on his starboard side suddenly bursting into flames and plummeting down out of control.

David Looker immediately took instinctive evasive action, but not quickly enough; for in that same moment the same enemy turned its guns on his Hurricane so that the cannon shells, aimed with deadly accuracy, damaged the British machine's tail so severely it was only after a dive from 25,000 feet that the pilot was able to regain control.

Preparatory to baling out, P/O Looker flung back the hood; but, just at that moment, Croydon seemed to slip by underneath. Kenley could never be reached in a machine so damaged, but, mindful that if at all possible the precious fighter must be saved, the pilot decided in a flash to attempt a landing over Purley Way.

The final approach was made between the Terminal Building and the Aerodrome Hotel, the clean lines of the fighter suddenly made ungainly by the lowered flaps and undercarriage down, so that, to the trigger-happy gunners at Croydon, it seemed to have an angular, sinister appearance. "Stuka", somebody yelled; and immediately all hell was let loose.

Happily the gunners' aim was as poor as their aircraft recognition; but nevertheless, the Hurricane landed badly, and ended up on its nose. David Looker was gently extracted from the cockpit and rushed to Croydon General Hospital, where his wounds were attended to by Dr. John Wainwright.

Today, the same Hurricane, L1592, KW-Z, the only fabric-winged example to survive in the world, hangs in the Science Museum at South Kensington, a few yards from another aircraft associated with Croydon Aerodrome's illustrious history: Amy Johnson's "Jason"

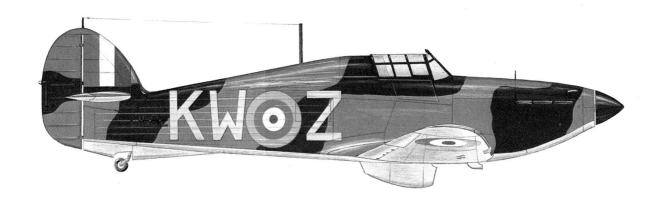

Hawker Hurricane Mk.I   **(14)**

Curtiss P-40 Tomahawk, 1941

Residents of the area surrounding the aerodrome had come to associate it with Fighter Command, particularly since it was a satellite of Kenley in the early years of the 1939-45 War. Certainly, there were tales of Canadian airmen in the district but little was known about them.

Then, one Saturday afternoon, a mother and teenage son were walking back from Croydon to Beddington. They had nearly reached home when the note of an unfamiliar aero-motor seemed to fill the sky. Suddenly, seeming to burst over the houses, so low they were in their approach, came three slim, aggressive-looking fighters with deep, pugnacious radiators. "Tomahawks", gasped the lad; they were the first he had seen.

The youth's identification was correct, the machines which so dramatically appeared that early Autumn day in 1941 were the fighter-reconnaissance machines of No. 414 (Canadian) Squadron which had been formed at Croydon on 12th August of the same year. At first they had been equipped with the almost 'traditional' aircraft of Army Co-operation units, the stately, slow-flying, manoeuvrable Westland Lysander.

Tomahawks had first arrived in Great Britain in the final months of the previous year, as part of an order originally intended for France but taken over by the R.A.F. after the collapse of organised resistance on the Continent.

Except for the substitution of a liquid-cooled engine for the radial Hawk 75, also ordered by France (a few being delivered), the general appearance of the two aircraft was not dissimilar; but the "Mohawk", as the earlier type was called in the R.A.F., boasted round-head rivets for its metal skin, whereas the "Tommy" had flush riveting which reduced the profile drag considerably.

Even so, as a fighter the second type was something of a disappointment, and was never used in that role by the R.A.F. at home. Its armament of only six rifle-calibre machine guns was considered poor, although this was changed in some cases (two of these were synchronised to fire through the airscrew arc). Added to this, the change of engine, and a generally cleaner concept of the Tomahawk, had failed to add more than a small increase of speed over that of the Mohawk; while mock battles with a Hawker Hurricane indicated that although the American machine was certainly highly manoeuvrable, there was in general little to choose between the two from a fighting viewpoint.

However, the stout-hearted Allison motor was sound for low-level work, and it became evident that the real use of the Tomahawk lay in the comparatively new concept of the low-level tactical reconnaissance machines of Army Co-operation squadrons, and in consequence their colour schemes were the same as that of interceptors, even to the rear fuselage identification band whereon a small aperture in the skinning seemed to supply a (sometimes misplaced) full-stop in the serial number!

Croydon-based 414 Squadron's Curtiss machines were later replaced by another transatlantic design, the North American NA-73 Mustang I.

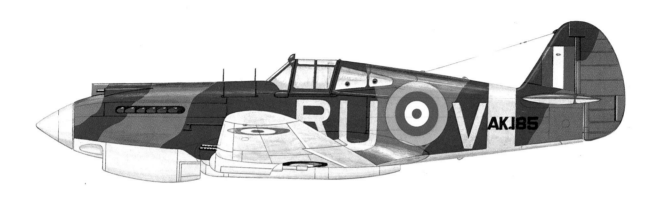

Curtiss P-40 Tomahawk   **(15)**

Avro XIX, 1945

With the changing tide of war, the use of Croydon also altered and the single-seaters gave place to transport aircraft. There were other alterations, too, extending even to a public 'open day' to which entry was gained by the purchase of a sixpenny (2½p) National Savings stamp. The choice of day could not have been less appropriate for it coincided with a fog which obscured everything, and all the few visitors could do was to stand on the roof of the Hotel building and listen to engines being run up under test somewhere in the gloom!

On the departure of the R.A.F. there was therefore little change in the type of aircraft using Croydon, so that, amongst other ex-service machines, a common sight was that of the Avro Anson derivative, the Avro XIX.

As the end of 1945 approached, there were but two of these, although the type was the only new civil feeder-line transport available: G-AGPG painted bright blue and operated on Scottish Airways' Renfrew-Stornaway route; and G-AGNI, shown here. Although the finish of the latter was different, both were alike in still bearing the markings that had been in use throughout the war years, which included the military-style fin flash and the underlined registration which was first seen shortly after the outbreak of hostilities.

G-AGNI was frequently seen at Croydon, although its normal station was Speke, since it was operated by one of the earliest companies to return here (with camouflaged D.H. Rapides): Railway Air Services, flying across the Irish Sea on the Liverpool-Belfast route.

Realised by few who saw or travelled in it, this particular Avro XIX was rather unusual since it had been constructed as the original model (with rectangular windows) and registered as G-AGLB; and it was only following its reconstruction after the completion of flying trials that it was re-registered as shown in the artwork.

The atmosphere of Croydon at this time is conveyed by a glance at the types which could be found there in November. Apart from the inevitable Dakotas — Swiss, Swedish, British and Dutch, there were Airspeed Consuls, D.H. Rapides and Percival Proctors.

However, perhaps many would award the prize for greatest appeal to the first Tiger Moth to be registered after the return to peace, G-AGRA.

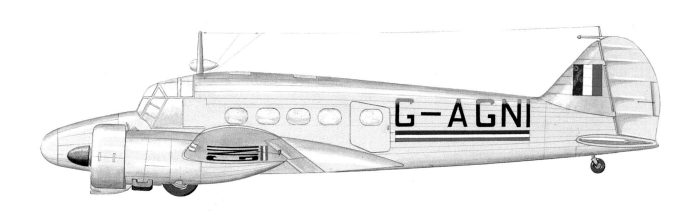

Avro Type XIX   **(16)**

Douglas DC-3 Dakota, 1945

Nine years after the return of Croydon to civil use, the Dakota reigned almost supreme as a passenger transport there. As already related, this was nothing new, for among the first to arrive had been those of Swissair some 18 years before. There had been others, of which some have just been described, plus a bogus Soviet Li-2 (the Russian version of the Dakota) for use in making the film "Top Secret", and even a few genuine ones used to bring delegates to a London conference, and parked meanwhile on the southern side of the airport.

But in addition to passenger and freight transportation there was a good deal of aviation engineering work carried out at Croydon. Typical of the sort of thing called for was the conversion to civil standard of the large number of aircraft of all types which even then were being relegated to the commercial market from the massive stocks which had become surplus to military requirements.

Chosen to represent these is G-ANTC, for which the constructor's number 14666/26111 has been quoted. It was airworthy despite its dilapidated appearance and was flown in for conversion by Transair on August 4th. It was not alone, but is typical of the condition in which deliveries tended to be made.

Civil registration has been hurriedly daubed over incomplete R.A.F. markings, and a variety of dopes have been used so that the standard camouflage scheme is now only partially discernible under a great deal of Dark Earth cellulose, while the same white that shows the registration has been used to obliterate the former serial number (KJ 938).

A fairly large patch of aluminium dope has been applied to the top mid-portion of the fuselage and the same colour has been sprayed over the whole of the rudder that has either been re-covered, or taken from stock, or even from another machine.

Weather-proofing seems to have been a problem, no doubt brought about by long years of standing out of doors; and apart from some silver cellulose round the venturi and on some forward panels, the dark red dope usually employed as a primer outlines the cabin windows, perhaps over strips of fabric stuck on as a temporary seal.

In addition to all this, perhaps the most interesting feature of this DC-3 is the truncated rear fuselage. This points to its having once been intended as a glider tug, since the hook for this work could usually be found in this position on models thus adapted, and when this was removed the area it had occupied was covered by a small metal plate completely sealing the hole, a common feature on many of the machines of this type then in current use at Croydon.

The machine is still airworthy, and can be seen in the Imperial War Museum's collection at Duxford Airfield, Cambridgeshire; but this plate is based on a photograph taken in 1945 by Mr. E. W. J. Crawforth.

Douglas DC-3 Dakota

(17)

Miles M.65 Gemini, 1959

It had been announced that Croydon Airport was finally to be closed, after an active life of some 44 years, on 30th September, 1959. Inevitably there were protests; newspapers carried headlines condemning the step, letters were published deploring the decision to sell the land for re-development, and cars blossomed with a crop of opposing stickers; yet officialdom remained adamant. The suggestion was made that the airfield would be useful as a heliport for businessmen in the nearby towns, but this was quietly dropped.

The final day was a Wednesday, and forty movements took place, many of them being the departure of aircraft to comply with a closure deadline of 10.30 p.m., following which, the Ministry of Transport and Civil Aviation ruled, any aircraft remaining would have to be dismantled and removed by road, an edict the pointlessness of which brought many a wry smile to the lips of the terminal's users.

Croydon seemed almost to cherish its reputation for exotica to the last, and among the Tiger Moths and Chipmunks that made up the final movements was a 17-ton twin-motor Canso amphibian.

As the hands of the famous clocks on the control tower clicked to 5.20 p.m., the last service into Croydon touched down — Morton Airways' de Havilland Dove, G-ANAN from Newmarket.

Aware that something poignant and historic was happening, there was gathered a goodly crowd of spectators: some did their best to record as much of the happening on film as they could, a few openly wept.

It was 6.39 p.m. when the last scheduled flight left. The machine was another of Morton's fleet, a de Havilland Heron Series 1a, G-AXOL, bound for Rotterdam with, appropriately, Captain Geoffrey Last in command; although he has since assured us that he was not specially chosen for the flight, despite his name. He circled the Aerodrome and photographed the crowds gathered below.

A short time later, another Heron departed, Captain T. J. Gunn's G-AOGO, a Series 2, not on a scheduled flight but still the final multi-engined airliner to leave, *en route* for Glasgow. Also now the crowds began to leave. A few noticed a spurt of flame in the dusk, but dismissed it from their minds; perhaps a minority remarked a small cream-yellow Miles Gemini outside what had once been the Aircraft Disposal Company sheds.

Nearly everyone had gone, when the pilot, Mr. Christopher de Vere, later the first Secretary of the Croydon Airport Society, climbed aboard the Gemini. The fire which some had seen had delayed him, for he and some friends were burning in effigy the Minister of Transport responsible for Croydon's closure.

It was almost dusk now, as the little twin-engined monoplane, G-AJWE, sped down the grass runway, its motors thrown back into a weird hollow echo by the emptiness. It circled, gained height, and set course for Gatwick. The last aeroplane had left Croydon.

The few remaining spectators noted the time, 7.46 p.m., and began to disperse; only those who disliked the sound of aero motors so close to their homes were pleased. Now there was no sound at all, except the sad whispering of the evening breeze in the grass . . .

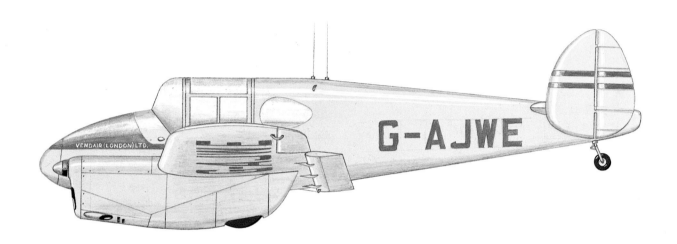

Miles M.65 Gemini   **(18)**

de Havilland D.H.82A Tiger Moth, 1961

Throughout a large portion of the 1950s, one of the sights of Croydon Airport, lying beyond the former Imperial Airways hangars beside Purley Way, was a huge accumulation of Tiger Moth aircraft. These were due for "civilianisation" and the military markings they bore had been crudely obliterated, and in many cases new registrations quickly applied.

In fact, the majority, for one reason or another, were not to fly again.

A former R.A.F. trainer which passed to an unusual purpose in the civil field is illustrated here; its former serial number, T7438 (c/n 83817), reflecting its production as part of early war planning, when a batch of no less than 2,000 Mk.II Tiger Moth trainers was ordered from the Morris Motors company. It was purchased for conversion to represent a World War One Fokker D.VII in the film *Lawrence of Arabia*, in company with two others, both destined to become "Rumpler Vs", G-ANLC (formerly T6945) and G-ANNF, once R5146 and part of an earlier order for 400.

For these reconstructions the trio were completely dismantled at the Film Aviation Services' works at Croydon which represented part of the small specialised aeronautical industry that survived the closure of the Airport.

For the production of the "Fokker", the fuselage was altered, and the front cockpit stripped out for the reception of a special fuel tank before being covered with an alloy sheet. Strong points were added for the subsequent fitting of replica Spandau machine guns.

Naturally, the motor was overhauled, and fuel pumps fitted, before the apparent thrust-line of the engine was lowered by building up the top line of the cowling with special panels.

The wings of the Tiger Moth differed from those of the Fokker in that the latter were of unequal span; and the Tiger's lower panels were therefore shortened by some 34 inches, while, at the same time, the controls were shifted from the lower to the upper wing. Trailing edges were given the distinctive scalloped effect associated with the Fokker.

With the fitting of the fuselage fuel tank, there was no need for the one with its gravity feed from the upper centre-section and, as a result, a new lifting area was added in the top wing, and a streamlined fairing designed for the axle of an undercarriage which was completely re-designed.

This work was one of the largest problems, but attention to detail even went as far as discarding the modern low-pressure tyres and substituting, as more representative, those intended for motor-cycles; springing being obtained both here, and for the tail-skid, by elastic cord in the manner of the earlier age.

Something of a complete redesign also took place for the tail unit, to present the outline associated with the German machine; perhaps the most striking feature being the change in the rudder outline, which, although a compromise, produced an acceptable representation.

Naturally, such alterations as these, which included the extension of the tailplane forward at the root, called for a very careful consideration of the effective surface distribution and of the weights, and these were successfully kept similar to those of the Tiger Moth so that control remained little changed.

Suitable camouflage and early Turkish insignia were added.

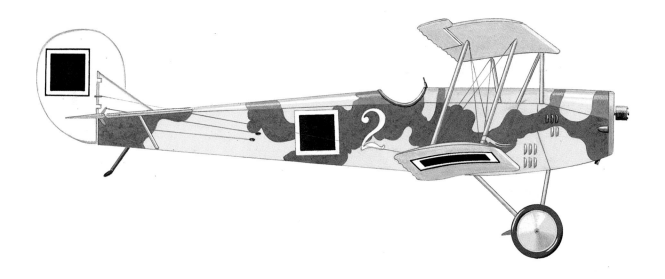

de Havilland D.H.82A Tiger Moth

(19)

Druine D.31 Turbulent, 1980

For more than 20 years, it seemed that Croydon Airport was dead, and largely gone beneath Roundshaw Estate, until the unexpected took place: when, for a day of the Spring Bank Holiday in May, 1980, Sutton Libraries and Arts Services decided to stage a Croydon Airport Show; no static exhibition of nostalgic photographs this, but a live flying display and entertainment for everyone. Coupled with this was the launching of the book *Croydon Airport: The Great Days*.

Thus it was, that on a bright, but cold day, Croydon came alive once more with a show so successful that some who started for the display late in the day were disappointed by the jam of traffic that prevented their arrival, and, when it was all over, the telephones began to ring with callers eager not to complain but to congratulate anyone they could on the bold step that had been taken in reviving, however briefly, the vanished glories.

"Zany" the undertaking was described in the ebullient official programme; and it certainly seemed to be; but it was that type of buoyancy which could do no other than succeed and reflected the atmosphere of Sutton's administration as a whole, where friendly, dedicated youthful-minded men and women go about their duties seeming to rejoice in their skills exercised for the Borough's good.

Among the galaxy of aircraft (even including an aerial gate-crasher!) that brought life back to the area again, and performed a display which included such delights as the re-enactment of Amy Johnson's departure for Australia, aerobatics, and dare-devil flying under a flag-bedecked ribbon, were several of the French-designed Druine Turbulent type. This was entirely as it should be, for at one time these were built at Croydon; at least three of those present coming into this category.

Mirror flying, the appearance of the only Tiger Moth seaplane in the world, and a display by a machine carrying a pair of lovely (and brave) girls on its wings, which the Newsletter of the Croydon Airport Society records brought gasps from the crowd, were among the delights of the day, all heralded by the appearance of the first aeroplane of the day — a Britten Norman Islander G-BDWG. The following aeroplanes represented aerial design from 1929 to the previous year, 1979.

The story of this historic day will one day be found in the final volume of the history of the Airport, in the same way that the third re-lives the years of the Second World War.

When it was all over, and the last machine with its Tiger Club badge designed by local resident "Chris" Wren had departed, it seemed that the end had now really come. That is, until the closing days of 1982 when, to a noon gathering in the carpet warehouse that had once been Croydon's Booking Hall, an invited group of the Press, distinguished visitors from the world of aviation, members of the Croydon Airport Society, representatives of the local authority, and others, the news was announced that the Guardian Royal Exchange Assurance Group had plans to support a museum on the site, to be run by the Croydon Airport Society. The regeneration was to continue!

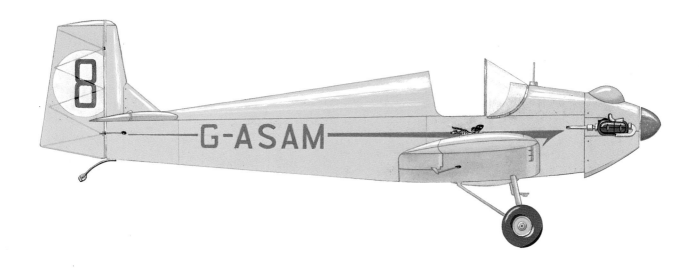

Druine D.31 Turbulent

(20)

London Borough of Sutton Libraries and Arts Services Publications

THE FIRST CROYDON AIRPORT 1915-1928: The first-ever fully illustrated history of the pioneering days of the cradle of British civil aviation, by Bob Learmonth, Joanna Nash and Douglas Cluett. Paperback, illus. maps. ISBN: 0950322431.

CROYDON AIRPORT: THE GREAT DAYS 1928-1939. The second book in the History of Croydon Airport series tells the story of London's airport from its move to new buildings in 1928 until the outbreak of war in 1939, by Douglas Cluett, Bob Learmonth and Joanna Nash. Paperback, illus. ISBN: 0950322482.

CROYDON AIRPORT AND THE BATTLE FOR BRITAIN, 1939-1940. The third volume in the series contains the very first detailed account of Croydon's front-line role as a fighter station during those critical weeks in the summer of 1940. Paperback, illus. ISBN: 090733511X.

ALL OUR YESTERDAYS: A pictorial record of the London Borough of Sutton over the last century. Paperback, 58pp. of illus. ISBN: 0950322423.

THE PAST IN PICTURES: A further collection of photographs of the London Borough of Sutton over the last century. Paperback, 83 illus. ISBN: 0907335039.

NO SMALL CHANGE: 100 years of Sutton High Street. A photographic record and commentary, by Frank Burgess. Paperback, 75 illus. ISBN: 0907335098.

OLD CHEAM: A photographic record and commentary, by Frank Burgess. Paperback, 62pp., illus. ISBN: 0950322458.

INNS, TAVERNS AND PUBS OF THE LONDON BOROUGH OF SUTTON: Their history and architecture, with 61 original drawings by A. J. Crowe. Paperback, 122pp., illus., maps. ISBN: 0907335004.

THE QUEST FOR NONSUCH: A reprint of the second edition (1970) of the history of Henry VIII's famous Renaissance palace and an account of its excavation in 1959-60, by John Dent. Paperback, 50 illus. ISBN: 0907335047.

abair!

faclair
DICTIONARY

gaidhlig-beurla
Gaelic — English

beurla-gaidhlig
English — Gaelic

Edited by
R. W. RENTON
J. A. MacDONALD

Clò Raghnaill

First published in 1979 by Mingulay Publications

Reprinted by Gairm Publications 1986-2003 (nine impressions)

Reprinted in 2005 by Clò Raghnaill,
4 Randolph Road, Glasgow G11 7LG

Distributed by Comhairle nan Leabhraichean,
22 Mansfield Street, Glasgow G11 5QP

ISBN-10: 0-9551362-0-2
ISBN-13: 978-0-9551362-0-7

Printed by Martins the Printers Ltd,
Berwick upon Tweed

Chuidich Comhairle nan Leabhraichean am foillsichear
le cosgaisean an leabhair seo.

ROIMH—RADH Introduction

This pocket dictionary is intended for the learner of Gaelic. In a book of this size it is impossible to hope to include all of the common words and concepts of modern Gaelic, nor is it possible to give as many examples of usage as we would have liked. In the end our choice has had to be arbitrary, based on our combined experience as teacher and learner. Our aim is threefold: first, to provide an extensive list of Gaelic words whose descriptions both in the Gaelic–English and English–Gaelic sections are sufficiently detailed to enable the learner familiar with the basic grammar of the language to identify and use them immediately. Secondly, we hope that the book will go some way to bridging the huge gap between the many very useful word lists at the back of course books and Dwelly's indispensable Gaelic–English dictionary—a gap which for many learners is very time-consuming and even discouraging. Thirdly, we hope to stimulate composition and conversation by providing a reasonably large English–Gaelic section.

Experience has taught us that explicit detail is vital for learners, and so we feel justified in giving the spelling of Gaelic words in full and in duplicating the principal parts of nouns, verbs and adjectives in both sections of the dictionary. Furthermore, the many forms of the definite article ("the") have always appeared to us a serious hurdle for learners; we have, therefore, deviated from the practice of all previous dictionaries and have included it in italics with each noun in order to reinforce the rules and assist recall.

We regret that considerations of space have made it necessary to omit proper names and place names, but, since these are readily available elsewhere, we felt it preferable to sacrifice them in the interests of basic vocabulary. We have, however, included a short Appendix on irregular verbs.

Suas leis a' Ghàidhlig.

R. W. RENTON
J. A. MacDONALD
Glasgow, April, 1979

LIST OF ABBREVIATIONS

Please read the following abbreviations and notes before using the dictionary

+	followed by	infin.	infinitive
abbr.	abbreviation	interr.	interrogative
acc.	accusative	intrans.	intransitive
adj.	adjective	irr.	irregular
adv.	adverb	lit.	literally
alt.	alternative	m.	masculine noun
App.	Appendix	n.	noun
art.	article	neg.	negative
asp.	aspiration of follow-	nom.	nominative case
	ing word	pl.	plural
coll.	collective noun	p.p.	past participle
comp.	comparative	prep.	preposition
cond.t.	conditional tense	pres.t.	present tense
conj.	conjunction	pron.	pronoun
contr.	contraction	p.t.	past tense
dat.	dative case	rel.	relative
dep.	dependent	sing.	singular
f.	feminine noun	sp.	spelling
fut.	future tense	trans.	transitive
gen.	genitive case	v.	verb
imp.	imperative	voc.	vocative case
indep.	independent		

NOTES

PARTS OF SPEECH The part of speech of each entry in the dictionary is indicated as follows: **dean, a'deanamh (v.)** i.e. **verb**; **without (prep.)** i.e. **preposition**. Nouns, however, are identifiable by the inclusion of gender (**m**) or (**f**) after the Gaelic entry.

ASPIRATION When a Gaelic word is followed by the abbreviation (**+ asp.**), this indicates that the following word (unless it begins with **sg, sm, sn, sp, st, l, n, r** or a **vowel**) is aspirated:

> e.g. **mu (+ asp.): mu shia uairean**, about six o'clock;
> **glé (+ asp.): glé mhath**, very good.

NOUNS Four forms of each noun along with its gender are usually given:

> e.g. **balach (nom. sing.)** boy, a boy: *am* **balach (nom. sing.)** the boy, *a'***bhalaich (gen. sing.)** of the boy, *na* **balaich (nom. pl.)** the boys (m).

> OR e.g. **caileag (nom. sing.)** girl, a girl: *a'***chaileag (nom. sing.)** the girl, *na* **caileige (gen. sing.)** of the girl, *na* **caileagan (nom. pl.)** the girls (f).

If any of the above forms of a word are not shown, they are not usually used in Gaelic. Other irregularities will be dealt with as they occur.

To find the **indefinite** form of the genitive singular and nominative plural one simply omits the **article** (shown in italics) and the letter **h** if it is the second letter of the noun:

> e.g. *a'***bhalaich**, of the boy, becomes **balaich**, of a boy;
> *na h* – **uinneige**, of the window, becomes **uinneige**, of a window;
> *na* **caileagan**, the girls, becomes, **caileagan**, girls.

VERBS Two forms of the verb are given:

(1) the second person singular imperative.

(2) the preposition **a'** or **ag** (at) followed by the verbal noun:

> e.g. **ceannaich** buy!, **a'ceannach** buying (Lit. at buying).
> **òl** drink!, **ag òl** drinking. (Lit. at drinking).

We make reference in the text to the independent and dependent forms of the verb. The independent form refers to the simple, positive form of the verb:

e.g. **tha (mi)** I am;
    bha (mi) I was;
    cheannaich (mi) I bought;
    òlaidh (mi) I shall drink.

The dependent form means the form of the verb which follows the particles **an (am), cha, gun,** and **nach:**

e.g. **am bheil (mi)**? am (I)?;
    cha robh (mi) (I) was not;
    gun do cheannaich (mi) that (I) bought;
    nach òl (mi) that (I) will not drink.

ADJECTIVES Two forms of the adjective are usually given:

(1) the simple positive form.

(2) the comparative form preceded by the particle *nas*. When the comparative form is not shown it is usually not used. The particle *nas* is included because it is usually used with the comparative form:

e.g. **Tha Iain nas motha na Seumas** John is bigger than James.

PREPOSITIONS

(1) when a preposition is followed by the simple nominative/accusative form of a noun no case is indicated:

e.g. **eadar, seach.**

When, however, a preposition is followed by the genitive or dative cases these will be indicated:

e.g. **airson (+ gen.);**
    air (+ dat.)

(2) some prepositions are followed by both aspiration and a genitive or dative case:

e.g. **do (+ asp + dat): do chaileig** to a girl;
    thar (+ asp + gen): thar chuain over an ocean.

(3) Gaelic idiom demands that certain verbs and adjectives be followed by a particular preposition. These are indicated in brackets after the word in question:

e.g. **tadhail, a'tadhal (air) (v.)** visit: **Thadhail mi air Mairi** I visited Mary.

    freagarrach, *nas* **freagarraiche (do) (adj.)** suitable (for): **Tha an leabhar seo freagarrach do chloinn** This book is suitable for children.

GAIDHLIG-BEURLA

GAELIC–ENGLISH

A

a (+ no asp.)
  her, its (f.)

a (+ asp.)
  his, its (m.)

a (+ asp.) (prep.)
  to
    e.g. **a Bharraidh**
      to Barra

a (+ no asp.) (prep.)
  from, out of
    e.g. **a Barraidh**
      from Barra

a (rel. pron.)
  who, which, that

abair, ag radh (Irr. v. See App: **abair**)
  say

abair (grunn)!
  what a (crowd)!

ris an abrar
  which is called

abhag: *an* abhag, *na* h-abhaige, *na* h-abhagan (f.)
  terrier

abhainn: *an* abhainn, *na* h-aibhne, *na* h-aibhnichean (f.)
  river

àbhaist: *an* àbhaist, *na* h-àbhaiste (f.)
  custom

is àbhaist dhomh (+ v. n.)
  I am accustomed, I am usually
    e.g. **Is abhaist dhomh fuireach an seo**
      I usually stay here
    Is abhaist dhomh sin a dheanamh
      I usually do that

mar is àbhaist
  as usual

àbhaisteach *nas* àbhaistiche (adj.),
  usual

aca (See agam)
  at them

acair: *an* t-acair, *an* acair, *na* h-acraichean (m.)
  (1) anchor (2) acre

acarsaid: *an* acarsaid, *na* h-acarsaid, *na* h-acarsaidean (f.)
  anchorage, harbour

acfhuinn: *an* acfhuinn, *na* h-acfhuinne, *na* h-acfhuinnean (f.)
  harness

ach (conj.)
  but

achadh: *an* t-achadh, *an* achaidh, *na* h-achaidhean (m.)
  field

achd: *an* t-achd, *an* achda, *na* h-achdan (m.)
  act (of law)

achlais: *an* achlais, *na* h-achlaise, *na* h-achlaisean (f.)
  arm-pit

fo m'achlais
  under my arm

acras: *an* t-acras, *an* acrais (m.)
  hunger

ad: *an* ad, *na* h-aide, *na* h-adan (f.)
  hat

a dh' (form of a before a vowel)
  to

a dh'aindeoin (prep.)
  despite, in spite of

adhartas: *an* t-adhartas, *an* adhartais, *na* h-adhartasan (m.)
  progress

adhlaic, ag adhlacadh (v.)
bury

adhradh: *an t-*adhradh, *an* adhraidh, *na h-*adhraidhean (m.)
worship

agair, ag agairt (v.)
claim

agam (prep. pron. from aig)

agam	at me
agad	at you (sing.)
aige	at him, it (m.)
aice	at her, it (f.)
againn	at us
agaibh	at you (pl.)
aca	at them

aghaidh: *an* aghaidh, *na h-*aghaidhe, *na h-*aghaidhean (f.)
face

an aghaidh (+ gen.) (prep.)
against

agus (conj.)
and

aibidil: *an* aibidil, *na h-*aibidile, *na h-*aibidilean (f.)
alphabet

aice (See agam)
at her, it (f.)

aidich, ag aideachadh (v.)
admit, confess

aig (+ dat.) (prep.)
at

aige (See agam)
at him, it (m.)

aigeannach, *nas* aigeannaiche (adj.)
lively

aighearach, *nas* aighearaiche (adj.)
gay

aigne: *an* aigne, *na h-*aigne, *na h-*aignidhean (f.)
spirit

àile: *an* àile, *na h-*àile (f.)
air

àilleagan: *an t-*àilleagan, *an* àilleagain, *na h-*àilleagain (m.)
jewel

aimhreit: *an* aimhreit, *na h-*aimhreite, *na h-*aimhreitean (f.)
discord, disturbance, riot

aimsir: *an* aimsir, *na h-*aimsire (f.)
weather

aineolach, *nas* aineolaiche (adj.)
ignorant

aingidh, *nas* aingidhe (adj.)
wicked, vicious

ainm: *an t-*ainm, *an* ainm, *na h-*ainmean (m.)
name

ainmeil, *nas* ainmeile (adj.)
famous

ainmich, ag ainmeachadh (v.)
name

ainneamh, *nas* ainneimhe (adj.)
rare, unusual

ainnir: *an* ainnir, *na h-*ainnire, *na h-*ainnirean (f.)
maid

air (+ dat.) (prep.)
on

air (See orm)
on him, it (m.)

air ais
back(wards)

airc: *an* airc, *na h-*airce (f.)
povery, destitution

àirde: *an* àirde, *na h-*àirde, *na h-*àirdean (f.)
height

aire: *an* aire, *na h-*aire (f.)
attention

àireamh: *an* àireamh, *na h-*àireimh, *na h-*àireamhan (f.)
number

airgead (alt. sp. of airgiod)
money

airgiod: *an t-*airgiod, *an* airgid, (m.)
money

airidh, *nas* airidhe (air) (adj.)
worthy (of)

àirneis: *an* àirneis, *na h-*àirneise (f.)
furniture

airson (+ gen.) (prep.)
for

aisde (See asam)
out of her, it (f.)

aiseag: *an* aiseag, *na h-*aiseige, *na h-*aiseagan (f.)

ferry

aisling: *an aisling, na h-aislinge, na h-aislingean* (f.)
  dream

àite: *an t-àite, an àite, na h-àitean* AND *na h-àiteachan* (m.)
  place

àite sam bith (m.)
  anywhere

àiteachd: *an àiteachd, na h-àiteachd* (f.)
  agriculture

aithghearr, *nas aithghearra* (adj.)
  1 brief, 2 abrupt

a dh'aithghearr (adv.)
  soon

aithnich, *ag aithneacheadh* (v.)
  recognise

is aithne dhomh (+ n. nom.)
  I know (i.e. a person)
    e.g. **Is aithne dhomh a'chaileag seo**
      I know this girl

aithreachas: *an t-aithreachas, an aithreachais* (m.)
  (1) repentance (2) regret

aithris: *an aithris, na h-aithrise, na h-aithrisean* (f.)
  report

a reir aithris
  according to report

aithris, *ag aithris* (v.)
  tell, narrate, report

aiteamh: *an aiteamh, na h-aiteimh* (f)
  thaw

àlainn, *nas àlainne* (adj.)
  elegant, beautiful, splendid

Alba (nom.), *na h-Alba* (gen.)
  Scotland

Albannach: *an t-Albannach, an Albannaich, na h-Albannaich* (m.)
  Scot

Albannach, *nas Albannaiche* (adj.)
  Scottish

allt: *an t-allt, an uillt, na h-uillt* (m.)
  stream

am (before b, f, m, p) (adj.)
  their

am: *an t-am, an ama, na h-amannan* (m.)
  time (specific occasion)

bho am gu am
  from time to time

amadan: *an t-amadan, an amadain, na h-amadain* (m.)
  fool, idiot

amais, *ag amas* (v.)
  aim

amhach: *an amhach, na h-amhaich, na h-amhachan* (f.)
  neck

amhairc, *ag amharc* (air) (v.)
  look (at)

amharus: *an t-amharus, an amharuis, na h-amharuis* (m.)
  suspicion

amhran (alt. sp. of òran)
  song

an (adj.)
  their

an deidh (+ gen.) (prep.)
  after

anabarrach (adv.)
  exceptionally

anail: *an anail, na h-analach* (f.)
  breath

leig anail (See leig) (v.)
  rest

anart: *an t-anart, an anairt, na h-anairt* (m.)
  linen (sheet)

anmoch, *nas anmoiche* (adj.)
  late (at night)

(ann) an (am) + dat. (prep.)
  in a
    e.g. **(ann) am bàta**
      in a boat

annam (prep. pron.)

from ann)	in me
annad	in you (sing.)
ann	in him, it (m.)
innte	in her, it (f.)
annainn	in us
annaibh	in you (pl.)
annta	in them

annas: *an t-annas, an annais, na*

h-annasan (m.)
  novelty
annasach, *nas* annasaiche (adj.)
  rare, unusual
annlan: *an t*-annlan, *an* annlain, *na*
h-annlain (m)
  condiment
anns (+ article + dat)
  in (the)
    e.g. anns a' bhàta
      in the boat
an-shocair, *nas* an-shocraiche (adj.)
  uncomfortable
aobhar: *an t*-aobhar, *an* aobhair, *na*
h-aobharan (m.)
  reason
air an aobhar sin
  therefore, for that reason
aobrann: *an t*-aobrann, *an* aobrainn,
na h-aobrannan (m.)
  ankle
aodach: *an t*-aodach, *an* aodaich (m.)
  clothes, clothing
aodann: *an t*-aodann, *an* aodainn,
na h-aodainnean (m.)
  face
aoibhneas: *an t*-aoibhneas, *an*
aoibhneis, *na h*-aoibhneasan (m.)
  joy, happiness
aoidheil, *nas* aoidheile (adj.)
  cheerful, hospitable
aois: *an* aois, *na h*-aoise, *na h*-aoisean
(f.)
  age
aon (adj.)
  one, same
a h-aon (n.)
  one
as aonais (+ gen.) (prep.)
  without
aonar (n.)
  alone
    e.g. tha mi 'nam aonar
      I am alone
aonaran: *an t*-aonaran, *an* aonarain,
na h-aonaranan (m.)
  hermit, recluse
aonaranach, *nas* aonaranaiche (adj.)

lonely, solitary, alone
aosda, *nas* aosda (adj.)
  aged
aontaich, *ag* aontachadh (le) (v.)
  agree (with)
ar (adj.)
  our
ar leam (defective v.) (See leam)
  I think, I thought (Lit. me thinks)
àraich, *ag* àrachadh (v.)
  rear (e.g. a family)
àraidh (adj.)
  special, particular
gu h-araidh (adv.)
  especially
aran: *an t*-aran, *an* arain (m.)
  bread
arbhar: *an t*-arbhar, *an* arbhair (m.)
  corn
àrc: *an* àrc, *na h*-àirce, *na h*-àrcan (f.)
  cork
àrd, *nas* àirde (adj.)
  (1) high (2) loud
An Ard-Sheanadh (nom. sing.) An
Ard Sheanaidh (gen. sing.) (m.)
  The General Assembly
àrd-ùrlar: *an t*-àrd-ùrlar; *an*
àrd-ùrlair, *na h*-àrd-ùrlaran (m.)
  stage (theatre)
argumaid: *an* argumaid, *na*
h-argumaide, *na h*-argumaidean (f.)
  argument
arm: *an t*-arm, *an* airm, *na h*-airm (m.)
  army
arsa (p.t. of defective v. used only
  after direct speech)
  said
àrsaidheachd: *an t*-àrsaidheachd, *an*
àrsaidheachd (m.)
  archaeology
as (+ art.) (prep.)
  from out of (the)
    e.g. as a' bhàta
      out of the boat
asam (prep. pron.
  from as)   out of me
    asad   out of you (sing.)
    as   out of him, it (m.)

aisde out of her, it (f.)
asainn out of us
asaibh out of you (pl.)
asda out of them
as deidh (+ gen.) (prep.)
 after
asgaidh: *an* asgaidh, *na* h-asgaidh (f.)
 present
an asgaidh (adv.)
 free (Lit. in a gift)
a staigh (adv.)
 in(side)
astar: *an t*-astar, *an* astair, *na* h-astair (m.)
 distance, speed
a steach
 into, inwards (motion)
  e.g. tha e a' dol a steach do'n tigh
   he is going into the house
at, ag at (v.)
 swell
ath (precedes n. + asp.) (adj.)
 next, following
athair: *an t*-athair, *an* athar, *na* h-aithrichean (m.)
 father
an t-Ath-Leasachadh (nom. sing.)
an Ath-Leasachaidh (gen. sing.) (m.)
 the Reformation
atharraich, ag atharrachadh (v.)
 change

B

bac, a' bacadh (v.)
 hinder, obstruct
bacach, *nas* bacaiche (adj.)
 lame, crippled
bad: *am* bad, *a'* bhaid, *na* baid (m.)
 1 clump, tuft, 2 spot, place
anns a' bhad
 on the spot
badhar: *am* badhar, *a'* bhadhair (m.)
 wares, goods
bagair, a' bagradh AND a' bagairt (air) (v.)

threaten
bàgh: *am* bàgh, *a'* bhàigh, *na* bàigh
AND *na* bàghan (m.)
 bay
baile: *am* baile, *a'* bhaile, *na* bailtean (m.)
 town
baile beag: *am* baile beag, *a'* bhaile bhig, *na* bailtean beaga (m.)
 village
baile: *am* baile mór, *a'* bhaile mhóir, *na* bailtean móra (m.)
 city, town
bainne: *am* bainne, *a'* bhainne (m.)
 milk
baisteadh: *am* baisteadh, *a'* bhaistidh (m.)
 baptism
balach: *am* balach, *a'* bhalaich, *na* balaich (m.)
 boy, lad
balachan: *am* balachan, *a'* bhalachain, *na* balachain (m.)
 little boy
balbh, *nas* bailbhe (adj.)
 dumb
ball: *am* ball, *a'* bhuill, *na* buill (m.)
 1 ball, 2 member
ball-coise (m.) (See ball)
 football
Ball Parlamaide (m.) (See ball)
 Member of Parliament
air ball
 immediately
balla: *am* balla, *a'* bhalla, *na* ballachan (m.)
 wall
bàn, *nas* bàine (adj.)
 white, fair
banail, *nas* banaile (adj.)
 feminine, womanly
banais: *a'* bhanais, *na* bainnse, *na* bainnsean (f.)
 wedding
banaltrum: *a'* bhanaltrum, *na* banaltruim, *na* banaltruim (f.)
 nurse
banca: *am* banca, *a'* bhanca, *na*

bancan (m.)
  bank (for money)
bancharaid: *a'* bhancharaid, *na*
bancharaide, *na* banchàirdean (f.)
  female friend
ban-mhaighstir (f.) (See maighstir)
  Mrs., mistress
bann: *am* bann, *a'* bhanna, *na*
bannan (m.)
  hinge
banntrach: *a'* bhanntrach, *na*
banntraiche, *na* banntraichean (f.)
  1 widow 2 widower (when m.)
banrigh: *a'* bhanrigh, *na* banrighe,
na banrighean (f.)
  queen
baoit: *a'* bhaoit, *na* baoite (f.)
  bait
barail: *a'* bharail, *na* baralach, *na*
barailean (f.)
  opinion
bàrd: *am* bàrd, *a'* bhàird, *na* bàird
(m.)
  poet, bard
bàrdachd: *a'* bhàrdachd, *na*
bàrdachd (f.)
  poetry
bàrr: *am* bàrr, *a'* bharra, *na* barran
(m.)
  1 top (e.g. of a hill), 2 cream
barrachd (m.)
  more
a bharrachd
  in addition
a bharrachd air (sin)
  in addition to (that)
barrantas: *am* barrantas, *a'*
bharrantais (m.)
  1 pledge, 2 authority
bàs: *am* bàs, *a'* bhàis (m.)
  death
bas: *a'* bhas, *na* boise, *na* basan (f.)
  palm (of hand)
bàsaich, a' bàsachadh (v.)
  die
bascaid: *a'* bhascaid, *na* bascaide, *na*
bascaidean (f.)
  basket

bàta: *am* bàta, *a'* bhàta, *na*
bàtaichean (m.)
  boat
bàt-aiseige (m.) (See bàta)
  ferry boat
bàt-iasgaich (m.) (See bàta)
  fishing boat
bàta-smùid (m.) (See bàta)
  steamer
bata: *am* bata, *a'* bhata, *na*
bataichean (m.)
  walking stick
batal: *am* batal, *a'* bhatail, *na*
batail (m.)
  battle
bàth, a' bàthadh (v.)
  drown
bathais: *a'* bhathais, *na* bathais, *na*
bathaisean (f.)
  forehead
beachd: *am* beachd, *a'* bheachd, *na*
beachdan (m.)
  1 opinion, 2 idea
beachdaich, a' beachdachadh (v.)
  consider, criticise
beag, *nas* lugha (adj.)
  small, little
beagan (m.) (+ gen. when followed by
sing. n.; + asp. + gen. when
followed by pl. n.)
  a little, a few
beagan is beagan
  little by little
bealach: *am* bealach, *a'* bhealaich,
na bealaichean (m.)
  pass (mountain)
bean, *a'* bhean, *na* mnà, *a'*mhnaoi
(dat. sing.) *na* mnathan (nom. pl.)
nam ban (gen. pl.) (f. irr.)
  wife, woman
bean na bainnse (f.) (See bean)
  bride
bean-taighe (f.) (See bean)
  housewife
bean-teagaisg (f.) (See bean)
  teacher (female)
bean-uasal (f.) (See bean)
  lady

beannachd: *a' bheannachd, na*
beannachd, *na beannachdan* (f.)
  blessing
gabh beannachd (le)
  take farewell (of)
beannachd leat (sing.); **beannachd leibh** (pl.)
  goodbye, farewell
beannaich, a' beannachadh (v.)
  bless
beannaichte (p.p. of beannaich)
  blessed
beàrn: *a' bheàrn, na beàrna, na beàrnan* (f.)
  gap
beàrnan-bríde: *am beàrnan-bríde, a' bheàrnain-bríde, na beàrnanan-bríde* (m.)
  dandelion
beairt: *a' bheairt, na beairte, na beairtean* (f.)
  loom
beartach, *nas beartaiche* (adj.)
  wealthy
beartas: *am beartas, a'bheartais* (m.)
  wealth
beatha: *a' bheatha, na beatha, na beathannan* (f.)
  life
'se do bheatha (sing.); **'se ur beatha** (pl.)
  you are welcome
beathach: *am beathach, a' bheathaich, na beathaichean* (m.)
  beast, animal
beiceir: *am beiceir, a' bheiceir, na beiceirean* (m.)
  baker
beinn: *a' bheinn, na beinne, na beanntan* (f.)
  mountain
beir, a' breith (Irr. v. See App: beir)
  bear
beir, a' breith (air) (v.)
  take hold of, catch
béist: *a'bhéist, na béiste, na béistean* (f.)
  beast

beith: *a' bheith, na beithe, na beithean* (f.)
  birch (tree)
beò (adj.)
  alive
ri m' bheò
  as long as I live
beò-shlàinte: *a' bheò-shlàinte, na beò-shlàinte* (f.)
  livelihood
beothaich, a' beothachadh (v.)
  enliven
beòthail, *nas beòthaile* (adj.)
  lively
beuc, a' beucail (v.)
  roar
beud: *am beud, a' bheud, na beudan* (m.)
  loss, harm
beul: *am beul, a' bhèoil, na bèoil* (m.)
  mouth
beul-aithris: *a' bheul-aithris, na beul-aithris* (f.)
  oral tradition, folk-lore
beulaibh: *am beulaibh, a' bheulaibh* (m.)
  front
air beulaibh (+ gen.)
  in front
air mo bheulaibh
  in front of me
beum: *am beum, a' bheuma, na beumannan* (m.)
  blow
Beurla: *a' Bheurla, na Beurla* (f.)
  English (language)
beus: *a' bheus, na beusa, na beusan* (f.)
  virtue
bha
  was, were
bheir (fut. t. See App.: thoir)
  will give, will take, will bring
bhiodh (Alt. sp. of bhitheadh)
  would be
bhios (Alt. sp. of bhitheas)
  will be (after a = which, who)
a bhith
  to be

bhitheas (rel. fut. of **bi**)
will be (after **a** = which, who)

bhitheadh (cond. t. of **bi**)
would be

bhitheamaid (cond. t. of **bi**)
we would be

bhithinn (cond. t. of **bi**)
I would be

bho (+ asp. + dat.) (prep.)
from

bho'n (conj.) (+ indep. form of v.; + rel. fut.)
since (time and reason)

air a bhò'n dé
the day before yesterday

a bhos (adv.)
here, on this side

thall 's a bhos
here and there

bhuam
(prep.
pron. from

bho	
bhuat	from me
bhuaithe	from you (sing.)
bhuaipe	from him, from it (m.)
bhuainn	from her, from it (f.)
bhuaibh	from us
bhuapa	from you (pl.)
	from them

bhur (adj.)
your (pl.)

biadh: *am* biadh, *a'* bhidh (m.)
food

biadh, a' biadhadh (v.)
feed

bian: *am* bian, *a'* bhéin, *na* béin (m.)
hide (on an animal)

biast: *a'* bhiast, *na* beiste, *na* beistean (f.)
beast

bile: *a'* bhile, *na* bile, *na* bilean (f.)
lip

air bilean an t-sluaigh
on the lips of the people

bileag: *a'* bhileag, *na* bileig, *na* bileagan (f.)
ticket

binn, *nas* binne (adj.)

melodious, sweet (of a tune)

Biobull: *am* Biobull, *a'* Bhiobuill (m.)
Bible

biodag: *a'* bhiodag, *na* biodaige, *na* biodagan (f.)
dirk, dagger

biolair: *a'* bhiolair, *na* biolaire, *na* biolairean (f.)
water-cress

biorach, *nas* bioraiche (adj.)
sharp, pointed

birlinn: *a'* bhirlinn, *na* birlinne, *na* birlinnean (f.)
galley

biseagal: *am* biseagal, *a'* bhiseagail, *na* biseagalan (m.)
bicycle

bitheadh
would be

(am) bitheantas
generally, habitually

bith-eòlas: *am* bith-eòlas, *a'* bhith-eòlais (m.)
biology

bithibh (pl. imp.)
be!

bithidh
will be

bhithinn (cond. t. of **bi**)
I would be

blàr: *am* blàr, *a'* bhlàir, *na* blàran (m.)
battle (field), moor

blas: *am* blas, *a'* bhlais (m.)
1 taste, 2 accent

blasda, *nas* blasda (adj.)
tasty

blàth: *am* blàth, *a'* bhlàith, *na* blàthan (m.)
blossom, bloom

blàth, *nas* blàithe (adj.)
warm

blàthach: *a'* bhlàthach, *na* blàthaiche (f.)
buttermilk

blàths: *am* blaths, *a'* bhlàiths (m.)
warmth

bleith, a' bleith (v.)
grind, wear away

8

bliadhna: *a' bhliadhna, na bliadhna, na bliadhnachan* (f.)
  year
am bliadhna
  this year
Bliadhn' Ur (f.)
  New Year
Bliadhna Mhath Ur dhut!
  A good New Year to you!
blian, *a' blianadh* (v.)
  to sunbathe, bask (in the sun)
bleoghainn, *a' bleoghann* (v.)
  milk
bò: *a' bhò, na bà, a'bhoin* (dat. sing.)
na bà (nom. pl.) (f. irr.)
  cow
bòcan: *am bòcan, a' bhòcain, na bòcain* (m.)
  ghost
bochd, *nas bochda* (adj.)
  poor
bochdainn: *a' bhochdainn, na bochdainne* (f.)
  poverty
bocsa: *am bocsa, a' bhocsa, na bocsaichean* (m.)
  box
bocsa-ciùil (m.) (See bocsa)
  accordion
bodach: *am bodach, a' bhodaich, na bodaich* (m.)
  old man
bodach-rocais (m.) (See bodach)
  scarecrow
bodhar, *nas bodhaire* (adj.)
  deaf
bog, *nas buige* (adj.)
  soft
bogha: *am bogha, a' bhogha, na boghachan* (m.)
  1 bow, 2 reef
bogha-froise (m.) (See bogha)
  rainbow
bogaich, *a' bogachadh* (v.)
  to steep (e.g. in water)
boglach: *am boglach, a' bhoglaich, na boglaichean* (m.)
  bog

bòid: *a' bhòid, na bòide, na bòidean* (f.)
  oath
boidheach, *nas boidhche* (adj.)
  pretty
boile: *a' bhoile, na boile* (f.)
  1 rage, madness, 2 excitement
boinne: *am boinne, a' bhoinne, na boinnean* (m.)
  drop
boireannach: *am boireannach, a' bhoireannaich, na boireannaich* (m)
  woman
boirionn (adj)
  female, feminine
bonaid: *a' bhonaid, na bonaide, na bonaidean* (f)
  bonnet
bonn: *am bonn, a' bhuinn, na buinn* (m)
  1 bottom, 2 sole of foot, 3 coin, medal
bonn-airgid (m.) (See bonn)
  silver medal
bonn-òir (m.) (See bonn)
  gold medal
bonnach: *am bonnach, a' bhonnaich, na bonnaich* (m)
  bun, bannock
borb, *nas buirbe* (adj.)
  cruel, fierce
bòrd: *am bòrd, a' bhùird, na bùird* (m)
  table
bòrd-dubh: *am bòrd-dubh, a' bhùird-dhuibh, na bùird-dhubha* (m)
  blackboard
Bord Leasachaidh na Gaidhealtachd agus nan Eilean (m)
  The Highlands and Islands Development Board
bothan: *am bothan, a' bhothain, na bothain* (m)
  hut
botul: *am botul, a' bhotuil, na botuil* (m)
  bottle
bracaist: *a' bhracaist, na bracaiste,*

na bracaistean (f)
  breakfast
bradan: *am* bradan, *a'* bhradain, *na*
bradain (m.)
  salmon
bragail, *nas* bragaile (adj.)
  over-confident, boastful
bras, *nas* braise (adj)
  1 swift, 2 quick-tempered
brat: *am* brat, *a'* bhrata, *na* bratan
(m.)
  carpet
bratach: *a'* bhratach, *na* brataiche, *na*
brataichan (f.)
  banner
(gu) brath (adv.)
  forever
bràthair: *am* bràthair, *a'* bhràthar, *na*
bràithrean (m.)
  brother
bràthair-athar (m.) (See brathair)
  uncle (paternal)
bràthair-cèile (m.) (See bràthair)
  brother in law
bràthair-màthar (m.) (See brathair)
  uncle (maternal)
breab: *am* breab, *a'* bhreaba, *na*
breaban (m.)
  kick
breab, *a'* breabadh (v.)
  kick
breabadair: *am* breabadair, *a'*
bhreabadair, *na* breabadairean (m.)
  1 weaver, 2 daddy long legs
breac: *am* breac, *a'* bhric, *na* bric (m.)
  trout
breac, *nas* brice (adj.)
  speckled
breacan: *am* breacan, *a'* bhreacain,
na breacannan (m.)
  1 tartan, 2 plaid
breacan-beithe (m.) (See breacan)
  chaffinch
breagha (briagha), *nas* breagha
(briagha) (adj.)
  beautiful, fine (of weather)
Breatannach (adj.)
  British

Breatannach: *am* Breatannach, *a'*
Bhreatannaich, *na* Breatannaich (m.)
  Briton
breislich: *a'* bhreislich, *na* breislich (f.)
  panic, delirium
a' breith (See beir)
  bearing
breith: *a'* bhreith, *na* breithe (f.)
  1 birth, 2 judgment, sentence
breitheamh: *am* breitheamh, *a'*
bhreitheimh, *na* breitheamhan (m.)
  judge
breitheanas: *am* breitheanas, *a'*
bhreitheanais, *na* breitheanasan (f.)
  judgment, sentence
breug: *a'* bhreug, *na* breige, *na* breugan
(f.)
  lie, untruth
briagha, *nas* briagha (adj)
  lovely, beautiful, fine (of weather)
briathar: *am* briathar, *a'* bhriathair,
na briathran (m.)
  word
briathrail, *nas* briathraile (adj.)
  talkative, wordy
brìgh: *a'* bhrìgh, *na* brìghe (f.)
  substance (e.g. of an argument)
briogais: *a'* bhriogais, *na* briogaise, *na*
briogaisean (f.)
  trousers
briosgaid: *a'* bhriosgaid, *na* briosgaide,
na briosgaidean (f)
  biscuit
bris, *a'* briseadh (v.)
  to break
briseadh-cridhe: *am* briseadh-cridhe,
a' bhrisidh-cridhe, *na* brisidhean-
cridhe (m.)
  heartbreak
briste (p.p. of bris)
  broken
broc: *am* broc, *a'* bhruic, *na* bruic (m.)
  badger
brochan: *am* brochan, *a'* bhrochain (m.)
  porridge, gruel
bròg: *a'* bhròg, *na* bròige, *na* brògan
(f.)
  shoe

broilleach: *am* broilleach, *a'* bhroillich, *na* broillichean (m.)
  chest, breast
am broinn (+ gen.) (prep.)
  inside
brònach, *nas* brònaiche (adj.)
  sad
brosnaich, *a'* brosnachadh (v.)
  encourage
brot: *am* brot, *a'* bhrota (m.)
  broth, soup
brù: *a'* bhrù, *na* bronn *a'* bhroinn (dat. sing.) *na* brùthan (nom. pl.) (f.) (irr.)
  belly, stomach
bruach: *a'* bhruach, *na* bruaiche, *na* bruachan (f.)
  bank (of a river)
bruadair, *a'* bruadar (v.)
  dream
bruadar: *am* bruadar, *a'* bhruadair, *na* bruadaran (m.)
  dream
bruich, *a'* bruich (v.)
  boil, cook
bruidhinn, *a'* bruidhinn (ri) (v.)
  speak, talk (to)
bu (+ asp.) (p.t. of is)
  was, were
buachaille: *am* buachaille, *a'* bhuachaille, *na* buachaillean (m.)
  cow-herd, shepherd
buadh: *a'* bhuadh, *na* buaidh, *na* buadhan (f.)
  1 virtue, 2 faculty, talent
buadhmhor, *nas* buadhmhoire (adj.)
  triumphant
buaidh: *a'* bhuaidh, *na* buaidhe, *na* buaidhean (f.)
  1 success, victory, 2 effect
buail, *a'* bualadh (v.)
  hit, strike
buaile: *a'* bhuaile, *na* buaile, *na* buailtean (f.)
  fold (for sheep or cattle)
buain, *a'* buain (v.)
  reap
buain: *a'* bhuain, *na* buana (f.)
  harvest
buaireadh: *am* buaireadh, *a'* bhuairidh, *na* buairidhean (m.)
  1 disturbance, 2 temptation
buan, *nas* buaine (adj.)
  durable, long lasting
buannachd: *a'* bhuannachd, *na* buannachd (f.)
  profit
buannaich, *a'* buannachd (v.)
  profit, win
buidhe, *nas* buidhe (adj.)
  yellow
buidheann: *a'* bhuidheann, *na* buidhne, *na* buidhnean (f.)
  group
buidheann-cluich (f.)
  play-group
bùidseir: *am* bùidseir, *a'* bhùidseir, *na* bùidseirean (m.)
  butcher
buil: *a'* bhuil, *na* buile (f.)
  consequence, effect
thoir gu buil (See thoir)
  bring to fruition
buileach (adv.)
  completely, quite
buill (See ball)
  balls, members
buille: *a'* bhuille, *na* buille, *na* buillean (f.)
  blow
buin, *a'* buntainn (do) (v.)
  (1) belong (to) (2) interfere
buinteanas: *am* buinteanas, *a'* bhuinteanais (m.)
  relevance
bùird (See bord)
  tables
bun: *am* bun, *a'* bhuin *na* buin AND *na* bunan (m.)
  1 root, 2 bottom, base
bun os cionn
  upside down
bunait: *a'* bhunait, *na* bunaite, *na* bunaitean (f.)
  basis, foundation
buntàta: *am* buntàta, *a'* bhuntàta (no

plural) (m.)
  potato(es)
bùrn: *am* bùrn, *a'* bhùirn (m.)
  water (fresh)
bùth: *a'* bhùth, *na* bùtha, *na* bùthan
(f.)
  shop

C

cabhag: *a'* chabhag, *na* cabhaige (f.)
  hurry
tha cabhag orm
  I am in a hurry
cabhagach, *nas* cabhagaiche (adj.)
  hurried
cabhsair: *an* cabhsair, *a'* chabhsair, *na*
cabhsairean (m.)
  pavement
càch (pron.)
  the rest, the others
cadal: *an* cadal, *a'* chadail, (m.)
  sleep
cagailt: *an* cagailt, *a'* chagailt, *na*
cagailtean (m.)
  fireplace
cagainn, *a'* cagnadh (v.)
  chew
cagair, *a'* cagair (v.)
  whisper
cagar: *an* cagar, *a'* chagair, *na*
cagairean (m.)
  1 whisper, 2 darling
caibidil: *a'* chaibidil, *na* caibidile, *na*
caibidilean (f.)
  chapter
caidil, *a'* cadal (v.)
  sleep
cail (f.) (used after neg. & interr. v.)
  anything
    e.g. "De tha seo?"
        "What is this?"
      "Chaneil cail"
        "It isn't anything"
        (i.e. nothing)
cailc: *a'* chailc, *na* cailce, *na* cailcean
(f.)

chalk
caileag: *a'* chaileag, *na* caileige, *na*
caileagan (f.)
  girl
caill, *a'* call (v.)
  lose
cailleach: *a'* chailleach, *na* cailliche,
na cailleachan (f.)
  (1) old woman (2) witch
càin, *a'* càineadh (v.)
  decry, revile
cainnt: *a'* chainnt, *na* cainnte, *na*
cainntean (f.)
  speech
càirdeach, *nas* càirdiche (do) (adj.)
  related (to)
càirdeas: *an* càirdeas, *a'* chàirdeis (m.)
  relationship
càirdeil, *nas* càirdeile (ri) (adj.)
  friendly (with)
cairteal: *an* cairteal, *a'* chairteil, *na*
cairtealan (m.)
  quarter
càise: *an* càise, *a'* chàise, *na* càisean
(m.)
  cheese
***a' Chàisg**, *na* Càisge, *na* Càisgean (f.)
  Easter
caisteal: *an* caisteal, *a'* chaisteil, *na*
caistealan (m.)
  castle
càite (an)? (+ dep. form of v.) (adv.)
  where?
caith, *a'* caitheamh (v.)
  spend (money and time)
càl: *an* càl, *a'* chàil (m.)
  cabbage
caladh: *an* caladh, *a'* chalaidh, *na*
calaidhean (m.)
  harbour
call: *an* call, *a'* challa, *na* callaidhean
(m.)
  loss
calltainn: *a'* challtainn, *na* calltainne,
na calltainn (f.)
  hazel
calma, *nas* calma (adj.)
  hardy

calman: *an* calman, *a'* chalmain, *na*
calmain (m.)
   dove

calpa: *an* calpa, *a'* chalpa, *na*
calpannan (m.)
   calf (of leg)

caman: *an* caman, *a'* chamain, *na*
camain (m.)
   shinty stick

camhanaich: *a'* chamhanaich, *na*
camhanaiche (f.)
   dawn

can, *a'* cantainn (v.) (p.t. obsolete)
   say

canach: *an* canach, *a'* chanaich (m.)
   bog cotton

cànain: *a'* chànain, *na* cànaine, *na*
cànainean (f.)
   language

caochail, *a'* caochladh (v.)
   1 change, 2 die

caochladh: *an* caochladh, *a'*
chaochlaidh, *na* caochlaidhean (m.)
   variety
     e.g. caochladh dhaoine
        a variety of people

caog, *a'* caogadh (v.)
   wink

caogach, *nas* caogaiche (adj.)
   squint-eyed

caoin, *a'* caoineadh (v.)
   weep (for)

caol, *nas* caoile (adj.)
   narrow, thin

caora: *a'* chaora, *na* caorach, *na*
caoraich, *nan* caorach (gen. pl.) (f.)
   sheep

caorann: *a'* chaorann, *na* caorainne,
na caorainn (f.)
   rowan

càr: *an* càr, *a'* chàir, *na* càraichean
(m.)
   car

car: *an* car, *a'* chuir, *na* cuir AND *na*
caran (m.)
   twist, turn, job

cuir car (v.) (See cuir)
   twist, turn

car (+ acc.) (prep.)
   for, during
     e.g. car tiota
        for a moment

car (adv.)
   quite, somewhat
     e.g. car fliuch
        quite wet

carach, *nas* caraiche (adj.)
   cunning

caraich, *a'* carachadh (v.)
   move

caraid: *an* caraid, *a'* charaid, *na*
càirdean (m.)
   friend

càraid: *a'* chàraid, *na* càraide, *na*
càraidean (f.)
   pair

car-a-mhuiltean: *an* car-a-mhuiltean,
a' chuir-a-mhuiltean, *na* cuir-a-
mhuiltean (m.)
   somersault

carbad: *an* carbad, *a'* charbaid, *na*
carbadan (m.)
   coach

càrn: *an* càrn, *a'* chùirn, *na* cùirn (m.)
   cairn

carraig: *a'* charraig, *na* carraige, *na*
carraigean (f.)
   cliff

carson (a)? (+ ind. form of v.; +
rel. fut.) (adv.)
   why ?

cas: *a'* chas, *na* coise, *na* casan (f.)
   foot, leg

cas, *nas* caise (adj.)
   steep

casad: *an* casad, *a'* chasaid (m.)
   cough

casadaich, *a'* casadaich (v.)
   cough

cat: *an* cat, *a'* chait, *na* cait (m.)
   cat

cathair: *a'* chathair, *na* cathrach, *na*
cathraichean (f.)
   chair

cead: *an* cead, *a'* chead (m.)
   permission

cead-coimhead (m.) (See cead)
 T.V. licence
cead-dol-thairis: an cead-dol-thairis, a'
chead-dol-thairis (m.)
 passport
cead-rathaid charaichean (m.) (See
cead)
 vehicle licence
ceadaich, a' ceadachadh (v.)
 allow
ceadha: an ceadha, a' cheadha, na
ceadhachan (m.)
 pier
cèaird: a' chèaird, na cèairde, na
cèairdean (f.)
 trade
cealla: an cealla, a' chealla, na
ceallan (m.)
 cell (biological)
ceangail, a' ceangal (v.)
 tie
ceann: an ceann, a' chinn, na cinn (m.)
 1 head, 2 end
an ceann (+ gen.)
 in (the end of) a
  e.g. an ceann greise
    in a short time
air a cheann thall
 in the end
ceannaich, a' ceannach (v.)
 buy
ceannard: an ceannard, a'
cheannaird, na ceannardan (m.)
 leader
ceannsaich, a' ceannsachadh (v.)
 subdue, tame
ceann-suidhe: an ceann-suidhe, a'
chinn-suidhe, na cinn-suidhe (m.)
 president
ceann-uidhe: an ceann-uidhe, a'
chinn-uidhe, na cinn-uidhe (m.)
 destination
ceap: an ceap, a' chip, na cip (m.)
 cap
cearc: a' chearc, na circe, na cearcan
(f.)
 hen
ceàrd: an ceàrd, a' cheàird, na

ceàrdan (m.)
 tinker
ceàrn: an ceàrn, a' cheàrnaidh, na
ceàrnaidhean (m.)
 district
ceàrr, nas cearra (adj.)
 1 wrong, 2 left (hand side)
ceart, nas cearta (adj.)
 right, fair, just
an ceartair (adv.)
 in a moment, in a short time
ceartas: an ceartas, a' cheartais (m.)
 justice
ceasnaich, a' ceasnachadh (v.)
 question
ceathramh (adj.)
 fourth
ceathrar (n.)
 four persons
céile: an céile (a' chéile (f.)) a'
chéile (na céile (f.)) (m. and f.)
 spouse
le cheile
 with each other, together
ceilidh: a' cheilidh, na ceilidhe, na
ceilidhean (f.)
 concert
céin, nas céine (adj.)
 foreign, remote
ceimiceachd: an ceimiceachd, a'
cheimiceachd (m.)
 chemistry
céis: a' chéis, na céise, na céisean (f.)
 envelope
ceist: a' cheist, na ceiste, na ceistean
(f.)
 question, problem
cuir ceist (air) (See cuir)
 put a question to, question
an Céitean, a' Chéitein (m.)
 May
ceithir (adj.)
 four
a ceithir (n.)
 four
ceò: an ceò, a' cheò (m.)
 mist, smoke
ceòl: an ceòl, a' chiùil, na ciùil (m.)

music
ceud (+ asp.) (adj.)
first
e.g. **a cheud fhear**
the first man
ceud (+ sing. n.) (adj.)
hundred
ceudna (adj.)
same
mar an ceudna
likewise
ceum: *an* ceum, *a'* cheuma, *na* ceuman
(m.)
step
chaidh (p.t. See App.: **rach**)
went
a chaoidh (adv.)
ever (of future time)
cheana (adv.)
already
chi (v.) (fut. See App.: **faic**)
will see
a chionn 's gu (+ dep. form of v.)
adv.)
because, since
cho (adv.)
so
cho . . . ri
as . . . as
e.g. **cho mór ri Seumas**
as big as James
fa chomhair (prep. pron.)
opposite, before him, it (m.)
fa chomhair (+ gen.) (prep.)
opposite to
chon (+ art. + gen.) (prep.)
to (the), as far as (the)
air chor-eigin
some . . . or other
e.g. **fear air chor-eigin**
someone or other
chuala (p.t. See App.: **cluinn**)
heard
a chum (+ infin.)
in order to, for the purpose of
e.g. **a chum fiodh a thional**
in order to gather wood
chun (+ art. + gen.) (prep.)

to (the), as far as (the)
chunnaic (p.t. See App.: **faic**)
saw
cia mheud (+ sing.)
how many?
e.g. **Cia mheud craobh a tha air
an eilean?**
How many trees are on the
island?
ciad (alt. sp. of **ceud**)
1 hundred, 2 first
ciall: *a'* chiall, *na* céille (f.)
sense
ciallaich, a' ciallachadh (v.)
mean
cian *nas* céine (adj.)
distant
cianail, *nas* cianaile (adj.)
sorrowful, sad
cianalas: *an* cianalas, *a'* chianalais (m.)
home-sickness
cidhe: *an* cidhe, *a'* chidhe, *na* cidhean
(m.)
quay
cinneadh: *an* cinneadh, *a'* chinnidh, *na*
cinnidhean (m.)
·surname
cinnt: *a'* chinnt, *na* cinnte (f.)
certainty
cinnteach, *nas* cinntiche (adj.)
sure, certain
ciobair: *an* ciobair, *a'* chiobair, *na*
ciobairean (m.)
shepherd
Ciod air bith (a)? (pron.)
whatever?
e.g. **Ciod air bith a chunnaic e?**
Whatever did he see?
cion: *an* cion, *a'* chion (m.)
lack
ciontach, *nas* ciontaiche (adj.)
guilty
ciotach, *nas* ciotaiche (adj.)
left handed; sinister
cir: *a'* chìr, *na* cìre, *na* cìrean (f.)
comb
ciste: *a'* chiste, *na* ciste, *na* cisteachan
(f.)

chest

ciùin, *nas* **ciùine** (adj.)
calm

clach: *a'* **chlach**, *na* **cloiche**, *na*
clachan (f.)
stone

clachair: *an* **clachair**, *a'* **chlachair**, *na*
clachairean (m.)
stonemason

cladach: *an* **cladach**, *a'* **chladaich**, *na*
cladaichean (m.)
shore

cladh: *an* **cladh**, *a'* **chlaidh**, *na*
cladhan (m.)
graveyard

cladhaich, *a'* **cladhach** (v.)
dig

clag: *an* **clag**, *a'* **chluig**, *na* **clagan** (m.)
bell

claidheamh: *an* **claidheamh**, *a'*
chlaidheimh, *na* **claidhmhnean** (m.)
sword

claigionn: *an* **claigionn**, *a'* **chlaiginn**,
na **claignean** (m.)
skull

àrd mo chlaiginn
at the top of my voice

clann: *a'* **chlann**, *na* **cloinne** (f. coll.)
children

clàr: *an* **clàr**, *a'* **chlàir**, *na* **clàran** (m.)
record, disc

clàrsach: *a'* **chlàrsach**, *na* **clàrsaiche**,
na **clàrsaichean** (f.)
harp

clàrsair: *an* **clàrsair**, *a'* **chlàrsair**, *na*
clàrsairean (m.)
harpist

cleachd, *a'* **cleachdadh** (v.)
use

cleachdadh: *an* **cleachdadh**, *a'*
chleachdaidh, *na* **cleachdaidhean** (m.)
custom

cleasachd: *a'* **chleasachd**, *na* **cleasachd**
(f.)
exercising, sport, play

cléireach: *an* **cléireach**, *a'* **chléirich**, *na*
cleirich (m.)
clerk

cleoc: *an* **cleoc**, *a'* **chleoca**, *na*
cleocannan (m.)
cloak

clì, *nas* **clìthe** (adj.)
left (hand side)

cliabh: *an* **cliabh**, *a'* **chléibh**, *na*
cléibh (m.)
1 rib cage, 2 creel, basket

clisg, *a'* **clisgeadh** (v.)
start (through fear)

cliù: *an* **cliù**, *a'* **chliù** (m.)
fame, renown, reputation

cliùiteach, *nas* **cliùitiche** (adj.)
famous

clò: *an* **clò**, *a'* **chlò**, *na* **clòthan** (m.)
tweed

clo: *an* **clo**, *a'* **chlodha**, *na* **clodhan** (m.)
print, printing press

cuir (ann) an clò (v.)
print

e.g. **Chuir e leabhar an clò**
He printed a book

clò-bhualadair: *an* **clò-bhualadair**, *a'*
chlò-bhualadair, *na* **clò-bhualadairean**
(m.)
printer

clò-sgrìobhadair (m.) (See
sgrìobhadair)
typewriter

clobha: *an* **clobha**, *a'* **chlobha**, *na*
clobhaichean (m.)
tongs

clogaid: *a'* **chlogaid**, *na* **clogaide**, *na*
clogaidean (f.)
helmet

cloimh: *a'* **chloimh**, *na* **cloimhe** (f.)
wool

cluas: *a'* **chluas**, *na* **cluaise**, *na* **cluasan**
(f.)
ear

cluasag: *a'* **chluasag**, *na* **cluasaige**, *na*
cluasagan (f.)
pillow

cluich, *a'* **cluich** (v.)
play

cluicheadair: *an* **cluicheadair**, *a'*
chluicheadair, *na* **clucheadairean** (m.)
player

cluinn, a' cluinntinn (Irr. v. See App.: cluinn)
  hear

cnàimh: an cnàimh, a' chnàimh, na cnàmhan (m.)
  bone

cnap-starradh: an cnap-starradh, a' chnap-starraidh, na cnap-starraidh (m.)
  obstruction, obstacle

cnatan: an cnatan, a' chnatain, na cnatain (m.)
  cold

cnò: a' chnò, na cnòtha, nà cnothan (f.)
  nut

cnoc: an cnoc, a' chnuic, na cnocan (m.)
  hillock

cnog, a' cnogadh (v.)
  knock

có?
  who? (Interr.)

có air bith (a)? (pron.)
  whoever?

có leis (a)?
  whose?
  e.g. Có leis a tha an leabhar?
    Whose is the book?

cobhar: an cobhar, a' chobhair (m.)
  foam

cobhair: a' chobhair, na cobhrach (f.)
  assistance

còcaire: an còcaire, a' chòcaire, na còcairean (m.)
  cook

co-cheangailte (ri)
  connected (with) attached (to)

co-chomunn: an co-chomunn, a' cho-chomuinn, na co-chomuinn (m.)
  co-operative, partnership

co-dhiù (adv.)
  1 however, anyway, 2 whether

co-dhùnadh: an co-dhùnadh, a' cho-dhùnaidh, na co-dhùnaidh (m.)
  conclusion

co-fharpais: a' cho-fharpais, na co-fharpaise, na co-fharpaisean (f.)
  competition

cogadh: an cogadh, a' chogaidh, na cogaidhean (m.)
  war

coibhneil, nas coibhneile (ri) (adj.)
  kind (to)

cóig (adj.)
  five

a cóig (n.)
  five

cóigeamh (adj.)
  fifth

cóignear (n.)
  five people

coigreach: an coigreach, a' choigrich, na coigrich (m.)
  stranger

coileach: an coileach, a' choilich, na coilich (m.)
  cockerel

coille: a' choille, na coille, na coilltean (f.)
  forest

an coimeas ri
  in comparison with

coimheach, nas coimhiche (adj.)
  strange, foreign

coimhid, a' coimhead (air) (v.)
  look (at)

coimhearsnachd: a' coimhearsnachd, na coimhearsnachd (f.)
  neighbourhood, vicinity

coimhlionta, nas coimhlionta (adj.)
  complete

coimhthional: an coimhthional, a' choimhthionail, na coimhthionail (m.)
  congregation

coineanach: an coineanach, a' choineanaich, na coineanaich (m.)
  rabbit

còinneach: a' chòinneach, na còinniche (f.)
  moss

coinneal: a' choinneal, na coinnle, na coinnlean (f.)
  candle

coinneamh: a' choinneamh, na coinneimh, na coinneamhan (f.)
  meeting

mu choinneamh (+ gen.) (prep.)
  opposite

coinnich, a' coinneachadh (ri) (v.)
  meet

còir: *a' chòir, na còrach, na còraichean* (m.)
  right, justice

còir, *nas còire* (adj.)
  1 decent, 2 kind

is còir dhomh AND bu choir dhomh (+ verbal n.)
  I ought
    e.g. Bu choir dhomh fàgail
      I ought to leave
    Bu choir dhomh aran a
    cheannach
      I ought to buy bread

coirce: *an coirce, a' choirce* (m.)
  oats

coire: *a' choire, na coire, na coireannan* (f.)
  fault

coire: *an coire, a' choire, na*
coireachan (m.)
  kettle

coireach, *nas coiriche* (ri) (adj.)
  at fault, guilty (of)

an cois (+ gen.) (prep.)
  near

coisich, a' coiseachd (v.)
  walk

coisinn, a' cosnadh (v.)
  earn

còisir: *a' chòisir, na còisire, na*
còisearan (f.)
  choir

colaisde: *a' cholaisde, na colaisde, na*
colaisdean (f.)
  college

colladeug (contr. of ceithir-latha-deug)
  a fortnight

coltach, *nas coltaiche* ri (adj.)
  like, similar to

coltas: *an coltas, a' choltais* (m.)
  likeness; likelihood

a reir coltais
  in all likelihood

coma (adj.)

  indifferent

is coma leam (+ n. nom.)
  I am indifferent to

Tha mi coma co-dhiù!
  I couldn't care less!

comasach, *nas comasaiche* (adj.)
  able, possible

comhachag: *a' chomhachag, na*

comhachaig, na comhachagan (f.)
  barn-owl

comhairle: *a' chomhairle, na*

comhairle, *na comhairlean* (f.)
  1 advice, counsel, 2 council

comhairle sgìreil (f.)
  district council

comharradh: *an comharradh, a'*
chomharraidh, na comharraidhean (u.)
  1 sign, 2 mark (i.e. exam)

comhartaich a' comhartaich (v.)
  bark

comhfhurtail, *nas comhfhurtaile* (adj.)
  comfortable

còmhla (adv.)
  together

còmhla ri + dat. (prep.)
  (together) with

comhlan: *an comhlan, a' chomhlain,*
na comhlain (m.)
  band, troop, group

comhlan-ciùil (m.)
  band (musical), dance band

an còmhnaidh (adv.)
  always

comhnard: *an comhnard, a'*
chòmhnaird, na còmhnardan (m.)
  plain

còmhnard, *nas còmhnairde* (adj.)
  level

còmhradh: *an còmhradh, a'*
chòmhraidh, na còmhraidhean (m.)
  conversation, discussion

companach: *an companach, a'*
chompanaich, na companaich (m.)
  companion

comunn: *an comunn, a' chomuinn, na*
comuinn (m.)
  association, club, committee

comunn ionadail (m.) (See comunn)

community council
comunn soisealta (m.) (See comunn)
social committee
connrag: *a'* chonnrag, *na* connraige, *na*
connragan (f.)
consonant
còntraigh: *a'* chòntraigh, *na*
còntraighe, *na* còntraighean (f.)
neap-tide
còrd, a' còrdadh (ri) (v.)
please
e.g. Tha sin a' còrdadh rium
That is pleasing to me
i.e. I like that
corp: *an* corp, *a'* chuirp, *na* cuirp (m.)
body
corr is (+ n. nom.)
more than
corrach, *nas* corraiche (adj.)
uneven
corrag: *a'* chorrag, *na* corraige, *na*
corragan (f.)
finger
cosg, a' cosg (v.)
1 spend, cost, 2 waste (time)
cosgail, *nas* cosgaile (adj.)
expensive
co-shamladh: *an* co-shamladh, *a'*
cho-shamlaidh, *na* co-shamlaidhean
(m.)
parable
cosnadh: *an* cosnadh, *a'* chosnaidh, *na*
cosnaidhean (m.)
job, employment
còta: *an* còta, *a'* chòta, *na*
còtaichean (m.)
coat
cothrom: *an* cothrom, *a'* chothruim, *na*
cothroman (m.)
opportunity
cràbhach, *nas* cràbhaiche
1 religious, 2 pious
craiceann: *an* craiceann, *a'* chraicinn,
na craicinn (m.)
skin
crann: *an* crann, *a'* chroinn, *na* croinn
(m.)
1 plough, 2 mast

crann-ola (m.) (See crann)
oil rig
crann-sgaoilidh (m.) (See crann)
transmitter
crann-tara (m.) (See crann)
fiery cross
craobh: *a'* chraobh, *na* craoibhe, *na*
craobhan (f.)
tree
craobh-sgaoileadh: *an*
craobh-sgaoileadh, *a'* chraobh-
sgaoilidh (m.)
broadcasting
crath, a' crathadh (v.)
shake
Mo chreach!
Good heavens! Alas!
creag: *a'* chreag, *na* creige, *na* creagan
(f.)
rock
creid, a' creidsinn (v.)
1 believe, 2 suppose
creideamh: *an* creideamh, *a'*
chreidimh, *na* creideamhan (m.)
creed, belief
creutair: *an* creutair, *a'* chreutair, *na*
creutairean (m.)
creature
criadh: *an* criadh, *a'* chriadha (m.)
clay
cridhe: *an* cridhe, *a'* chridhe, *na*
cridheachan (m.)
heart
cridheil: *nas* cridheile (adj)
hearty, cheerful
crìoch: *a'* chrìoch, *na* crìche, *na*
crìochan (f.)
end, limit, border
crìochnaich, a' crìochnachadh (v.)
end, finish
Crìosdaidh: *an* Crìosdaidh, *a'*
Chrìosdaidh *na* Crìosdaidhean (m.)
Christian
Crìosdail, *nas* Crìosdaile (adj.)
Christian
crith, a' crith (v.)
shiver, shake
air crith

shivering, shaking
croch, a' crochadh (air) (v.)
 1 hang, 2 depend (on)
crodh: an crodh, a' chruidh (m.)
 cattle
croit: a' chroit, na croite, na croitean (f.)
 croft
croitear: an croitear, a' chroiteir, na croitearan (m.)
 crofter
crom, a' cromadh (v.)
 bend
cron: an cron, a' chroin (m.)
 1 harm, 2 defeat
crosda, nas crosda (adj.)
 bad tempered
crotal: an crotal, a' chrotail (m.)
 lichen
cruach: a' chruach, na cruaiche, na cruachan (f.)
 stack
cruaidh, nas cruaidhe (adj.)
 hard
crùbach, nas crùbaiche (adj.)
 lame
crùbag: a' chrùbag, na crùbaige, na crùbagan (f.)
 crab
cruinn, nas cruinne (adj.)
 round, circular
cruinnich, a' cruinneachadh (v. trans. & intrans.)
 collect, gather, assemble
crùn: an crùn, a' chrùin, na crùin (m.)
 crown
cruthaich, a' cruthachadh (v.)
 create
cù: an cù, a' choin, na coin (nom. pl.), nan con (gen. pl.) (m. irr.)
 dog
cuairt: a' chuairt, na cuairte, na cuairtean (f.)
 trip
air chuairt
 on a trip, on tour
cuan: an cuan, a' chuain, na cuantan (m.)

 ocean
cùbaid: a' chùbaid, na cùbaide, na cùbaidean (f.)
 pulpit
cudthromach, nas cudthromaiche (adj.)
 important
cuibhle: a' chuibhle, na cuibhle, na cuibhleachan (f.)
 wheel
cuibhrionn: an cuibhrionn, a' chuibhrinn, na cuibhrinnean (m.)
 allotment, portion
cuid: a' chuid, na codach (f.)
 portion
cuide ri (+ dat.)
 along with
cuideachd: a' chuideachd, na cuideachdan (f.)
 company, society
cuideachadh: an cuideachadh, a' chuideachaidh (m.)
 help (n.)
cuideachd (adv.)
 also
cuideigin (pron.)
 someone
cuidich, a' cuideachadh (v.)
 help
cuileag: a' chuileag, na cuileige, na cuileagan (f.)
 fly
cuilean: an cuilean, a' chuilein, na cuileanan (m.)
 puppy
cuimhne: a' chuimhne, na cuimhne (f.)
 memory
cuine (a)? (interr.) (+ indep. form of v.; + rel. fut.)
 when?
cuinneag: a' chuinneag, na cuinneige, na cuinneagan (f.)
 bucket
cuip: a' chuip, na cuipe, na cuipean (f.)
 whip
cuir, a' cur (v.)
 put
cuir fios air (See cuir)
 send for

cuir roimh (v.)
  decide
    e.g. **chuir mi romham**
        I decided
cuireadh: *an* cuireadh, *a'* chuiridh, *na*
cuiridhean (m.)
  invitation
cùirt: *a'* chùirt, *na* cùirte, *na* cùirtean (f.)
  court
cùirtear: *an* cùirtear, *a'* chùirteir, *na*
cùirtearan (m.)
  curtain
cùis: *a'* chuis, *na* cùise, *na* cuisean (f.)
  affair
cùl: *an* cùl, *a'* chùil, *na* cùil (m.)
  back
air cùlaibh (+ gen.) (prep.)
  behind
cùm, a' cumail (v.)
  keep
cumadh: *an* cumadh, *a'* chumaidh, *na*
cumaidhean (m.)
  shape
cuman: *an* cuman, *a'* chumain, *na*
cumain (m.)
  pail
cumanta, *nas* cumanta (adj.)
  common
cumhachd: *a'* chumhachd, *na*
cumhachd, *na* cumhachdan (f.)
  power
cumhang, *nas* cumhainge (adj.)
  narrow
cunbhalach, *nas* cunbhalaiche (adj.)
  constant, steady
cungaidh: *a'* chungaidh, *na*
cungaidhe, *na* cungaidhean (f.)
  medicine, drug
cunnart: *an* cunnart, *a'* chunnairt, *na*
cunnartan (m.)
  danger
cunnartach, *nas* cunnartaiche (adj.)
  dangerous
cùnntas: *an* cùnntas, *a'* chùnntais, *na*
cùnntais AND *na* cunntaisean (m.)
  1 counting, arithmetic, 2 account
cupa: *an* cupa, *a'* chupa, *na* cupannan
(m.)

  cup
cùram: *an* cùram, *a'* chùraim (m.)
  care
cùramach, *nas* cùramaiche (adj.)
  careful
currac: *an* currac, *a'* churraic, *na*
curracan (m.)
  bonnet
curran: *an* curran, *a'* churrain, *na*
currain (m.)
  carrot
cur-seachad: *an* cur-seachad, *a'*
chuir-seachad (m.)
  pastime(s), leisure
cus (adv.)
  too much
cuspair: *an* cuspair, *a'* chuspair, *na*
cuspairean (m.)
  subject
cuthag: *a'* chuthag, *na* cuthaige, *na*
cuthagan (f.)
  cuckoo

D

dà (+ asp. + sing. n.) (adj.)
  two
    e.g. **dà fhear**
        two men
a dhà (n.)
  two
dachaidh: *an* dachaidh, *na* dachaidh,
na dachaidhean (f.)
  home
dhachaidh (adv.)
  home(wards)
da-chànanach, *nas* da-chànanaiche
(adj.)
  bilingual
dad (m.) (used after neg. & interr. v.)
  anything
daga: *an* daga, *an* daige, *na* dagaichean
(m.)
  pistol
dail: *an* dail, *an* dail, *na* dailean (m.)
  meadow
dàil: *an* dàil, *na* dàlach, *na* dàilean (f.)

delay

dàimh: *an dàimh, an dàimh, na*
dàimhean (m.)
  relationship (i.e. family)

daingeann, *nas* **daingne (adj.)**
  firm

dall, *nas* **doille (adj.)**
  blind

damh: *an damh, an daimh, na daimh*
(m.)
  stag

damhan-allaidh: *an damhan-allaidh,*
an damhain-allaidh, na damhain-
allaidh (m.)
  spider

an **Dàmhar,** *an* **Dàmhair (m.)**
  October

dàn: *an dàn, an dàin, na dàin (m.)*
  (1) poem, song (2) fate

danns, *a'* **dannsadh (v.)**
  dance

daolag: *an daolag, na daolaig, na*
daolagan (f.)
  beetle

daonda, *nas* **daonda (adj.)**
  human, humane

daonnan (adv.)
  always

daor, *nas* **daoire (adj.)**
  dear

daorach: *an daorach, na daoraich (f.)*
  intoxication

dara (darna) (adj.)
  second

darach: *an darach, na daraich, na*
daraich (m.)
  oak (tree)

da-riribh
  indeed

dath: *an dath, an datha, na dathan (m.)*
  colour

dé? (pron.)
  what?

an dé (adv.)
  yesterday

de (+ asp. + dat.)
  of

deach(aidh) (dep. form of p.t. of rach

See App.: rach)
  went

deagh (precedes n. + asp.) (adj.)
  good
    e.g. deagh charaid
             good friend

dealachadh: *an dealachadh, an*
dealachaidh, na dealachaidh (m.)
  parting, separation

dealaich, *a'* **dealachadh (v.)**
  part

dealan: *an dealan, an dealain (m.)*
  electricity

dealanach: *an dealanach, an*
dealanaich (m.)
  lightning

dealasach, *nas* **dealasaiche (adj.)**
  eager, diligent, enthusiastic

dealbh: *an dealbh, na deilbhe, na*
dealbhan (f.)
  picture

dealbh-chluich: *an dealbh-chluich, an*
deilbh-chluich, na dealbhan-cluiche (m.)
  play (theatre)

dealraich, *a'* **dealrachadh (v.)**
  shine

deamhais: *an deamhais, na deamhaise,*
na deamhaisean (f.)
  shears

dean, *a'* **deanamh (Irr. v. See App.:**
dean)
  do, make

deanntag: *an deanntag, na deanntaige,*
na deanntagan (f.)
  nettle

deante (p.p.) (See dean)
  done, made

dearbh, *a'* **dearbhadh (v.)**
  prove

dearg, *nas* **deirge (adj.)**
  red

dearmad, *a'* **dearmad (v.)**
  neglect

dearmad: *an dearmad, an dearmaid, na*
dearmadan (m.)
  neglect, omission

deàrrs, *a'* **deàrrsadh (v.)**
  shine

deàrrsanta, *nas* **deàrrsanta (adj.)**
shining

deas, *nas* **deise (adj.)**
1 south, 2 right (hand side)

mu dheas
in the south

deasaich, a' deasachadh (v.)
prepare

deich (adj.)
ten

a deich (n.)
ten

deicheamh (adj.)
tenth

deichnear (n.)
ten people

déideadh: *an* **déideadh,** *an* **déididh (m.)**
toothache

an deidh (+ gen.) **(prep.)**
after

deidheadh (dep. form cond. t. See App.: rach)
would go

déidheil, *nas* **déidheile (air) (adj.)**
fond (of), keen (on)

deidhinn (dep. form of cond. t. See App.: rach)
I would go

deigh: *an* **deigh,** *na* **deighe (f.)**
ice

deirc: *an* **deirc,** *na* **deirce,** *na* **deircean (f.)**
charity

deireadh: *an* **deireadh,** *an* **deiridh,** *na* **deiridhean (m.)**
end

air dheireadh (+ gen.) **(prep.)**
behind

mu dheireadh thall
at long last, finally

deireannach, *nas* **deireannaiche (adj.)**
last

deise: *an* **deise,** *na* **deise,** *na*
deiseachan (f.)
suit

deisealaich, a' deisealachadh (v.)
prepare, get ready

deiseil, *nas* **deiseile (adj.)**
ready

deireadh, *an* **deireadh,** *an* **deiridh (m.)**
end

deoch: *an* **deoch,** *na* **dibhe,** *na*
drink

deochan (f.)
drink

deònach, *nas* **deònaiche (adj.)**
willing

deuchainn: *an* **deuchainn,** *na*
deuchainne, *na* **deuchainnean (f.)**
test, exam

deur: *an* **deur,** *na* **deura,** *na* **deuran (f.)**
tear

dheidheadh (cond. t. See App.: rach)
would go

dheidhinn (cond. t. See App.: rach)
I would go

mu dheidhinn (+ gen.) **(prep.)**
about, concerning

dh' fheumadh (p.t. of feumaidh)
would have to

dhiom (prep. pron.
from de)

dhiom (from de)	of, off me
dhiot	of, off you (sing.)
dheth	of, off him, it (m.)
dhith	of, off her, it (f.)
dhinn	of, off us
dhibh	of, off you (pl.)
dhiubh	of, off them

dhomh (prep. pron.
from do)

dhomh (from do)	to me
dhuit (dhut)	to you (sing.)
dha	to him, it (m.); to
dhi	to her, it (f.)
dhuinn	to us
dhuibh	to you
dhaibh	to them

Di-Domhnaich (m.)
Sunday

Di-Luain (m.)
Monday

bho Dhi-Luain gu Di-haoine
from Monday to Friday

Di-Mairt (m.)
Tuesday

Di-Ciadaoin (m.)
Wednesday

Diardaoin (m.)

Thursday
Di-Haoine (m.)
Friday
Di-Sathurna (m.)
Saturday
dia: *an* dia, *an* dé *na* diathan (m.)
god
diamhair, *nas* diamhaire (adj.)
1 private, 2 mysterious
dian, *nas* déine (adj.)
keen, eager
dìchioll: *an* dìchioll, *an* dìchill (m.)
diligence, utmost
e.g. **Rinn mi mo dhìchioll**
I did my utmost
dìchiollach, *nas* dìchiollaiche (adj.)
diligent, industrious
difir: *an* difir, *an* difir, *na* difirean (m.)
difference
dig: *an* dig, *na* dìge, *na* dìgean (f.)
ditch
dìleab: *an* dìleab, *na* dìleib, *na* dìleibean (f.)
legacy
dìleas, *nas* dìlse (adj.)
faithful
dìnnear: *an* dìnnear, *na* dìnnearach, *na* dìnnearan (f.)
dinner
diollaid: *an* diollaid, *na* diollaide, *na* diollaidean (f.)
saddle
diombach, *nas* diombaiche (adj.)
annoyed
diomhain, *nas* diomhaine (adj.)
idle
diomhair, *nas* diomhaire (adj.)
secret
diochuimhnich, a' diochuimhneachadh (v.)
forget
dion, a' dion (v.)
protect, defend
dionach, *nas* dionaiche (adj.)
waterproof
dìreach, *nas* dìriche (adj.)
straight
dìreach (adv.)

exactly
dìreach sin
just so
dìrich, a' dìreadh (v.)
climb
dìth: *an* dìth, *na* dìth (f.)
need, lack
a dhìth air (v.)
need
e.g. **Tha biadh a dhìth air Mairi**
Mary needs food (Lit.
Food is lacking on Mary)
dìthean: *an* dìthean: *an* dìthein, *na* dìtheanan (m.)
flower
dithis (f.)
two people
diùid, *nas* diùide (adj.)
shy
an diugh
today
diùlt, a' diùltadh (v.)
refuse, deny
dleasdanas: *an* dleasdanas, *an* dleasdanais, *na* dleasdasan (m.)
duty
dlùth, *nas* dlùithe (adj.)
near
do (+ asp.) (adj.)
your (sing.)
do (+ asp. + dat.) (prep.)
to (a)
dóbhran: *an* dóbhran, *an* dóbhrain, *na* dobhrain (m.)
otter
is dòcha gu (+ dep. form of v.)
it is probable, it is likely
e.g. **Is dòcha gu bheil thu ceart**
You are probably right
dòchas: *an* dòchas, *an* dòchais, *na* dòchais (m.)
hope
tha mi an dòchas gu (+ dep. form of v.)
I hope that (Lit. I am in hope)
e.g. **Tha mi an dòchas gu bheil thu deiseil**
I hope that you are ready

do dh' (form of **do** before a vowel or **fh**.)
   to

dòigh: *an* dòigh, *na* dòighe, *na* dòighean (f.)
   way, method

dòigh-beatha (f.) (See **dòigh**)
   way of life, lifestyle

dòigh-labhairt (f.) (See **dòigh**)
   pronunciation

dòigheil, *nas* dòigheile (adj.)
   orderly

doineann: *an* doineann, *na* doininne, *na* doineannan (f.)
   storm

doirbh, *nas* doirbhe (adj.)
   difficult

doire: *an* doire, *na* doire, *na* doireachan (f.)
   grove, copse

doirt, a' dortadh
   pour, spill, shed

dol fodha na gréine
   sunset

dolaidh: *an* dolaidh, *na* dolaidhe (f.)
   harm, injury

domhain, *nas* doimhne (adj.)
   deep

do'n (+ asp. + dat.)
   to the

dona, *nas* miosa (adj.)
   bad

donn, *nas* duinne (adj.)
   brown

dorcha, *nas* duirche (adj.)
   dark

dorchadas: *an* dorchadas, *an* dorchadais (m.)
   darkness

dòrn: *an* dòrn, *an* dùirn, *na* dùirn (m.)
   fist

dorus: *an* dorus, *an* doruis, *na* dorsan (m.)
   door

dotair: *an* dotair, *an* dotair, *na* dotairean (m.)
   doctor

dragh: *an* dragh, *an* dragha, *na* draghan (m.)
   annoyance

cuir dragh air + dat. (v.)
   annoy
      e.g. **Chuir an cat dragh air a' chù**
         The cat annoyed the dog

an dràsda
   now

dreach: *an* dreach, *an* dreacha, *na* dreachan (m.)
   1 appearance, 2 complexion

dreasair: *an* dreasair, *an* dreasair, *na* dreasairean (m.)
   dresser

dreathan-donn: *an* dreathan-donn, *na* dreathain-duinn, *na* dreathain-donna (f.)
   wren

dreuchd: *an* dreuchd, *na* dreuchd (f.)
   business, duty, profession

dreuchdail, *nas* dreuchdaile (adj.)
   professional, official

driamlach: *an* driamlach, *an* driamlaich, *na* driamlaich (m.)
   fishing line

dripeil, *nas* dripeile (adj.)
   busy

driùchd: *an* driùchd, *an* driùchda, *na* driùchdan (m.)
   dew

druid: *an* druid, *na* druid, *na* druidean (f.)
   starling

droch, *nas* miosa (precedes n. + asp.) (adj.)
   bad

drochaid: *an* drochaid, *na* drochaide, *na* drochaidean (f.)
   bridge

druim: *an* druim, *an* droma, *na* dromannan (m.)
   back, ridge

duais: *an* duais, *na* duaise, *na* duaisean (f.)
   prize

dualchas: *an* dualchas, *an* dualchais (m.)
   culture, heritage

dubh, *nas* duibhe (adj.)
  black
dubhach, *nas* dubhaiche (adj.)
  sad
dubhan: *an* dubhan, *an* dubhain, *na*
dubhain (m.)
  hook
dubhar: *an* dubhar, *an* dubhair, *na*
dubhair (m.)
  shade
dùbhlan: *an* dùbhlan, *an* dùbhlain, *na*
dùbhlain (m.)
  challenge
an **Dùdlachd**, *an* Dùdlachd (m.)
  December
tha mi an dùil (gu + indep. form of v.)
  I expect
duilgheadas: *an* duilgheadas, *an*
duilgheadais, (m.)
  sadness, difficulty
duilich, *nas* duilghe (adj.)
  1 sad, 2 difficult
duilleach: *an* duilleach, *na* duillich (f.)
  foliage
duilleag: *an* duilleag, *na* duilleige, *na*
duilleagan (f.)
  1 leaf, 2 page
dùin, a' dùnadh (v.)
  close, shut
duine: *an* duine, *an* duine, *na* daoine
(m.)
  man
dùisg, a' dùsgadh (v.)
  waken
dùmhail, *nas* dùmhaile (adj.)
  thick, dense
dùmhlaich, a' dùmhlachadh (v.)
  thicken
dùn: *an* dùn, *an* dùin, *na* dùin (m.)
  fort
dùr, *nas* dùire (adj.)
  stubborn
dùrachd: *an* dùrachd, *na* dùrachd, *na*
dùrachdan (f.)
  wish
leis gach deagh dhurachd
  with every good wish
  (subscription to a letter)

dùrachdach, *nas* dùrachdaiche (adj.)
  sincere
dùraig, a' dùraigeadh (v.)
  1 wish, 2 dare
duslach: *an* duslach, *na* duslaich (f.)
  dust
dùthaich: *an* dùthaich, *na* dùtcha, *na*
dùthchannan (f.)
  country
dùthchas: *an* dùthchas, *an* dùthchais
(m.)
  nationality

E

e (pron.)
  1 he 2 him, it (m.) (direct object)
each: *an* t-each, *an* eich, *na* h-eich (m.)
  horse
eachdraidh: *an* eachdraidh, *an*
h-eachdraidh, *na* h-eachdraidhean (f.)
  history
eadar (+ acc.) (prep.)
  between
eadarainn (prep.
  pron. from eadar) between us
eadaraibh   between you (pl.)
eatorra   between them
eadardhealachadh: *an*
t-eadardhealachadh, *an*
eadardhealachaidh, *na*
h-eadardhealaichidhean (m.)
  difference
eadardhealaichte, *nas*
eadardhealaichte (ri.) (adj.)
  different (from)
eadartheangaich, ag
eadartheangachadh (v.)
  translate
eadhon (adv.)
  even
eadradh: *an* t-eadradh, *an* eadraidh,
na h-eadraidhean (m.)
  milking time
eag: *an* eag, *na* h-eige, *na* h-eagan (f.)
  groove
eagal: *an* t-eagal, *an* eagail (m.)

fear

eaglais: *an eaglais, na h-eaglaise, na h-eaglaisean* (f.)
church

Eaglais na h-Alba (f.)
Church of Scotland

An Eaglais Chaitliceach (t.)
The Catholic Church

An Eaglais Easbuigeach (f.)
The Episcopal Church

An Eaglais Shaor (f.)
The Free Church

eala: *an eala, na h-eala, na h-ealachan* (f.)
swan

ealaidh, ag ealadh (v.)
crawl

ealanta, nas ealanta (adj.)
expert

ealdhain: *an ealdhain, na h-ealdhaine, na h-ealdhainean* (f.)
art, science

eallach: *an t-eallach, an eallaich, na h-eallaich* (m.)
load

eanchainn: *an eanchainn, na h-eanchainn, na h-eanchainnean* (f.)
brain

eangarra, nas eangarra (adj.)
bad tempered

ear: *an ear* (f.)
east

an earar (adv.)
the day after tomorrow

earb: *an earb, na h-earba, na h-earban* (f.)
roe deer

earball: *an t-earball, an earbaill, na h-earbaill* (m.)
tail

earbsa: *an earbsa, na h-earbsa* (f.)
confidence

earrach: *an t-earrach, an earraich, na h-earraich* (m.)
spring

earrann: *an earrann, na h-earrainn, na h-earrannan* (f.)
portion, section, unit

eas: *an eas, na h-easa, na h-easan* (f.)
waterfall

easag: *an easag, na h-easaige, na h-easagan* (f.)
pheasant

easaontachd: *an easaontachd, na h-easaontachd* (f.)
disagreement, discord

easbuig: *an t-easbuig, an easbuig, na h-easbuigean* (m.)
bishop

easgaidh, nas easgaidhe (adj.)
1 energetic, 2 obliging

easgann: *an easgann, na h-easgainn, na h-easgannan* (f.)
eel

eathar: *an eathar, na h-eathar, na h-eathraichean* (f.)
small boat

eatorra (See eadarainn)
between them

éibhinn, nas éibhinne (adj.)
happy, funny

eibhleag: *an eibhleag, na h-eibhleige, na h-eibhleagan* (f.)
ember

eideadh: *an t-eideadh, an eididh* (m.)
dress

eifeachdach, nas eifichdiche (adj.)
effective

éigh, ag igéheach (v.)
shout

eiginn: *an eiginn, na h-eiginn* (f.)
difficulty, distress, crisis

eile (adj.)
other, else

eilean: *an t-eilean, an eilein, na h-eileanan* (m.)
island

eilid: *an eilid, na h-eilde, na h-eildean* (f.)
hind

eilthireach: *an t-eilthireach, an eilthirich, na h-eilthirich* (m.)
emigrant

eireachdail, nas eireachdaile (adj.)
beautiful, handsome

eireag: *an eireag, na h-eireige, na*

h-eireagan (f.)
  pullet
éirich, ag éirigh (v.)
  arise
éisd, ag éisdeachd (ri) (v.)
  listen (to)
eisimpleir: *an t*-eisimpleir, *an*
eisimpleir, *na h*-eisimpleirean (m.)
  example
eòlach, *nas* eòlaiche (air) (adj.)
  aware (of), acquainted (with)
eòlas: *an t*-eòlas, *an* eòlais (m.)
  knowledge
eòrna: *an* eòrna, *na h*-eòrna (f.)
  barley
eubh, ag eubhachd (v.)
  shout
euchd: *an* euchd, *na h*-euchd, *na*
h-euchdan (f.)
  feat, exploit
eu-coltach, *nas* eu-coltaiche (ri) (adj.)
  dissimilar (to)
eucoir: *an* eucoir, *na h*-eucorach, *na*
h-eucoirean (f.)
  injustice, wrong
eu-comasach, *nas* eu-comasaiche (adj.)
  incapable, impossible
is eudar dhomh (+ verbal n.)
  I must, I have to
      e.g. Is eudar dhomh coiseachd
            dhachaidh
            I must walk home
            Is eudar dhomh sin a
            dheanamh
            I must do that
m' eudail (f.) (voc.)
  my darling (of a child)
as eugmhais (+ gen.) (prep.)
  without
eun: *an t*-eun, *an* eoin, *na h*-eoin (m.)
  bird
eunlaith: *an* eunlaith, *na h*-eunlaithe (f.)
  bird-flock

F

fàbharach, *nas* fàbharaiche (adj.)
  favourable

faca (dep. form of p.t. See App.:
faic)
  saw
facal: *am* facal, *an* fhacail, *na* faclan
(m.)
  word
faclair: *am* faclair, *an* fhaclair, *na*
faclairean (m.)
  vocabulary, dictionary
fad: *am* fad, *an* fhaid (m.)
  length
fad air falbh
  far away
fad an latha (See fad)
  all day long
fad na h-oidhche
  all night long
fad as
  afar off
fad an t-samhraidh
  all summer long
fad na tide
  all the time
air fad
  altogether, completely
      e.g. an Alba air fad
            in all Scotland
am fad (adv.)
  in length
de cho fad 's a . . . (+ indep. form of
v.)
  how long?
fada, *nas* fhaide (adj.)
  long, far
fadalach, *nas* fadalaiche (adj.)
  late (for an appointment)
fàg, a' fàgail (v.)
  leave
faic, a' faicinn (Irr. v. See App.: faic)
  see
faicilleach, *nas* faicilliche (adj.)
  careful
fàidh: *am* fàidh, *an* fhàidh, *na* fàidhean
(m.)
  prophet
faigh, a' faighinn AND a' faotainn
(Irr. v. See App.: faigh)
  get, find

faighnich, a' faighneachd (de) (v.)
ask (a question)
e.g. Dh fhaighnich e de Mhàiri
an robh i deiseil
He asked Mary if she was
ready

**fàile: am fàile, an fhàile, na fàilean
(m.)**
scent, smell

**faileas: am faileas, an fhaileis, na
faileasan (m.)**
shadow

**fàilte: an fhàilte, na fàilte, na
fàiltean (f.)**
welcome

**faing: an fhaing, na fainge, na
faingean (f.)**
fank

**fàinne: am fàinne, an fhàinne, na
fàinnean (m.)**
ring

**fairge: an fhairge, na fairge, na
fairgean (f.)**
sea

fairich, a' faireachdainn (v.)
feel

faisg air (+ dat.) (prep.)
near

faisg, nas fhaisge (adj.)
near

fàl: am fàl, an fhàil, na fàil (m.)
grass edge

falach-fead (m.)
hide and seek

falaich, a' falach (v.)
hide

falamh, nas falaimhe (adj.)
empty

falamhaich, a' falamhachadh (v.)
empty

falbh, a' falbh (v.)
go

air falbh
away

fallain, nas fallaine (adj.)
healthy

fallus: am fallus, an fhalluis (m.)
sweat

falt: am falt, an fhuilt (m.)
hair

**famh: am famh, an fhaimh, na famhan
(m.)**
mole

**famhair: am famhair, an fhamhair,
na famhairean (m.)**
giant

fan, a' fantainn (v.)
remain, stay

fann, nas fainne (adj.)
weak

**faobhar: am faobhar, an fhaobhair, na
faobharan (m.)**
sharpness

**faochadh: am faochadh, an fhaochaidh
(m.)**
relief

faodaidh (+ v.n.) (defective v.)
may (be allowed to)
e.g. Faodaidh tu seinn
You may sing
Faodaidh tu sin a dheanamh
You may do that

chan fhaod (+ v.n.)
may not

**faoileag: an fhaoileag, na faoileige,
na faoileagan (f.)**
seagull

am Faoilteach, an Fhaoiltich (m.)
January

faoin, nas faoine (adj.)
silly

faotainn (See faigh)
getting, finding

far an (+ dep. form of v.) (adv.)
where (not a question)

**faradh: am faradh, an fharaidh, na
faraidhean (m.)**
fare

**fàradh: am fàradh, an fhàraidh, na
fàraidhean (m.)**
ladder

faramach, nas faramaiche (adj.)
noisy

farmad: am farmad, an fharmaid (m.)
envy

gabh farmad ri (+ dat.) (v.) (See

gabh)
envy (v.)

farsaing, *nas* farsainge (adj.)
wide

fàs, a' fàs (v.)
grow

fàsach: *an* fhàsach, *na* fàsaich, *na* fàsaichean (f.)
desert

fasan: *am* fasan, *an* fhasain, *na* fasanan (m.)
fashion

fasanta, *nas* fasanta (adj.)
fashionable

fasdaidh, a' fasdadh (v.)
hire

fasgach, *nas* fasgaiche (adj.)
sheltered

fasgadh: *am* fasgadh, *an* fhasgaidh, *na* fasgaidhean (m.)
shelter

feadaireachd: *am* feadaireachd, *an* fheadaireachd (m.)
whistling

feadan: *am* feadan, *an* fheadain, *na* feadain (m.)
chanter

air feadh (+ gen.) (prep.)
throughout

feadhainn: *an* fheadhainn, *na* feadhna (f.)
some (people or hings)

feadhainn . . . feadhainn eile
some . . . others . . .

fealla-dha (f.)
joking, playing the fool

feallsanach: *am* feallsanach, *an* fheallsanaich, *na* feallsanaich (m.)
philosopher

feallsanachd: *an* fheallsanachd, *na* feallsanachd (f.)
philosophy

feamainn: *an* fheamainn, *na* feamann (f.)
sea-weed

feannag: *an* fheannag, *na* feannaige, *na* feannagan (f.)
1 crow, 2 lazy bed

feanntag: *an* fheanntag, *na* feanntaige, *na* feanntagan (f.)
nettle

fear: *am* fear, *an* fhir, *na* fir (m.)
person, one thing (m.)

fear na bainnse (m.) (See fear)
bridegroom

fear na cathrach (m.) (See fear)
chairman

fear-deasachaidh (m.) (See fear)
editor

fear-gnothaich (m.) (See fear)
business man

fear-labhairt (m.) (See fear)
spokesman

fear-lagha: (m.) (See fear)
lawyer

fear-stiuiridh (m.) (See fear)
director

fear-teagaisg (m.) (See fear)
teacher (male)

fear mu seach
one (m.) at a time

fearann: *am* fearann, *an* fhearainn, *na* fearainn (m.)
land

fearg: *an* fhearg, *na* feirge, *na* feargan (f.)
anger

am feasd (adv.)
forever, ever

feasgar: *am* feasgar, *an* fheasgair, *na* feasgairean (m.)
evening

feath: *am* feath, *an* fheatha (m.)
calm (weather)

féileadh: *am* féileadh, *an* fhéilidh, *na* féilidhean (m.)
kilt

féill: *an* fhéill, *na* féille, *na* féilltean (f.)
market

féin-riaghladh: *am* féin-riaghladh, *an* fhéin-riaghlaidh (m.)
self government, independence (political)

féith: *an* fhéith, *na* féithe, *na* féithean (f.)
sinew

feith, a' feitheamh (ri) (v.)
wait (for)

feòil: *an* fheòil, *na* feòla (f.)
meat

feòrag: *an* fheòrag, *na* feòraige, *na*
feòragan (f.)
squirrel

feòraich, a' feòrach (de) (v.)
enquire (of), ask.

feuch, a' feuchainn (v.)
try

Feuch!
Look! Behold!

feuch ri (+ dat.) (v.)
compete with

feum: *am* feum, *an* fheuma, *na* feuman
(m.)
need, use

feumach, *nas* feumaiche (adj.)
needy

feumach, *nas* feumaiche air (adj.)
in need of
   e.g. feumach air biadh
      in need of food

feumaidh (+ verbal n.) (defect. v.)
must, have to
   e.g. Feumaidh mi falbh
      I must go
      Feumaidh mi biadh a
      cheannach
      I must buy food

feumail, *nas* feumaile (adj.)
useful, necessary

feur: *am* feur, *an* fheòir (m.)
grass

feuraich, a' feurach (v.)
graze

feusag: *an* fheusag, *na* feusaige, *na*
feusagan (f.)
beard

fhathast (adv.)
yet

fhein (pron.) (used after n. & pron.)
self, selves

is (fh)eudar dhomh (See eudar)
I must

fhuair (p.t. See App.: faigh)
got

fiabhrus: *am* fiabhrus, *an* fiabhruis, *na*
fiabhrusan (m.)
fever

fiacail: *an* fhiacail, *na* fiacla, *na*
fiaclan (f.)
tooth

fiach: *am* fiach, *an* fhéich, *na*
fiachan (m.)
value, worth

fiadh: *am* fiadh, *an* fhéidh, *na* féidh
(m.)
deer

fiadhaich, *nas* fiadhaiche (adj.)
wild

fialaidh, *nas* fialaidhe (adj.)
generous

fianais: *an* fhianais, *na* fianais, *na*
fianaisean (f.)
witness, testimony

fichead (+ sing. n.) (adj.)
twenty

ficheadamh (adj.)
twentieth

fidheall: *an* fhidheall, *na* fìdhle, *na*
fìdhlean (f.)
fiddle

figh, a' fighe (v.)
knit

fileanta, *nas* fileanta (adj.)
fluent

fiodh: *am* fiodh, *an* fhiodha, *na*
fiodhan (m.)
timber

fion: *am* fion, *an* fhiona, *na* fionan (m.)
wine

fionnar, *nas* fionnaire (adj.)
cool

fior, *nas* fiora (adj.)
true, genuine

fios: *am* fios, *an* fhiosa, *na* fiosan (m.)
1 knowledge, 2 news

tha fios agam air (+ dat.)
I know

fiosaiche: *am* fiosaiche, *an* fhiosaiche,
na fiosaichean (m.)
prophet

fiosrach, *nas* fiosraiche (adj.)
informed

fiosrachadh: *am* fiosrachadh, *an* **fhiosrachaidh** (m.)
　　(1) information (2) experience

fìrinn: *an* fhìrinn, *na* fìrinne (f.)
　　truth

fitheach: *am* fitheach, *an* fhithich, *na* fithich (m.)
　　raven

fiù (adv.)
　　even

fliuch, *nas* fliche (adj.)
　　wet

flùr: *am* flùr, *an* fhlùir, *na* flùraichean (m.)
　　1 flower, 2 flour

fo (+ asp. + dat.) (prep.)
　　under

fodar: *am* fodar, *an* fhodair (m.)
　　fodder

fodha (adv.)
　　under

rach fodha (See App.: rach) (v.)
　　sink (intrans.)

fodham (prep. pron.
　　from fo)
	under me
fodhad	under you (sing.)
fodha	under him, it (m.)
foidhpe	under her. it (f.)
fodhainn	under us
fodhaibh	under you (pl.)
fodhpa	under them

foghainn, a' **foghnadh** (v.)
　　suffice

foghlum: *am* foghlum, *an* fhoghluim (m.)
　　education

foghar: *am* foghar, *an* fhoghair, *na* fogharan (m.)
　　autumn

foghluimte, *nas* foghluimte (adj.)
　　learned

foghnan: *am* foghnan, *an* fhoghnain, *na* foghnanan (m.)
　　thistle

foidhpe (See fodham)
　　under her, it (f.)

foighidneach, *nas* foighidniche (adj.)
　　patient

foighidinn: *an* fhoighidinn, *na* foighidinn (f.)
　　patience

foighnich, a' **foighneachd** (de) (v.)
　　ask (a question)

foill: *an* fhoill, *na* foille, *na* foilltean (f.)
　　trick

foillseachadh: *am* foillseachadh, *an* fhoillseachaidh, *na* foillseachaidh (m.)
　　publication

foillsich, a' **foillseachadh** (v.)
　　publish

foillseachair: *am* foillseachair, *an* fhoillseachair, *na* foillseachairean (m.)
　　publisher

fòirneart: *am* fòirneart, *an* fhòirneirt (m.)
　　oppression, violence

fois: *an* fhois, *na* foise (f.)
　　peace, tranquility

am follais (adv.)
　　clear, evident (Lit. in clearness)
　　e.g. Thig e am follais
　　　　It will come to light

follaiseach, *nas* follaisiche (adj.)
　　obvious, public

fonn: *am* fonn, *an* fhuinn, *na* fuinn (m.)
　　tune

fonnmhor, *nas* fonnmhoire (adj.)
　　melodious

fosgail, a' **fosgladh** (v.)
　　open

fosgailte (p.p.)
　　open(ed)

fraoch: *am* fraoch, *an* fhraoich (m.)
　　heather

fradharc: *am* fradharc, *an* fhradhairc (m.)
　　1 view, 2 eye-sight

fras: *an* fhras, *na* froise, *na* frasan (f.)
　　shower

freiceadan: *am* freiceadan, *an* fhreiceadain, *na* freiceadanan (m.)
　　guard

freagair, a' **freagairt** (v.)
　　answer

freagairt: *an* fhreagairt, *na* freagairte,

na freagairtean (f.)
  answer
freagarrach, *nas* freagarraiche (do)
(adj.)
  suitable (for)
freumh: *am* freumh, *an* fhreumha, *na*
freumhaichean (m.)
  root
fritheil, a' frithealadh (v.)
  (1) serve (2) attend
frithealadh: *am* frithealadh, *an*
fhrithealaidh, *na* frithealaidh (m.)
  (1) attention, service (2) attendance
frith-rathad: *am* frith-rathad, *an*
fhrith-rathaid, *na* frith-rathadean (m.)
  path, track
fròg: *an* fhròg, *na* fròige, *na* frògan
(f.)
  cranny, hole
fuachd: *am* fuachd, *an* fhuachd, *na*
fuachdan (m.)
  cold
fuadaich, a' fuadach (v. trans.)
  disperse, expel
fuaigheil, a' fuaigheal (v.)
  sew
fuaim: *am* fuaim, *an* fhuaime, *na*
fuaimean (m.)
  noise, sound
fuaimreag: *an* fhuaimreag, *na*
fuaimreige, *na* fuaimreagan (f.)
  vowel
fuar, *nas* fuaire (adj.)
  cold
fuasgail, a' fuasgladh (v.)
  1 untie, 2 solve
fuath: *am* fuath, *an* fhuatha (m.)
  hatred
fuireachail, *nas* fuireachaile (adj.)
  attentive, observant
fuirich, a' fuireach (v.)
  stay
fuirich a' fuireach ri (v.)
  wait for
fuil: *an* fhuil, *na* fala (f.)
  blood
fuiling, a' fulang (v.)
  suffer

furasda, *nas* furasda AND *nas*
fhasa (adj.)
  easy
furtachd: *an* fhurtachd, *na* furtachd (f.)
  comfort

G

gabh, a' gabhail (v.)
  1 take, 2 go
gàbhadh: *an* gàbhadh, *a'* ghàbhaidh,
na gàbhaidhean (m.)
  danger
gabhaltach, *nas* gabhaltaiche (adj.)
  infectious
gach (precedes n.)
  each
Gaidhlig: *a'* Ghaidhlig, *na* Gaidhlige
(f.)
  Gaelic
Gaidhealach, *nas* Gaidhealaiche (adj.)
  Highland
a' Ghaidhealtachd, *na* Gaidhealtachd
(gen.) (f.)
  the Highlands
gaillean: *a'* ghaillean, *na* gaillinn, *na*
gailleannan (f.)
  storm
gainmheach: *a'* ghainmheach, *na*
gainmhich (f.)
  sand
gainne: *a'* ghainne, *na* gainne (f.)
  shortage, scarcity
gainnead: *a'* ghainnead, *na*
gainneid (f.)
  shortage, scarcity
gàirdean: *an* gàirdean, *a'* ghàirdein,
na gàirdeanan (m.)
  arm
gàir, a' gàireachdainn (v.)
  laugh (v.)
gàire: *an* gàire, *a'* ghàire, *na* gàirean
(m.)
  laugh (m.)
dean gàire (See dean)
  laugh (v.)
gàirneileachd: *a'* ghàirneileachd, *na*

gàirneileachd (f.)
  gardening
gaisge: *a'* ghaisge, *na* gaisge (f.)
  bravery
gaisgeach: *an* gaisgeach, *a'* ghaisgich,
na gaisgich (m.)
  hero
galar: *an* galar, *a'* ghalair, *na* galaran
(m.)
  disease
Gall: *an* Gall, *a'* Ghoill, *na* Goill (m.)
  Lowlander (of Scotland)
gallda, *nas* gallda (adj.)
  lowland
a' Ghalldachd, *na* Galldachd (gen.) (f.)
  the Lowlands
gamhainn: *an* gamhainn, *a'* ghamhna,
na gamhna (m.)
  stirk
gamhlas: *an* gamhlas, *a'* ghamhlais
(m.)
  hatred
gann, *nas* gainne (adj.)
  scarce
gaol: *an* gaol, *a'* ghaoil (m.)
  love
gaoth: *a'* ghaoth, *na* gaoithe, *na*
gaothan (f.)
  wind
gàradh: *an* gàradh, *a'* ghàraidh, *na*
gàraidhean (m.)
  garden
garbh, *nas* gairbhe (adj.)
  rough
garg, *nas* gairge (adj.)
  savage, fierce
gas: *an* gas, *a'* ghais (m.)
  gas
gasda, *nas* gasda (adj.)
  handsome, beautiful, fine
gath: *an* gath, *a'* ghatha, *na* gathan
(m.)
  1 sting, 2 ray of sunlight
geadh: *an* geadh, *a'* gheòidh, *na*
geòidh (m.)
  goose
geal, *nas* gile (adj.)
  white

gealach: *a'* ghealach, *na* gealaich (f.)
  moon
geall, *a'* gealltainn (v.)
  promise
geall: *an* geall, *a'* ghill, *na* gill (m.)
  promise
gealltanach, *nas* gealltanaiche (adj.)
  promising
gealtach, *nas* gealtaiche (adj.)
  cowardly
gealtair: *an* gealtair, *a'* ghealtair, *na*
gealtairean (m.)
  coward
geamair: *an* geamair, *a'* gheamair, *na*
geamairean (m.)
  gamekeeper
geamhradh: *an* geamhradh, *a'*
gheamhraidh, *na* geamhraidhean (m.)
  winter
geansaidh: *an* geansaidh, *a'* gheansaidh,
na geansaidhean (m.)
  jersey
gearain, *a'* gearan (v.)
  complain
geàrr, *a'* gheàrr *na* gearra, *na* gearran
(f.)
  hare
geàrr, *a'* gearradh (v.)
  cut
geàrr, *nas* giorra (adj.)
  short
an Gearran, *a'* Ghearrain (m.)
  February
geata: *a'* gheata, *na* geata, *na*
geataichean (f.)
  gate
géill, *a'* géilleadh (v.)
  yield
gèola: *a'* ghèola, *na* gèola, *na*
gèolaidhean (f.)
  yawl, small boat
geug: *a'* gheug, *na* geige, *na* geugan (f.)
  branch
geur, *nas* geura (adj.)
  sharp
geur-chuiseach, *nas* geur-chuisiche
(adj.)
  shrewd, quick-witted

ge b'e air bith (a)
  what(so)ever
ge b'e co (a)
  who(so)ever
ge b'e uair (a)
  whenever
ged a (+ indep. form of v.) (adv.)
  although
gheibh (f.t. See App.: faigh)
  will get
a' Ghiblinn, na Giblinne (f.)
  April
gidheadh (adv.)
  however
gille: an gille, a' ghille, na gillean (m.)
  boy
gin (pron.) (used after neg. & interr. v.)
  anything
ginealach: an ginealach, a'
ghinealaich, na ginealaich (m.)
  generation
giomach: an giomach, a' ghiomaich, na giomaich (m.)
  lobster
gionach, nas gionaiche (adj.)
  greedy
giorraich, a' giorrachadh (v.)
  shorten, abbreviate, abridge
giùlan: an giùlan, a' ghiùlain, na giùlanan (m.)
  (1) transport (2) funeral cortege
giùlain, a' giùlain (v.)
  carry
giuthas: an giuthas, a' ghiuthais, na giuthais (m.)
  pine
glac, a' glacadh (v.)
  catch
glaiste (p.p. of glas)
  locked
glag: an glag, a' ghlaig, na glaigean (m.)
  rattle
glan, nas glaine (adj.)
  clean
glan, a' glanadh (v.)
  clean
glaodh, a' glaodhaich (v.)
  shout
glas, a' glasadh (v.)
  lock
glé (+ asp.)
  very
gleann: an gleann, a' ghlinne, na glinn AND na gleantann (m.)
  glen
gléidh, a' gléidheadh (v.)
  keep
gleus, a' gleusadh (v.)
  tune (e.g. a musical instrument)
gleusda, nas gleusda (adj.)
  quick witted
glic, nas glice (adj.)
  wise
gliocas: an gliocas, a' ghliocais (m.)
  wisdom
gloine: an ghloine, na gloine, na gloineachan (f.)
  glass
gluais, a' gluasad (v.)
  move
glumag: a' ghlumag, na glumaige, na glumagan (f.)
  pool
glùn: a' ghlùn, na glùine, na glùinean (f.)
  knee
gniomhach, nas gniomhaiche (adj.)
  industrious
gniomhachas: an gniomhachas, a' ghniomhachais (m.)
  1 activity, 2 industry (factories etc.)
gnog, a' gnogadh (v.)
  knock
gnogadh: an gnogadh, a' ghnogaidh, na gnogaidhean (m.)
  knocking
gnothach: an gnothach, a' ghnothaich, na gnothaichean (m.)
  business, matter
dean an gnothach (See App.: dean)
  be enough
    e.g. **Cha dean sin an gnothach**
      That will not be enough
      (Lit. That will not do the matter)

35

gob: *an gob, a' ghuib, na guib* (m.)
  beak

gobha: *an gobha, a' ghobha, na*
goibhnean (m.)
  blacksmith

gobhar: *a' ghobhar, na goibhre, na*
goibhrean (f.)
  goat

gobhlachan, *an gobhlachan, a'*
ghobhlachain, *na gobhlachain* (m.)
  dipper (bird)

goid, *a' goid (air)* (v.)
  steal (from)

goil, *a' goil* (v.)
  boil

goileach, *nas goiliche* (adj.)
  boiling

goireasach, *nas goireasaiche* (adj.)
  convenient

goirid, *nas giorra* (adj.)
  short

goirt, *nas goirte* (adj.)
  sore

gòrach, *nas gòraiche* (adj.)
  foolish

gòraiche: *a' ghòraiche, na gòraiche* (f.)
  foolishness

gorm, *nas guirme* (adj.)
  blue

grad, *nas graide* (adj.)
  sudden

gràdh: *an gràdh, a' ghràidh* (m.)
  love

gràdhach, *nas gràdhaiche* (adj.)
  loving

gràdhaich, *a' gràdhachadh* (v.)
  love

gràin: *a' ghràin, na gràine* (f.)
  hate

gràineag: *a' ghràineag, na gràineig,
na gràineagan* (f.)
  hedgehog

gràmair: *an gràmair, a' ghràmair, na*
gràmairean (m.)
  grammar

gràn: *an gràn, a' ghràin, na gràinean*
(m.)
  grain

grannda, *nas grannda* (adj.)
  ugly

greannach, *nas greannaiche* (adj.)
  wild

greas, *a' greasadh* (v.)
  hurry

greas ort! (sing.); greas oirbh! (pl.)
  hurry up

greigh: *a' ghreigh, na greighe, na*
greighean (f.)
  herd

greim: *an greim, a' ghreime, na*
greimean (m.)
  1 grip, 2 bite

greimich, *a' greimeachadh* (v.)
  grasp

greis: *a' ghreis, na greise, na greisean*
(f.)
  while

airson greis
  for a while

greusaiche: *an greusaiche, a'*
ghreusaiche, *na greusaichean* (m.)
  shoemaker

grian: *a' ghrian, na gréine* (f.)
  sun

grianach, *nas grianaiche* (adj.)
  sunny

grinn, *nas grinne* (adj.)
  neat, pretty

grinneal: *an grinneal, a' ghrinneil* (m.)
  gravel

griuthach: *a' ghriuthach, na*
griuthaiche (f.)
  measles

grod, *nas groide* (adj.)
  rotten

gruag: *a' ghruag, na gruaige, na*
gruagan (f.)
  hair

gruagach: *a' ghruagach, na*
gruagaiche, *na gruagaichean* (f.)
  maiden

gruaidh: *a' ghruaidh, na gruaidhe, na*
gruaidhean (f.)
  cheek

gruaim: *a' ghruaim, na gruaime* (f.)
  gloom

gruamach, *nas* **gruamaiche** (adj.)
  gloomy

grùnn: *an* **grùnn**, *a'* **ghrùinn** (m.)
  crowd

grùnnd: *an* **grùnnd**, *a'* **ghrùnnd**, *na* **grunnan** (m.)
  bottom (of the sea)

gruth: *an* **gruth**, *a'* **ghrutha** (m.)
  crowdy

gu (prep.)
  to (a); until (a)

gu (before indirect speech) (conj.)
  that

gual: *an* **gual**, *a'* **ghuail** (m.)
  coal

gualann: *a'* **ghualann**, *na* **guailne**, *na* **guailnean** (f.)
  shoulder

gucag: *a'* **ghucag**, *na* **gucaige**, *na* **gucagan** (f.)
  bubble

gu dearbh
  indeed

guga: *an* **guga**, *a'* **ghuga**, *na* **gugaichean** (m.)
  gannet

guilbneach: *an* **guilbneach**, *a'* **ghuilbnich**, *na* **guilbnich** (m.)
  curlew

guineach, *nas* **guiniche** (adj.)
  (1) keen (2) venomous

gunna: *an* **gunna**, *a'* **ghunna**, *na* **gunnaichean** (m.)
  gun

gu léir (adv.)
  completely, absolutely

gu leòr (adv.)
  1 plenty, 2 enough

gun (before indirect speech) (conj.)
  that

gun (+ asp.) (prep.)
  without

gunna: *an* **gunna**, *a'* **ghunna**, *na* **gunnaichean** (m.)
  gun

gu ruige (prep.)
  to, as far as

guth: *an* **guth**, *a'* **ghutha**, *na* **guthan** (m.)
  voice

I

i (pro.)
  1 she, 2 her, it (f.) (direct object)

iad (pro.)
  1 they, 2 them (direct object)

iall: *an* **iall**, *na* **h-éille**, *na* **h-iallan** (f.)
  thong

ialtag: *an* **ialtag**, *na* **h-ialtaige**, *na* **h-ialtagan** (f.)
  bat

iar: *an* **iar** (f.)
  west

iargalt, *nas* **iargalta** (adj.)
  surly

iarmailt: *an* **iarmailt**, *na* **h-iarmailte** (f.)
  sky, heavens

iarnaig, *ag* **iarnaigeadh** (v.)
  iron

iarr, *ag* **iarraidh** (air) (v.)
  want, ask for
    e.g. **Dh'iarr e airgiod air Màiri**
        He asked Mary for money

iarunn: *an t-*iarunn, *an* **iaruinn** (m.)
  iron

iasad: *an t-*iasad, *an* **iasaid**, *na* **h-iasadan** (m.)
  loan

iasg: *an t-*iasg, *an* **éisg**, *na* **h-éisg** (m.)
  fish

iasgaich, *ag* **iasgach** (v.)
  fish

iasgair: *an t-*iasgair, *an* **iasgair**, *na* **h-iasgairean** (m.)
  fisherman

idir (adv.)
  at all

ifrinn: *an* **ifrinn**, *na* **h-ifrinn**, *na* **h-ifrinnean** (f.)
  hell

ìm: *an t-*ìm, *an* **ìme** (m.)
  butter

imich, ag imeachd (v.)
  depart

ìmpidh: *an* ìmpidh, *na h-*ìmpidhe, *na h-*ìmpidhean (f.)
  exhortation

imrich: *an* imrich, *na h-*imriche, *na h-*imrichean (f.)
  removal (of residence)

inbheach, *nas* inbhiche (adj.)
  mature, adult

ìne: *an* ìne, *na h-*ìne, *na h-*ìnean (f.)
  nail (finger, toe)

inneal: *an t-*inneal, *an* inneil, *na h-*innealan (m.)
  instrument, engine

innean: *an t-*innean, *an* innein, *na h-*inneanan (m.)
  anvil

innis, ag innseadh (do) (v.)
  tell (to)

innleadair: *an t-*innleadair, *an* innleadair, *na h-*innleadairean (m.)
  engineer

innleadaireachd: *an* innleadaireachd, *na h-*innleadaireachd (f.)
  engineering

innte (See annam)
  in it, her (f.)

inntinn: *an* inntinn, *na h-*inntinne, *na h-*inntinnean (f.)
  mind

inntinneach, *nas* inntinniche (adj.)
  interesting

ioc-shlaint: *an* ioc-shlaint, *na h-*ioc-shlainte, *na h-*iocshlaintean (f.)
  cure

iodhlainn: *an* iodhlainn, *na h-*iodhlainne, *na h-*iodhlainnean (f.)
  stackyard

iolach: *an t-*iolach, *an* iolaich, *na h-*iolaich (m.)
  loud shout

iolair: *an* iolair, *na h-*iolaire, *na h-*iolairean (f.)
  eagle

iomacheist: *an* iomacheist, *na h-*iomacheiste, *na h-*iomacheistean (f.)
  anxiety, perplexity

fo iomacheist
  anxious, worried, perplexed
  (Lit. under perplexity)

iomadh (+ sing.) (adj.)
  many
    e.g. iomadh duine
      many men (Lit. many a man)

iomagain: *an* iomagain, *na h-*iomagainne, *na h-*iomagainean (f.)
  worry, distress

iomain: *an* iomain, *na h-*iomaine (f.)
  shinty

iomair, ag iomramh (v.)
  row

iomall: *an t-*iomall, *an* iomaill, *na h-*iomallan (m.)
  border, periphery

iomallach, *nas* iomallaiche (adj.)
  remote, peripheral

iomlaid: *an* iomlaid, *na h-*iomlaide (f.)
  change (money)

iomradh: *an t-*iomradh, *an* iomraidh, *na h-*iomraidhean (m.)
  report

ionad: *an t-*ionad, *an* ionaid, *na h-*ionadan (m.)
  place

iongantach, *nas* iongantaiche (adj.)
  surprising

iongnadh: *an t-*iongnadh, *an* iongnaidh, *na h-*iongnaidhean (m.)
  surprise, wonder

Tha iongnadh orm
  I am surprised

ionmhas: *an t-*ionmhas, *an* ionmhais, *na h-*ionmhasan (m.)
  wealth

ionmholta, *nas* ionmholta (adj.)
  praiseworthy

ionndrainn: *an* ionndrainn, *na h-*ionndrainne (f.)
  longing

ionndrainn, ag ionndrainn (v.)
  long for

ionnsaich, ag ionnsachadh (v.)
  learn

ionnsaigh: *an t-*ionnsaigh, *an*

ionnsaigh, *na* h-**ionnsaighean** (m.)
  1 attempt, 2 attack
a dh' ionnsaigh (+ gen.) (prep.)
  to, towards
gam ionnsaigh
  (prep. pron. from
    a dh'ionnsaigh)   to(wards) me
  gad ionnsaigh   to(wards) you
                          (sing.)
  ga ionnsaigh   to(wards) him, it
                          (m.)
  ga h-ionnsaigh   to(wards) her, it
                          (f.)
  gar n-ionnsaigh   to(wards) us
  gur n-ionnsaigh   to(wards) you
                          (pl.)
  gan ionnsaigh   to(wards) them
iosal, *nas* **isle** (adj.)
  low
ire: *an* **ire**, *na* h-**ire** (f.)
  degree, progress
Ard Ire (f.)
  "Higher" (exam)
Ire Chumanta (f.)
  'O' Grade (exam)
iriosal, *nas* **irisle** (adj.)
  humble
irioslachd: *an* **irioslachd**, *na*
h-**irioslachd** (f.)
  humility
iris: *an* **iris**, *na* h-**iris**, *na* h-**irisean** (f.)
  1 record (written), 2 magazine,
  periodical
is (abbr. of agus)
  and
is (v.)
  is, are
isbean: *an* t-**isbean**, *an* **isbein**, *na*
h-**isbeanan** (m.)
  sausage
isean: *an* t-**isean**, *an* **isein**, *na*
h-**iseannan** (m.)
  chicken
ite: *an* **ite**, *na* h-**ite**, *na* h-**itean** (f.)
  feather
itealan: *an* t-**itealan**, *an* **itealain**, *na*
h-**itealain** (m.)
  aeroplane

ith, *ag* **itheadh** (v.)
  eat
iuchair: *an* **iuchair**, *na* h-**iuchrach**, *na*
h-**iuchraichean** (f.)
  key
an t-**Iuchar**, *an* **Iuchair** (m.)
  July

L

là (m.) (See latha)
  day
Là a' Bhreitheanais (m.)
  the Day of Judgment
Là na Cruinne (m.)
  the last day
Là-na-Sàbaid (m.)
  Sunday, on Sunday
labhair, *a'* **labhairt** (v.)
  speak
lach: *an* **lach**, *na* **lacha**, *na* **lachan** (f.)
  wild duck
lag, *nas* **laige** (adj.)
  weak, feeble
lag-chuiseach, *nas* **lag-chuisiche** (adj.)
  unenterprising
lagan: *an* **lagan**, *an* **lagain**, *na* **laganan**
(m.)
  little hollow, little dell
lagh: *an* **lagh**, *an* **lagha**, *na* **laghannan**
(m.)
  law
laghach, *nas* **laghaiche** (adj.)
  nice, pretty
laghail, *nas* **laghaile** (adj.)
  legal
làidir, *nas* **làidire** AND *nas* **treasa**
(adj.)
  strong
Laidionn (nom.), **Laidinn** (gen.) (f.)
  Latin
laigh, *a'* **laighe** (v.)
  lie (down)
laigse: *an* **laigse**, *na* **laigse**, *na*
laigsean (f.)
  weakness
laimhsich, *a'* **laimhseachadh** (v.)

handle

laimrig: *an* laimrig, *na* laimrige, *na*
laimrigean (f.)
harbour

laimrig-adhair (f.) (See laimrig)
airport

làir: *an* làir, *na* làire, *na* làirean (f.)
mare

laithean (See latha)
days

làmh: *an* làmh, *na* laimhe, *na* làmhan
(f.)
hand

làmh an uachdair
the upper hand

os laimh (adv.)
in hand

làmh-sgrìobhaidh (m.) (See làmh)
handwriting

lampa: *an* lampa, *na* lampa, *na*
lampaichean (f.)
lamp

làn, *nas* làine, (de)
full (of)

lann: *an* lann, *na* loinne, *na* lannan (f.)
blade

langanaich: *an* langanaich, *an*
langanaich (m.)
roaring (of deer)

lannaireach, *nas* lannairiche (adj.)
shining, glittering

lann-leabhraichean: *an* lann-
leabhraichean, *na* lainn-
leabhraichean, *na* lainn-leabhraichean
(f.)
library

laoch: *an* laoch, *an* laoich, *na* laoich
(m.)
hero, warrior

laochan: *an* laochan, *an* laochain, *na*
laochain (m. dim.)
little hero

laogh: *an* laogh, *an* laoigh, *na*
laoigh (m.)
calf (animal)

laoidh: *an* laoidh, *na* laoidhe, *na*
laoidhean (f.)
hymn

lapach, *nas* lapaiche (adj.)
awkward, halting

làr: *an* làr, *an* làir, *na* làran (m.)
floor

làrach, *an* làrach, *na* làraiche, *na*
làraichean (f.)
1 site, 2 ruin

làraidh: *an* làraidh, *na* làraidh, *na*
làraidhean (f.)
lorry

larnamhaireach (adv.)
the following day

las, a' lasadh (v.)
light

lasair: *an* lasair, *na* lasrach, *na*
lasraichean (f.)
flame

lasrach, *nas* lasraiche (adj.)
ablaze

latha: *an* latha, *an* latha, *na* làithean
(m.)
day

latha a bha siud
once upon a time

Latha na Sàbaid (m.)
1 Sunday, Sabbath, 2 on Sunday

latha saor (m.)
holiday

làithean saora (m.) (See latha)
holidays

làthair: *an* làthair, *na* làthaire (f.)
presence

an làthair
present (Lit. in presence)

an làthair (+ gen.) (prep.)
in the presence of

le (+ dat.)
1 with (a), 2 by (a) (of an author)

leis (+ art. + dat.)
1 with (the), 2 by (the) (of an
author)

leabag: *an* leabag, *na* leabaige, *na*
leabagan (f.)
flounder

leabhar: *an* leabhar, *an* leabhair, *na*
leabhraichean (m.)
book

leabhar- iùil (m.)

guide book

leac: *an leac, na* lice, *na* leacan (f.)
stone (slab)

leag, a' leagail (v.)
knock down, fell (i.e. trees)

leam (prep. pron.
from le)

leat	with me
leis	with you (sing.)
leatha	with him, it (m.)
leinn	with her, it (f.)
leibh	with us
leotha	with you (pl.)
	with them

leamhan: *an leamhan, an leamhain, na*

leamhain (m.)
elm

lean, a' leantainn (v.)
follow

leanabh: *an leanabh, an leanaibh, na*

leanaban (m.)
child

an Leanabh Naomh (m.)
the Holy Child

leann: *an leann, na leanna, na*

leanntan (m.)
beer

leannan: *an leannan, na leannain, na*

leannanan (f.)
sweetheart

leabaidh: *an leabaidh, na leapa, na*

leapannan (f.)
bed

leas: *an leas, an leas* (m.)
benefit

leig leas (+ infin.) (See **leig**)
need (i.e. have to)
e.g. *Cha leig thu leas a dhol do'n sgoil*
You need not go to school

leasaich, a' leasachadh (v.)
repair; improve

leat (See **leam**)
with you (sing.)

leatha (See **leam**)
with her, with it (f.)

leathann, *nas leatha* (adj.)
broad

leasan: *an leasan, an leasain, na*

leasain (m.)
lesson

leathad: *an leathad, an leathaid, na*

leathaidean (m.)
hillside, slope

leibh (See **leam**)
with you (pl.)

leig, a' leigeil (le) (v.)
allow
e.g. *Cha leig e le Mairi sin a dheanamh*
He will not let Mary do that

leig air
pretend
e.g. *leig sinn oirnn*
we pretended

leig anail (v.)
rest
e.g. *leig mi m' anail*
I rested

leig air dhearmad (v.)
neglect
e.g. *Leig e an obair air dhearmad*
He neglected the work

leig leas (v.) (See **leas**)
need (i.e. have to)

leigheas: *an leigheas, an leighis, na*

leigheasan (m.)
cure

léine: *an léine, na léine, na léintean* (f.)
shirt

leinn (See **leam**)
with us

gu léir (adv.)
completely
e.g. *a h-uile duine gu léir*
absolutely everyone

léirsinn: *an léirsinn, na léirsinn* (f.)
eyesight

leis (+ **art.** + **n.**; before **gach**)
1 with (the) 2 with him, it (m.)

leis cho mór agus a
considering how much

leisg: *an leisg, na leisge* (f.)
laziness

leisg, *nas leisge* (adj.)
lazy

leisgeul: *an* leisgeul, *an* leisgeil, *na*
leisgeulan (m.)
  apology, excuse
a leithid (de)
  so many, so much, such
  (Lit. the like of)
leòmhann: *an* leòmhann, *an* leòmhainn,
na leòmhainn (m.)
  lion
leòn, a' leon (v.)
  wound
leònte (p.p.) (See leon)
  wounded
gu leòr
  1 plenty, 2 enough
leotha (See leam)
  with them
leth: *an* leth, *na* leth (f.)
  half
air leth
  1 especially, 2 separately
fa leth
  individually
gu leth (used after the noun)
  and a half
    e.g. tri troighean gu leth
         three and a half feet
leth uair: *an* leth uair, *na* leth uarach,
na leth uairean (f.)
  half hour
leth uair an deidh (deich)
  half past (ten)
leth-bhreac: *an* leth-bhreac, *an* leth-
bhric, *na* leth-bhric (m.)
  copy, duplicate
lethcheann: *an* lethcheann, *an*
lethchinn, *na* lethchinn (m.)
  cheek (of the face)
leth cheud (+ sing. n.)
  fifty
leth-chuairt: *an* leth-chuairt, *na*
leth-chuairt, *na* leth-chuairtean (f.)
  semi-circle
as leth (+ gen.) (prep.)
  on behalf of
leud: *an* leud, *an* leòid, *na* leudan (m.)
  breadth
leudaich, a' leudachadh (v.)

  enlarge
leugh, a' leughadh (v.)
  read
leum, a' leum (v.)
  jump
leum: *an* leum, *na* leuma, *na* leuman (f.)
  jump
leus: *an* leus, *an* leòis (m.)
  light
lianag: *an* lianag, *na* lianaige, *na*
lianagan (f.)
  meadow
liath, *nas* léithe (adj.)
  grey
liath dhearg (adj.)
  pink
liath ghorm (adj.)
  light blue
lighiche: *an* lighiche, *an* lighiche, *na*
lighichean (m.)
  physician
lìnn: *an* lìnn, *an* lìnn, *na* lìnntean (m.)
    century
      e.g. an t-ochdamh lìnn deug
        the 18th century
linne: *an* linne, *na* linne, *na* linneachan,
AND *na* linntean (f.)
  pool
liomh, a' liomhadh (v.)
  polish
lìon: *an* lìon, *na* lìn, *na* lìn, **AND** *na*
liontan (f.)
  fishing net
lion, a' lionadh (v.)
  fill
lionmhor, *nas* lionmhoire (adj.)
  plentiful, numerous
lite: *an* lite, *na* lite (f.)
  porridge
litir: *an* litir, *na* litreach, *na*
litrichean (f.)
  letter
litreachas: *an* litreachas, *an*
litreachais (m.)
  literature
liùdhag: *an* liùdhag, *na* liùdhaige, *na*
liùdhagan (f.)
  doll

liuthad (+ n. sing.)
  many (a)
loch: *an* loch, *an* locha, *na* lochan (m.)
  loch
lòchran: *an* lòchran, *an* lòchrain, *na* lòchrain (m.)
  lantern
loine: *an* loine, *na* loine, *na* loineachan (f.)
  line
lòinidh: *an* lòinidh, *na* lòinidh (f.)
  rheumatism
loisg, *a'* losgadh (v.)
  burn; fire (a gun)
lom, *nas* luime (adj.)
  bare
loma lan (de) (adj.)
  full of
lòn: *an* lòn, *an* lòin (m.)
  food, provisions
lòn: *an* lòn, *an* lòin, *na* lòintean (m.)
  meadow
lon-dubh: *an* lon-dubh, *an* loin-duibh, *na* loin-dhubha (m.)
  blackbird
long: *an* long, *na* luinge, *na* longan (f.)
  ship
long-cogaidh (f.) (See long)
  warship
lorg: *an* lorg, *na* luirge, *na* lorgan (f.)
  track, trace
lorg, *a'* lorg (v.)
  search out, find
lòsan: *an* lòsan, *an* lòsain, *na* lòsain (m.)
  (window) pane
losgann: *an* losgann, *an* losgainn, *na* losgannan (m.)
  toad, frog
leòn, *a'* leòn (v.)
  wound
lot: *an* lot, *an* lota, *na* lotan (m.)
  wound
lot, *a'* lotadh (v.)
  wound
luach: *an* luach, *an* luach (m.)
  value
luachair: *an* luachair, *na* luachrach (f.)
  rushes
luachmhor, *nas* luachmhoire (adj.)
  valuable
luadhadh: *an* luadhadh, *an* luadhaidh, *na* luadhaidh (m.)
  process of fulling (cloth)
òran-luadhaidh (m.) (See òran)
  waulking song
a luaidh & mo luaidh (voc.)
  my darling
luaidh, *a'* luaidh (v.)
  praise
luaidh, *a'* luadhadh (v.)
  full (cloth)
luasgannach, *nas* luasgannaiche (adj.)
  tossing (of waves)
luath, *nas* luaithe (adj.)
  quick, fast
cho luath 's a (+ indep. form of v.)
  as soon as
    e.g. cho luath 's a bha mi deiseil
        as soon as I was ready
luathas: *an* luathas, *an* luathais (m.)
  speed
luaithre: *an* luaithre, *na* luaithre (f.)
  ashes, dust
lùb: *an* lùb, *na* luib, *na* lùban (f.)
  bend
lùb, *a'* lùbadh (v.)
  bend, stoop
lùbach, *nas* lùbaiche (adj.)
  twisting, bending
luch: *an* luch, *na* lucha, *na* luchan (f.)
  mouse
lùchairt: *an* lùchairt, *na* lùchairte, *na* lùchairtean (f.)
  palace
luchd: *an* luchd, *an* luchda, *na* luchdan (m.)
  load, cargo
luchd: *an* luchd, *an* luchd (m.)
  (usually precedes another noun)
  people
luchd-altruim (m.)
  nurses, nursing profession
luchd-ciùil (m.)
  musicians
luchd-ealain (m.)

artists
luchd-éisdeachd (m.)
listeners
luchd-lagha
lawyers, legal profession
luchd-leughaidh (m.)
readers, readership
luchd-obrach (m.)
workers, work force
luchd-riaghlaidh (m.)
rulers, government
luchd-tòrachd (m.)
pursuers
luchd-turuis (m.)
tourists
luideag: *an* luideag, *na* luideige, *na*
luideagan (f.)
rag
an **Lùnasdal**, *an* **Lùnasdail** (m.)
August
lus: *an* lus, *an* luis, *na* lusan (m.)
plant, vegetable
lùths: *an* lùths, *an* lùiths (m.)
strength, power

M

m' (abbr. of mo) (+ asp.)
my
ma (+ indep. form of v. in pres.t.; +
rel. fut.)
if
mac: *am* mac, *a'* mhic, *na* mic (m.)
son
a h-uile mac mathar
every Tom, Dick and Harry
(Lit. every mother's son)
mac-meanma (m.) (See mac)
imagination
mac-talla (m.) (See mac)
echo
a mach (adv.)
out (involving motion)
machair: *a'* mhachair, *na* machrach,
na machraichean (f.)
low lying, fertile plain
a' Mhachair Ghallda (f.)

The Lowlands (of Scotland)
madadh: *am* madadh, *a'* mhadaidh, *na*
madaidh (m.)
dog
madadh-allaidh (m.) (See madadh)
wolf
madadh-ruadh (m.) (See madadh)
fox
madainn: *a'* mhadainn, *na* maidne, *na*
madainnean (f.)
morning
maide: *am* maide, *a'* mhaide, *na*
maidean (m.)
stick
maigheach: *a'* mhaigheach, *na*
maighiche, *na* maighichean (f.)
hare
Màigh: *a'* Mhàigh, *na* Màighe (f.)
May
maighdean: *a'* mhaighdean, *na*
maighdinne, *na* maighdeanan (f.)
maiden
maighstir: *am* maighstir, *a'* mhaighstir,
na maighstirean (m.)
master, Mr.
maighstir-sgoile (m.) (See maighstir)
schoolmaster
màileid: *a'* mhàileid, *na* màileide, *na*
màileidean (f.)
bag
maille: *a'* mhaille, *na* maille (f.)
delay
maille ri (prep.)
together with
mair, a' mairsinn (v.)
exist, last
nach maireann
(the) late
e.g. **Ailean Domhnullach nach**
maireann
the late Alan MacDonald
am màireach (adv.)
tomorrow
maise: *a'* mhaise, *na* maise (f.)
beauty
maiseach, *nas* maisiche (adj.)
beautiful
maith, a' mathadh (v.)

forgive

maitheanas: *am* maitheanas, *a'*
mhaitheanais (m.)
  pardon, forgiveness

maitheas: *am* maitheas, *a'* mhaitheis
(m.)
  goodness

màl: *am* màl, *a'* mhàil, *na* màil (m.)
  rent, tax

mala: *a'* mhala, *na* mala, *na*
malaidhean (f.)
  eye-brow

malairt: *a'* mhalairt, *na* malairt, *na*
malairtean (f.)
  business, commerce

mallaich, *a'* mallachadh (v.)
  curse

mall, *nas* maille (adj.)
  slow

manach: *am* manach, *a'* mhanaich, *na*
manaich (m.)
  monk

mànran: *am* mànran, *a'* mhànrain, *na*
mànranan (m.)
  loving talk

maol, *nas* maoile (adj.)
  bald

maor: *am* maor, *a'* mhaoir, *na* maoir
(m.)
  official

maorach: *am* maorach, *a'* mhaoraich,
(m. coll.)
  shell-fish

mar (adv. & conj.)
  as, like, how

mar gu (+ dep. cond. form of v.)
  as if

mar is trice
  usually

mar sin
  thus, like that

agus mar sin air adhart
  and so on

mar tha
  already

mar thachair
  as it happened

marag: *a'* mharag, *na* maraig, *na*

maragan (f.)
  pudding

marag dhubh (f.)
  black pudding

maraiche: *am* maraiche, *a'* mharaiche,
na maraichean (m.)
  sailor, seaman

marbh, *a'* marbhadh (v.)
  kill

marbh, *nas* mairbhe (adj.)
  dead

marcaiche: *am* marcaiche, *a'*
mharcaiche, *na* marcaichean (m.)
  horseman, rider

mart: *am* mart, *a'* mhairt, *na* mairt
(m.)
  cow

am **Màrt**, *a'* Mhàirt (m.)
  March

ma's (ma + is)
  if . . . is (are)

ma's e do thoil e
  please (sing.)

ma's e bhur toil e
  please (pl.)

màs: *am* màs, *a'* mhàis, *na* màsan
(m.)
  bottom (anatomical)

màta (adv.)
  then (not time)

math: *am* math, *a'* mhaith (m.)
  goodness; produce

is math leam (n. nom.)
  I like

math, *nas* fheàrr (adj.)
  good

gu math (adv.)
  well

gu math (adv.)
  very, quite
    e.g. gu math laidir
      quite (very) strong

's math a dh' fhaoidte (+ gu +
dependent form of v.)
  perhaps
    e.g. 's math a dh' fhaoidte gun
      robh mi ceàrr
        perhaps I was wrong

's mathaid (+ gu + dep. form of v.)
  perhaps
    e.g. 's mathaid gu bheil thu ceart
      perhaps you are right
màthair: *a'* mhàthair, *na* màthar, *na* màthraichean (f.)
  mother
màthaireil (adj.)
  mother (adj.)
    e.g. canain mhathaireil
      mother tongue
mathan: *am* mathan, *a'* mhathain, *na* mathanan (m.)
  bear
meadhon: *am* meadhon, *a'* mheadhoin, *na* meadhonan (m.)
  middle
meadhon-latha (m.)
  mid-day
meadhon-oidhche (m.)
  midnight
meadhonach, *nas* meadhonaiche (adj.)
  1 central, 2 mediocre, middling
meal, *a'* mealtainn (v.)
  enjoy
meala-naidheachd ort (sing.)
meala-naidheachd oirbh (pl.)
  congratulations!
meall: *am* meall, *a'* mhìll, *na* meallan (m.)
  lump, hill
meall, *a'* mealladh (v.)
  deceive
meanbh, *nas* meanbha (adj.)
  little
meanbh-chuileag: *a'* mheanbh-chuileag, *na* meanbh-chuileig, *na* meanbh-chuileagan (f.)
  midge
meang: *a'* mheang, *na* meanga, *na* meangan (f.)
  fault
meanglan: *am* meanglan, *a'* mheanglain, *na* meanglanan (m.)
  branch
mearachd: *a'* mhearachd, *na* mearachd, *na* mearachdan (f.)
  mistake

meas: *am* meas, *a'* mheasa, *na* measan (m.)
  fruit
meas: *am* meas, *a'* mheas (m.)
  regard, respect
meas, *a'* measadh (v.)
  regard, respect
measail, *nas* measaile (adj.)
  respected, esteemed
measail air (+ dat.)
  fond of
am measg (+ gen.) (prep.)
  among
measgaich, *a'* measgachadh (v.)
  mix
meata, *nas* meata (adj.)
  cowardly, timid
meirle: *a'* mheirle, *na* meirle (f.)
  theft
meirleach: *am* meirleach, *a'* mheirlich, *na* meirlich (m.)
  thief
meud: *am* meud, *a'* mheud (m.)
  size
cia mheud? (See cia)
  how many?
meudaich, *a'* meudachadh (v.)
  enlarge, augment
meur: *a'* mheur, *na* meòir, *na* meòir (f.)
  1 finger, 2 branch
a mhàin (adv.)
  only
fo mhisg
  drunk
a mhòin dé
  the day before yesterday
mi
  1 I, 2 me (direct object)
mi
  prefix (+ asp.) which negatives the adjective with which it is compounded
    e.g. mi-thoilichte
      unhappy
miag, *a'* miagail (v.)
  mew
mìal-chù (m.) (See cù)
  greyhound, deerhound

mial-eòlas: *am* mial-eòlas, *a'* mhial-eòlais (m.)
   zoology

miann: *am* miann, *a'* mhiann, *na* miannan (m.)
   desire, intention

is miann (leam) (+ n. nom.)
   I like

mic (See mac)
   of a son, sons

mi-cheartas: *am* mi-cheartas, *a'* mhi-cheartais (m.)
   injustice

mi-chliu: *am* mi-chliu, *a'* mhi-chliu (m)
   infamy

mi-chomhfhurtail, *nas* mi-chomhfhurtaile (adj.)
   uncomfortable

mi-fhortan: *am* mi-fhortan, *a'* mhi-fhortain, *na* mi-fhortanan (m.)
   misfortune

mil: *a'* mhil, *na* meala (f.)
   honey

mile: *a'* mhile, *na* mile, *na* miltean (f.)
   mile

mile: *a'* mhile, *na* mile, *na* miltean (f.) (usually in sing.)
   thousand
      e.g. deich mile
         ten thousand
      mile fear
         a thousand people

milis, *nas* milse (adj.)
   sweet

mill, *a'* milleadh (v.)
   spoil, destroy

millteach, *nas* milltiche (adj.)
   destructive

milsean: *am* milsean, *a'* mhilsein (m.)
   sweets, dessert

mi-mhodhal, *nas* mi-mhodhaile (adj.)
   rude, ill-mannered

min: *a'* mhin, *na* mine (f.)
   meal (for hens)

min-choirce (f.)
   oatmeal

min, *nas* mine (adj.)
   smooth, gentle

(is) minic
   (it is) often
      e.g. **Is minic a thachras a leithid sin**
         It is often that that sort of thing will happen

mìnich, *a'* mìneachadh (v.)
   explain

minig (adj.) (See minic)
   frequent, often

ministear: *am* ministear, *a'* mhinisteir, *na* ministearan (m.)
   minister

mi-nadurrach, *nas* mi-nadurraiche (adj.)
   unnatural

mionaid: *a'* mhionaid, *na* mionaide, *na* mionaidean (f.)
   minute

mionaideach, *nas* mionaideiche (adj.)
   1 minute, 2 precise, detailed

mionn: *am* mionn, *a'* mhionna, *na* mionnan (m.)
   oath, curse

mionnaich, *a'* mionnachadh (v.)
   swear, curse

miorbhaileach, *nas* miorbhailiche (adj.)
   miraculous, marvellous

mios: *am* mios, *a'* mhios, *na* miosan (m.)
   month

mios nam pog (m.)
   (the) honeymoon

miotag: *a'* mhiotag, *na* miotaige, *na* miotagan (f.)
   glove

mìr: *am* mìr, *a'* mhìre, *na* mirean (m.)
   piece, morsel

mir, *a'* mire (v.)
   frolick, flirt

mire: *a'* mhire, *na* mire (f.)
   mirth

mi-rùn: *am* mi-rùn, *a'* mhi-rùin (m.)
   malice, spite

is misde (2nd comparative of dona)
   is/are the worse of

mise
   I, me (emphatic)

misgeach, *nas* **misgiche** (adj.)
　drunk
mi-shealbhach, *nas* **mi-shealbhaiche**
(adj.)
　unfortunate
misneach: *a'* **mhisneach**, *na* **misnich**
(f.)
　courage, encouragement
misneachail, *nas* **misneachaile** (adj.)
　encouraging
misnich, *a'* **misneachadh** (v.)
　encourage
mi-stolda, *nas* **mi-stolda** (adj.)
　restless, ill-behaved
mi-thaingeil, *nas* **mi-thaingeile** (adj.)
　ungrateful
mi-thoilichte, *nas* **mi-thoilichte** (adj.)
　unhappy
mo (+ asp.) (adj.)
　my
moch (adv.)
　early
mòd: *am* **mòd**, *a'* **mhòid**, *na* **mòdan**
(m.)
　mod, festival
modhail, *nas* **modhaile** (adj.)
　polite
mòine: *a'* **mhòine**, *na* **mòna** (f.)
　peat
mòinteach: *a'* **mhòinteach**, *na*
mòintich, *na* **mòintichean** (f.)
　moor
monadh: *am* **monadh**, *a'* **mhonaidh**, *na*
monaidhean (m.)
　moorland
moit: *a'* **mhoit**, *na* **moite** (f.)
　pride
moiteil, *nas* **moiteile** (le) (adj.)
　proud (of)
mol: *am* **mol**, *a'* **mhoil**, *na* **molan** (m.)
　shingle
mol, *a'* **moladh** (v.)
　praise, recommend
mór, *nas* **motha** (adj.)
　big
cha mhór gu (+ dep. form of v.)
　hardly, scarcely
　　e.g. Cha mhór gun do rainig mi an

taigh
　I scarcely reached the
　house
cha mhòr nach (+ dep. form of v.)
　almost
　　e.g. Cha mhór nach do rainig mi
　　an taigh
　　I almost reached the house
morair: *am* **mórair**, *a'* **mhorair**, *na*
morairean (m.)
　lord, nobleman
móran, **mòrain** (m.) (+ gen.)
(genitive plural is aspirated)
　a lot of, much
　　e.g. móran Gàidhlige
　　　a lot of Gaelic
　　móran dhaoine
　　　many men
mór-chuid: *am* **mór-chuid**, *a'* **mhóir-
chuid** (m.)
　majority
mothaich, *a'* **mothachadh** (v.)
　notice
mosach, *nas* **mosaiche** (adj.)
　nasty, inhospitable
mu (+ asp.) (prep.)
　about, concerning
mu choinneamh (prep.) (+ gen.)
　opposite
mu chuairt (prep.) (+ gen.)
　around, round about
mu dheas
　in the South
mu dheidhinn (+ gen.)
　concerning
mu dheireadh
　1 at last, lastly, 2 last
　　e.g. an t-seachdainn mu dheireadh
　　　last week
mu dheireadh thall (adv.)
　at long last
mu thimcheall (+ gen.)
　1 around, 2 about, concerning
mu thràth
　already
mu thuath
　in the North
muc: *a'* **mhuc**, *na* **muic**, *na* **mucan** (f.)

pig

muc-mhara (f.) (See muc)
  whale

muc-fhèoil: *a' mhuc-fheòil, na*
muc-fheòla (f.)
  ham

a muigh (adv.)
  outside

muilchinn: *am muilchinn, a'*
mhuilchinn, na muilchinnean (m.)
  sleeve

muillean: *am muillean, a' mhuillein,*
na muilleanan (m.)
  million

muileann: *a' mhuileann, na muilne,*
na muiltean (f.)
  mill

muinchill: *am muinchill, a' mhuinchill,*
na muinchillean (m.)
  sleeve

muinntir: *a' mhuinntir, na muinntire*
(f. coll.)
  people, inhabitants

muir: *a' mhuir, na mara, na marannan*
(f.)
  sea

mulad: *am mulad, a' mhulaid, na*
muladan (m.)
  sadness

muladach, *nas* **muladaiche** (adj.)
  sad

mullach: *am mullach, a' mhullaich, na*
mullaichean (m.)
  top

mun (+ dep. form of v.) (conj.)
  before

mun chairt air (+ dat.)
  around

mur(a) (+ dep. form of v. in p.t. +
pres.t.; + rel. fut.)
  unless, if . . . not

murt: *am murt, a' mhuirt, na muirt*
(m.)
  murder

mus (+ dep. form of v.) (conj.)
  before

N

'n (abbrev. of an) (art.)
  the

na (f. gen.) (art.)
  of the

na (art.)
  the (pl.)

na (rel. pron.)
  all that, that which

na (+ imp.)
  do not . . .

na (See nas)
  than

'na (+ asp.)
  in his, in its (m.)

'na
  in her, in its (f.)

nàbaidh: *an nàbaidh, an nàbaidh, na*
nàbaidhean (m.)
  neighbour

na bu (+ asp.)
  used before comp. adj. with verb
  in past tense
    e.g. **Bha Iain na bu bheartaiche**
      na Seumas
        John was richer than James

nach (+ dep. form of v.) (adv.)
  aren't? isn't? didn't? haven't? etc.
    e.g. **Nach d' fhuair thu an duais?**
        Didn't you get the prize?
      Nacheil thu deiseil?
        Aren't you ready?

nach (+ dep. form of v.) (neg. rel.
pron.)
  who, that, which . . . not
    e.g. **Seo am balach nach robh aig**
      an sgoil
        This is the boy who (that)
        was not at school

nach (+ dep. form of v.) (conj.)
  that . . . not (in reported speech)
    e.g. **Thuirt Mairi nach robh i**
      deiseil
        Mary said **that** she was **not**
        ready

'nad (+ asp.)
  in your

nàdur: *an* nàdur, *an* nàduir, *na* nàduir (m.)
   nature

nàdurrach, *nas* nàdurraiche (adj.)
   natural

na h- (art. nom. & dat. pl. before a vowel)
   the
   e.g. na h-uinneagan
             the windows

na h- (art. gen. sing. f. before a vowel)
   of the
   e.g. na h-uinneige
             of the window

naidheachd: *an* naidheachd, *na* naidheachd, *na* naidheachdan (f.)
   news

naimhdeas: *an* naimhdeas, *an* naimhdeis (m.)
   enmity, hostility

nàire: *an* nàire, *na* nàire (f.)
   shame

Mo nàire!
   For shame! Disgraceful!

a nall
   hither

nam (art. gen. pl. before b, f, m, p)
   of the

'nam (+ asp.)
   in my

'nam (before b, f, m, p)
   in their

nàmh: *an* nàmh, *an* naimh, *na* naimh (m.)
   enemy

nàmhaid: *an* nàmhaid, *an* nàmhad, *na* naimhdean (m.)
   enemy

nan (gen. pl.)

nan (art. gen. pl.)
   of the

'nan
   in their

nan, nam (+ dep. form of v. in pres. t. & p.t.; + rel. fut.) (conj.)
   if

naoi

nine

naoidheamh (adj.)
   ninth

naoinear (n.)
   nine (persons)

naomh: *an* naomh, *an* naoimh, *na* naoimh (m.)
   saint

naomh, *nas* naoimhe (adj.)
   holy

'nar
   in our

nàrach, *nas* nàraiche (adj.)
   shameful, disgraceful

nàraich, a' nàrachadh (v.)
   insult, affront

nas
   particle used before comp. form of adj.
   e.g. nas motha
             bigger

nas (motha) *na*
   (bigger) than
   e.g. Tha Iain nas motha na Seumas
             Iain is bigger than James

nathair: *an* nathair, *na* nathrach, *na* nathraichean (f.)
   snake

-ne
   emphatic ending for nouns and pronouns
   e.g. oirnn-ne
             on us

neach: *an* neach (m.)
   person
   e.g. neach sam bith
             anyone

nead: *an* nead, *an* nid, *na* nid (m.)
   nest

neadaich, a' neadachadh (v.)
   nest

neamh: *an* neamh, *an* neimh, *na* neamhan (m.)
   heaven

neapaicin: *an* neapaicin, *na* neapaicine, *na* neapaicinean (f.)
   handkerchief

neart: *an* neart, *an* neirt (m.)
  strength
bho neart gu neart
  from strength to strength
neartaich, a' neartachadh (v.)
  strengthen
neartmhor, *nas* neartmhoire (adj.)
  powerful, mighty
neas: *an* neas, *na* neasa, *na* neasan (f.)
  weasel
neo (alt. sp. no)
  or
air neo
  otherwise, or else
neo
  prefix (+ asp.) which negatives the
  adjective with which it is
  compounded
    e.g. **neo-chiontach**
  innocent
neo-abhaisteach, *nas* neo-abhaistiche
(adj.)
  unusual
neo-chiontach, *nas* neo-chiontaiche
(adj.)
  innocent, not guilty
neo-chomasach, *nas* neo-chomasaiche
(adj.)
  incapable, impossible
neo-chumanta, *nas* neo-chumanta
(adj.)
  uncommon, unusual
neo-chùram: *an* neo-chùram, *an* neo-
chùraim (m.)
  negligence
neo-dhreuchdail, *nas* neo-dhreuchdaile
(adj.)
  amateur, non-professional
neo-eiseimeileachd: *an* neo-
eiseimeileachd, *na* neo-eiseimeileachd
(f.)
  independence, self-reliance
neo-fhaicsinneach, *nas* neo-
fhaicsinniche (adj.)
  invisible
neòinean: *an* neòinean, *an* neòinean,
na neòineanan (m.)
  daisy

neònach, *nas* neònaiche (adj.)
  strange, amusing
neul: *an* neul, *an* neòil, *na* neòil (m.)
  cloud
ni (fut. t. See App.: dean)
  will do, will make
ni: *an* ni, *an* ni, *na* nithean (m.)
  thing
an Ni Math (m.)
  God
nic (contr. of nighean)
(used in female surnames rendered
Mac in English)
  daughter (of)
    e.g. **Mairi Nic**Leoid
  Mary MacLeod
nigh, a' nigheadh AND a' nighe (v.)
  wash
nighean: *an* nighean, *na* nighinne, *na*
naigheanan (f.)
  daughter
nimheil, *nas* nimheile (adj.)
  poisonous
(a) nios (adv.)
  up (from below) i.e. motion
  upwards
(a) nis (adv.)
  now
niuclasach, *nas* niuclasaiche (adj.)
  nuclear
no (See neo) (conj.)
  or
nobhal: *an* nobhal, *an* nobhail, *na*
nobhalan (m.)
  novel
nochd, a' nochdadh (v.)
  1 show 2 appear
an nochd (adv.)
  tonight
nodha (See nuadh)
  new
an Nollaig, *na* Nollaige (f.)
  Christmas
nòs: *an* nòs, *an* nòis, *na* nòsan (m.)
  custom, manner
nota: *an* nota, *an* nota, *na* notaichean
(m.)
  pound note

nuadh, *nas* **nuaidhe** (adj.)
new

nuadhaich, a' nuadhachadh (v.)
renew, renovate

nuallanaich: *an* **nuallanaich**, *na*
nuallanaich (f.)
howling, lowing

nuair (& **an uair**) a (+ indep. form of
v.; + rel. fut.)
when (not a question)

nuair sin
then

(a) nuas (adv.)
down (from above)

a null (adv.)
thither, to there

a null 's a nall
hither and thither

(a) nunn (adv.)
thither, to the other side

nupair: *an* **nupair**, *an* **nupair**, *na*
nupairean (m.)
spanner

'nur
in your

O

o (bho) (+ asp. + dat.) (prep.)
from

òb: *an t-*òb, *an* òba, *na h-*òban (m.)
bay

obair-lann: *an* **obair-lann**, *na h-*obair-
lainn, *na h-*obair-lannan (f.)
laboratory

òban: *an* òban, *an* òbain, *na h-*
òbanan (m.)
little bay

obair: *an* **obair**, *na h-*obrach, *na*
*h-*oibrichean (f.)
work

obann, *nas* **obainne** (adj.)
sudden, unexpected

obraich, ag obair (v.)
work

ochd (adj.)
eight

ochdamh (adj.)
eighth

ochdnar (n.)
eight persons

o chionn (adv. & prep.)
since, ago

o chionn fhada
a long time ago, for a long time

o chionn ghoirid
recently, a short time ago

odhar, *nas* **uidhre** (adj.)
dun coloured

òg, *nas* **òige** (adj.)
young

an t-Og-mhios, *an* Og-mhiosa (m.)
June

òganach: *an t-*òganach, *an* òganaich,
*na h-*òganaich (m.)
young man

ogha: *an t-*ogha, *an* ogha, *na*
*h-*oghachan AND *na h-*oghaichean (m.)
grandchild

oibrich, ag obair (v.)
work

oibriche: *an t-*oibriche, *an* oibriche,
*na h-*oibrichean (m.)
workman

oidhche: *an* oidhche, *na h-*oidhche, *na*
*h-*oidhcheannan (f.)
night

Oidhche Shamhna (See an t-Samhainn)
Hallowe'en

oidhirp: *an* oidhirp, *na h-*oidhirpe, *na*
*h-*oidhirpean (f.)
attempt, effort

oifis a' phuist (f.) (See oifis)
post-office

oifigear: *an t-*oifigear, *an* oifigir, *na*
*h-*oifigearan (m.)
officer, official

oifis: *an* oifis, *na h-*oifis, *na*
*h-*oifisean (f.)
office

òige: *an* òige, *na h-*òige (f. coll.)
youth (coll. n.)

òigear: *an t-*òigear, *an* òigeir, *na*
*h-*òigearan (m.)
young man, youth

òigh: *an òigh, na h-òighe, na h-òighean*
(f.)
   maiden

oighre: *an t-oighre, an oighre, na
h-oighreachan* (m.)
   heir

oighreachd: *an oighreachd, na
h-oighreachd, na h-oighreachdan* (f.)
   1 inheritance, 2 estate (property)

òigridh: *an òigridh, na h-òigridhe*
(f. coll.)
   young people

oileanach: *an t-oileanach, an
oileanaich, na h-oileanaich* (m.)
   student

oileanaich, *ag oileanachadh* (v.)
   educate, teach

oillteil, *nas oillteile* (adj.)
   horrible, terrible

oilthigh: *an t-oilthigh, an oilthighe,
na h-oilthighean* (m.)
   university

oir (+ indep. form of v.) (conj.)
   because, for

oir: *an oir, na h-oire, na h-oirean* (f.)
   edge

oirbh (See orm)
   on you (pl.)

oirleach: *an t-oirleach, an oirlich, na
h-oirlich* (m.)
   inch

oirnn (See orm)
   on us

oirre (See orm)
   on her

oirthir: *an oirthir, na h-oirthire, na
h-oirthirean* (f.)
   coast, border

oiseann: *an oiseann, na h-oisinn, na
h-oisnean* (f.)
   corner

oiteag: *an oiteag, na h-oiteige, na
h-oiteagan* (f.)
   gust of wind

oitir: *an oitir, na h-oitire, na h-
oitirean* (f.)
   bank in the sea

òl, *ag òl* (v.)

drink

ola: *an ola, na h-ola, na h-olaichean*
(f.)
   oil

olc: *an t-olc, an uilc, na h-uilc* (m.)
   evil, wickedness

olc, *nas miosa* (adj.)
   bad, evil

ollamh: *an t-ollamh, an ollaimh, na
h-ollamhan* (m.)
   professor

onfhadh: *an t-onfhadh, an onfhaidh,
na h-onfhaidhean* (m.)
   roaring, rage (of the sea)

onoir: *an onoir, na h-onoire,
na h-onoirean* (f.)
   honour, respect

òr: *an t-òr, an òir* (m.)
   gold

òraid: *an òraid, na h-òraide, na
h-òraidean* (f.)
   speech, talk, lecture

òran: *an t-òran, an òrain, na h-òrain*
(m.)
   song

òran-luadhaidh (m.) (See òran)
   waulking song

orainsear: *an t-orainsear, an orainseir,
na h-orainsearan* (f.)
   orange

òrd: *an t-òrd, an uird, na h-uird* (m.)
   hammer

òrdag: *an òrdag, na h-òrdaige, na
h-òrdagan* (f.)
   thumb

òrdugh: *an t-òrdugh, an òrduigh, na
h-òrduighean* (m.)
   1 order, command, 2 arrangement,
   3 Eucharist

(ann) an òrdugh
   in order

òrduich, *ag òrdachadh* (v.)
   order

orm (prep. pron.
   from air)
   ort   on me
   air   on you (sing.)
   oirre   on him, it (m.)
                                on her, it (f.)

53

oirnn   on us
oirbh   on you (pl.)
orra   on them

osag: *an* osag, *na h-*osaig, *na h-*osagan (f.)
breeze, gust

osann: *an t-*osann, *an* osainn, *na h-*osainn (m.)
sigh

os cionn (+ gen.) (prep.)
above

òsdair: *an t-*òsdair, *an* òsdair, *na h-*òsdairean (m.)
hotelier, inkeeper

os iosal (adv.)
secretly

os laimh (adv.)
in hand

ospadal: *an t-*ospadal, *an* ospadail, *na h-*ospadalan (m.)
hospital

othail: *an* othail, *na h-*othaile, *na h-*othailean (f.)
hubbub, confusion

P

pac: *am* pac, *a'* phaic, *na* pacaichean (m.)
pack

paidhir: *a'* phaidhir, *na* paidhreach, *na* paidhirichean (f.)
pair

pàigh, a' pàigheadh (v.)
pay

pailt, *nas* pailte (adj.)
numerous, plentiful

pailteas: *am* pailteas, *a'* phailteis (m.)
plenty, abundance

paipear: *am* paipear, *a'* phaipeir, *na* paipearan (m.)
paper

paiper-naidheachd (m.) (See paipear)
newspaper

pàirc: *am* phàirc, *na* pàirce, *na* pàircean (f.)
park, field

pàisd: *am* pàisd, *a'* phàisde, *na* pàisdean (m.)
child, infant

paisg, a' pasgadh (v.)
fold, wrap

pana: *am* pana, *a'* phana, *na* panaichean (m.)
pan

Pàpanach: *am* Pàpanach, *a'* Phàpanaich, *na* Pàpanaich (m.)
Catholic

pàrant: *am* pàrant, *a'* phàrant, *na* pàrantan (m.)
parent

Parlamaid: *a'* Pharlamaid, *na* Parlamaide (f.)
Parliament

Pàrras (nom.) Pàrrais (gen.) (m.)
paradise, heaven

partan: *am* partan, *a'* phartain, *na* partanan (m.)
crab (green)

pasgan: *am* pasgan, *a'* phasgain, *na* pasganan (m.)
parcel

pathadh: *am* pathadh, *a'* phathaidh (m.)
thirst
e.g. tha am pathadh orm (ort etc.)
I (you etc.) are thirsty

peacach: *am* peacach, *a'* pheacaich, *na* peacaich (m.)
sinner

peacadh: *am* peacadh, *a'* pheacaidh, *na* peacaidhean (m.)
sin

peacaich, a' peacachadh (v.)
sin

peall: *am* peall, *a'* phill, *na* pillean (m.)
hide (shaggy)

peallach, *nas* peallaiche (adj.)
shaggy

peann: *am* peann, *a'* phinn, *na* pinn (m.)
pen

peansachadh: *am* peansachadh, *a'* pheansachaidh, *na* peansachaidh (m.)
punishment

peansail: *am* peansail, *a'* pheansail, *na* peansailean (m.)
   pencil

pearsa: *am* pearsa, *a'* phearsa, *na* pearsannan (m.)
   person

pearsanta, *nas* pearsanta (adj.)
   handsome, of good appearance

gu persanta
   personally

peasair: *a'* pheasair, *na* peasrach, *na* peasraichean (f.)
   pea

peata: *am* peata, *a'* pheata, *na* peatachan (m.)
   pet

peile: *am* peile, *a'* pheile, *na* peilichean (m.)
   pail, bucket

peilear: *am* peilear, *a'* pheileir, *na* peilearan (m.)
   bullet

peitean: *am* peitean, *a'* pheitein, *na* peiteanan (m.)
   jersey, waistcoat

peur: *a'* pheur *na* peura *na* peuran (f.)
   pear

pian: *am* pian, *a'* phein, *na* piantan (m.)
   pain

piob: *a'* phiob, *na* pioba, *na* pioban (f.)
   pipe

piobaire: *am* piobaire, *a'* phiobaire, *na* piobairean (m.)
   piper

piobaireachd: *a'* phiobaireachd, *na* piobaireachd (f.)
   piping, pipe-music

piob-mhór: *a'* phiob-mhór, *na* pioba-móire, *na* pioban-móra (f.)
   bagpipe

pios: *am* pios, *a'* phiosa, *na* piosan (m.)
   piece, bit

piseach: *a'* phiseach, *na* pisich (f.)
   prosperity, success, improvement

piseag: *a'* phiseag, *na* piseige, *na* piseagan (f.)
   kitten

piuthar: *a'* phiuthar, *na* peathrach, *na* peathraichean (f.)
   sister

piuthar-athar (f.)
   aunt (paternal)

piuthar-cheile (f.)
   sister-in-law

piuthar-màthar (f.)
   aunt (maternal)

plaide: *a'* phlaide, *na* plaide, *na* plaidean (f.)
   blanket

plàigh: *a'* phlàigh, *na* plàighe, *na* plàighean (f.)
   plague

plan: *am* plan, *a'* phlana, *na* planaichean (m.)
   plan

planaid: *a'* phlanaid, *na* planaide, *na* planaidean (f.)
   planet

plaosg: *am* plaosg, *a'* phlaoisg, *na* plaosgan (m.)
   husk, peel

plion: *am* plion, *a'* phlion (m.)
   leer

plosg, *a'* plosgadh (v.)
   1 throb, 2 sigh

plub: *am* plub, *a'* phluba, *na* pluban (m.)
   plop, splosh

plubraich, *nas* plubraiche (adj.)
   gurgling

plumair: *am* plumair, *a'* phlumair, *na* plumairean (m.)
   plumber

poca: *am* poca, *a'* phoca, *na* pocannan (m.)
   sack, pack

pòcaid: *a'* phòcaid, *na* pòcaide, *na* pòcaidean (f.)
   pocket

pòcaid-broillich (f.) (See pocaid)
   breast pocket

pòg, *a'* pògadh (v.)
   kiss

pòg: *a'* phòg, *na* pòige, *na* pògan (f.)
   kiss

poit: a' phoit, na poite, na poitean (f.)
  pot
polasman: am polasman, a'
pholasmain, na polasmanan (m.)
  policeman
politiceach, nas politiciche (adj.)
  political
poll: am poll, a' phuill, na puill (m.)
  mud, pool
pònair: a' phònair, na pònarach (f.)
(coll. n.)
  beans
pong: am pong, a' phuing, na
pongan (m.)
  note (of music)
pongail, nas pongaile (adj.)
  articulate, eloquent
pòr: am pòr, a' phòir, na pòran (m.)
  seed, crop
port: am port, a' phuirt, na
puirt AND na portan (m.)
  port
port-adhair (m.) (See port)
  airport
port: am port, a' phuirt, na puirt
AND na portan (m.)
  tune
port-a-beul (m.)
  mouth music
pòs, a' pòsadh (v.)
  marry
pòsda (p.p. of pòs)
  married
post: am post, a' phuist, na postan (m.)
  post (postal service)
post, a' postadh (v.)
  post
posta: am posta, a' phosta, na
postaichean (m.)
  postman
praise: a' phraise, na praise, na
praisean (f.)
  big pot
pràmh: am pràmh, a' phràimh (m.)
  grief, dejection
fo phràmh
  dejected (Lit. under grief)
preas: am preasa, a' phreasa, na

preasan (m.)
  1 bush, 2 wrinkle
preasa: am preasa, a' phreasa, na
preasachan AND na preasan (m.)
  cupboard
preasach, nas preasaiche (adj.)
  furrowed, wrinkled
priob, a' priobadh (v.)
  wink
priobadh: am priobadh, a' phriobaidh,
na priobaidhean (m.)
  winking
prioc, a' priocadh (v.)
  prick, sting
priomh (adj.) (prefixed to a noun +
asp.)
  prime, chief, first
    e.g. priomh bhaile
      chief town, capital city
priomhair: am priomhair, a'
phriomhair, na priomhairean (m.)
  chief, prime minister
priomh-athair (m.) (See athair)
  forefather
prionnsa: am prionnsa, a' phrionnsa,
na prionnsachan (m.)
  prince
priosan: am priosan, a' phriosain, na
priosanan (m.)
  prison, jail
priosanach: am priosanach, a'
phriosanaich, na priosanaich (m.)
  prisoner
prìs: a' phrìs, na prìse, na prìsean (f.)
  price
    e.g. De a' phris a tha e?
      What price is it?
      How much does it cost?
priseil, nas priseile (adj.)
  valuable, prized, dear
probhaideach, nas probhaidiche (adj.)
  profitable
pròis: a' phròis, na pròise (f.)
  pride, haughtiness
pròiseil, nas pròiseile (adj.)
  haughty
pronn, a' pronnadh (v.)
  pound, maul

pronnach, *a' phronnach*, *na* pronnaiche (f.)
  pulp

pronnasg: *am* pronnasg, *a' phronnaisg* (m.)
  sulphur

Pròstanach: *am* Pròstanach, *a' Phròstanaich*, *na* Pròstanaich (m.)
  Protestant

pucaid: *a' phucaid*, *na* pucaide, *na* pucaidean (f.)
  bucket

pùdar: *am* pùdar, *a' phùdair* (m.)
  powder

puinsean: *am* puinsean, *a' phuinsein*, *na* puinseanan (m.)
  poison

pùnnd: *am* pùnnd, *a' phuinnd*, *na* puinnd (m.)
  pound (weight)

pùnnd Sasunnach (See pùnnd)
  pound (sterling)

purpaidh, *nas* purpaidhe (adj.)
  purple

put, *a' putadh* (v.)
  push, shove

putan: *am* putan, *a' phutain*, *na* putanan (m.)
  button

R

rabhadh: *an* rabhadh, *an* rabhaidh, *na* rabhaidh (m.)
  warning

racan: *an* racan, *an* racain, *na* racanan (m.)
  rake

rach, *a' dol* (Irr. v. See App.: rach)
  go

rach + **aig** + noun + **air** + infin.
  be able
    e.g. **Chaidh aig Seumas air a dhol do na buthan**
        James was able to go to the shops

rach a dholaidh (See App.: rach)
    become spoilt, harmed
      e.g. **chaidh mo dholaidh**
          I was harmed

rach mu thuath
  go north

rach a null thairis (See rach)
  go abroad

rachadh (cond. t. of rach)
  would go

radan: *an* radan, *an* radain, *na* radain (m.)
  rat

rag, *a' ragadh* (v.)
  become stiff, numb; chill

rag, *nas* raige (adj.)
  stiff

raineach: *an* raineach, *na* rainich, *na* rainich (f.)
  fern; bracken (pl.)

rainig (p.t. See App.: ruig)
  reached

ràith: *an* ràith, *na* ràithe, *na* ràithean (f.)
  season

ràitheachan: *an* ràitheachan, *an* ràitheachain, *na* ràitheachain (m.)
  quarterly magazine

ràmh: *an* ràmh, *na* raimh, *na* raimh (m.)
  oar

ràn, *a' rànaich* (v.)
  cry, roar, shriek

rann: *an* rann, *an* rainn, *na* rannan (m.)
  verse (of poetry)

rannsachadh: *an* rannsachadh, *an* rannsachaidh, *na* rannsachaidh (m.)
  research, exploring

rannsaich, *a' rannsachadh* (v.)
  search, explore

raoir & **an raoir** (adv.)
  last night

raon: *an* raon, *an* raoin, *na* raointean (m.)
  field, plain

rapach, *nas* rapaiche (adj.)
  filthy, slovenly

rathad: *an* rathad, *an* rathaid, *na*

rathaidean (m.)
  road
ré (+ gen.) (prep.)
  during
reamhar, nas reamhra (adj.)
  fat, stout
rédio: an rédio, an rédio (m.)
  radio
reic, a' reic (v.)
  sell
reiceadair: an reiceadair, an
reiceadair, na reiceadairean (m.)
  salesman
réidh, nas réidhe (adj.)
  level, smooth
a réir (+ gen.) (prep.)
  according to
a réisde (adv.)
  in that case, therefore
reiteachadh: an reiteachadh, an
reiteachaidh, na reiteachaidh (m.)
  engagement, betrothal
reothadair: an reothadair, an
reothadair, na reothadairean (m.)
  freezer, refrigerator
reothadh: an reothadh, an reothaidh
(m.)
  frost
reothart: an reothart, na reothairt, na
reothartan (f.)
  spring-tide
reub, a' reubadh (v.)
  tear, rip
reul: an reul, an réil, na reultan (m.)
  star
reul-eòlas: an reul-eòlas, an reul-
eòlais (m.)
  astronomy
reusanta, nas reusanta (adj.)
  rational, reasonable
ri (+ dat.)
  to (a)
riadh: an riadh, an réidh (m.)
  interest (on money)
riaghail, a' riaghladh (v.)
  rule, govern
riaghailt: an riaghailt, na riaghailte,
na riaghailtes (f.)

rule, regulation
riaghaltas: an riaghaltas, an riaghaltais
(m.)
  kingdom, government
riaghladh: an riaghladh, an
riaghlaidh, na riaghlaidh (m.)
  government
riamh (adv.)
  ever (only of time past)
rian: an rian, an rian (m.)
  order (arrangement)
as mo rian
  out of my mind, deranged
riaraich, a' riarachadh (v.)
  satisfy
riaraichte (p.p. of riaraich)
  satisfied, satisfactory
riatanach, nas riatanaiche (adj.)
  necessary
rìbhinn: an rìbhinn, na rìbhiane, na
rìbhinnean (f.)
  girl, maid (poetic)
ridir: an ridir, an ridir, na ridirean
(m.)
  knight
rìgh: an rìgh, an rìgh, na rìghrean (m.)
  king
rinn (p.t. See App.: dean)
  did, made
rinn: an rinn, na rinne, na rinnean (f.)
  promontory, headland
riobach, nas riobaiche (adj.)
  ragged
riochdaire: an riochdaire, an riochdaire,
na riochdairean (m.)
  1 representative, 2 producer (T.V.)
rioghachd: an rioghachd, an rioghachd,
na rioghachdan (m.)
  kingdom
rioghaich, a' rioghachadh (v.)
  reign
rioghail, nas rioghaile (adj.)
  royal, regal
riomhach, nas riomhaiche (adj.)
  beautiful, elegant
rionnach: an rionnach, an rionnaich, na
rionnaich (m.)
  mackerel

rionnag: *an rionnag, na rionnaige, na*
rionnagan (f.)
  star
ris (prep.)
  1 to (before article and gach),
  2 to him, it (masc.)
ri taobh (+ gen.) (prep.)
  beside
rithe (See rium)
  to her, it (f.)
a rithis(t) (adv.)
  again
rium (prep. pron.
  from ri)

rium	to me
riut	to you (sing.)
ris	to him, it (m.)
rithe	to her, it (f.)
ruinn (rinn)	to us
ruibh (ribh)	to you (pl.)
riutha	to them

ro (+ asp.) (adv.)
  too
**robh (dep. form of bha used after
particles)**
  was, were
ròcail: *an ròcail, na ròcaile* (f.)
  croaking, cawing
ròcais: *an ròcais, na ròcais, na*
ròcaisean (f.)
  crow, rook
roghainn: *an roghainn, na roghainn, na*
roghainnean (f.)
  choice
ròic: *an ròic, an ròic, na ròicean* (m.)
  banquet, feast
roghnaich, a' roghnachadh (v.)
  choose
roimh (asp. + dat.) (prep.)
  before
roimh-fhios (m.) (See fios)
  foreknowledge
cuir roimh (v.) (See cuir)
  to decide
    e.g. chuir mi romham
      I decided
roimhe (adv.)
  before

roimh-radh: *an roimh-radh, an*
roimh-raidh, *na roimh-radhan* (m.)
  preface, introduction (of a book)
roinn, a' roinn (v.)
  divide
roinn: *an roinn, na roinne, na*
roinnean (f.)
  1 share, portion, 2 division, region,
  department
    e.g. Roinn na Gaidhealtachd
        The Highland Region
romham (prep.
  pron. from

roimh)	before me
romhad	before you (sing.)
roimhe	before him, it (masc.)
roimhpe	before her, it (f.)
romhainn	before us
romhaibh	before you (pl.)
romhpa	before them

ròn: *an ròn, an ròin, na ròin* (m.)
  seal (animal)
ròpa: *an ròpa, an ròpa, na ròpannan*
(m.)
  rope
ròs: *an ròs, an ròis, na ròsan* (m.)
  rose
ros: *an ros, an rois, na rosan* (m.)
  promontory
rosg: *an rosg, an ruisg, na rosgan* (m.)
  eyelash
rosg: *an rosg, an roisg, na rosgan* (m.)
  prose
roth: *an roth, an rotha, na rothan* (m.)
  wheel
rothair: *an rothair, an rothair, na*
rothairean (m.)
  bicycle
ruadh, *nas ruaidhe* (adj.)
  red, rust-coloured
ruaig: *an ruaig, na ruaige, na*
ruaigean (f.)
  defeat, rout
ruamhair, a' ruamhar (v.)
  dig
rubha: *an rubha, an rubha, na rubhan*
(m.)
  headland, promontory

rud: *an* rud, *an* ruid, *na* rudan (m.)
  thing

rud air chor-eigin (pron.)
  something or other

rudeigin (pron.)
  something

rud sam bith
  anything

rug (p.t. See App.: beir)
  caught, bore

rugadh (p. passive. See App.: beir)
  was born

ruibh (See rium)
  to you (pl.)

ruidhle: *an* ruidhle, *an* ruidhle, *na*
ruidhlean (m.)
  reel (dance)

ruig, a' ruigsinn AND a' ruigheachd
(v.) (Irr. v. See App. ruig)
  reach, arrive at

gu ruige (prep.)
  to, as far as

ruinn (See rium)
  to us

rùisg, a' rùsgadh (v.)
  shear, snip, peel

ruisgte (p. part. of ruisg)
  bare
    e.g. cas-ruisgte
            bare-footed

ruith, a' ruith (v.)
  run

rùm: *an* rùm, *an* rùim, *na* rumannan
(m.)
  room

rùm-cadail (m.) (See rum)
  bedroom

rùn: *an* rùn, *an* rùin, *na* rùintean (m.)
  1 secret, 2 intention, 3 love

rùnair: *an* rùnair, *an* rùnair, *na*
rùnairean (m.)
  secretary

Rùnair na Stàite (m.) (See rùnair)
  Secretary of State

rùraich, a' rùrach (v.)
  search for

S

's (abbreviation of agus)
  and

's (abbreviation of is)
  is, are

-sa
  emphatic ending for nouns and
  pronouns
    e.g. thusa
            you (emphatic)

sabaid: *an t*-sabaid, *na* sabaide, *na*
sabaidean (f.)
  fight

sabaid, a' sabaid (ri) (v.)
  fight

Sàbaid: *an t*-Sàbaid, *na* Sàbaide, *na*
Sàbaidean (f.)
  Sabbath

sàbh: *an* sàbh, *an t*-saibh, *na* saibh
AND *na* sàbhan (m.)
  saw

sàbh, a' sàbhadh (v.)
  saw

sàbhail, a' sàbhaladh (v.)
  save

sàbhailte, *nas* sàbhailte (adj.)
  safe, saved

sabhal: *an* sabhal, *an t*-sabhail, *na*
saibhlean (m.)
  barn

sabhs: *an* sabhs, *an t*-saibhse, *na*
saibhsean (m.)
  sauce, soup

sagart: *an* sagart, *an t*-sagairt, *na*
sagairt (m.)
  priest

saighdear: *an* saighdear, *an*
t-saighdeir, *na* saighdearan (m.)
  soldier

saighead: *an t*-saighead, *na* saighde,
na saighdean (f.)
  arrow, dart

sàil: *an t*-sàil, *na* sàile AND *na*
sàlach (gen. sing.), *na* sàiltean (f.)
  heel

saillear: *an* saillear, *an t*-sailleir, *na*
saillearan (m.)

    salt-cellar
saillte, *nas* **saillte**
    salted, salty
sàl: *an* **sàl**, *an t*-**sàil** (m.)
    salt water, sea
salach, *nas* **salaiche** (adj.)
    dirty
salachar: *an* **salachar**, *an t*-**salachair**,
na **salacharan** (m.)
    dirt, filth
salaich, *a'* **salachadh** (v.)
    dirty, pollute
salann: *an* **salann**, *an t*-**salainn** (m.)
    salt
salm: *an* **salm**, *an t*-**sailm**, *na* **sailm** (m.)
    psalm
saltraich, *a'* **saltairt** (v.)
    tread
sam bith (used after any noun)
    any
        e.g. **rud sam bith**
                anything
sàmhach, *nas* **sàmhaiche** (adj.)
    quiet, silent
samhail: *an* **samhail**, *an t*-**samhla**, *na*
samhailean (m.)
    likeness, resemblance
an t-**Samhainn**, *na* **Samhna** (f.)
    November
oidhche Shamhna (f.)
    Hallowe'en
sàmhchair: *an t*-**sàmhchair**, *na*
sàmhchaire (f.)
    quietness, silence
samhladh: *an* **samhladh**, *an*
t-**samhlaidh**, *na* **samhlaidhean** (m.)
    1 simile, metaphor, 2 ghost
samhradh: *an* **samhradh**, *an*
t-**samhraidh**, *na* **samhraidhean** (m.)
    summer
-san
    emphatic ending for nouns
    and pronouns
        e.g. **esan**
                he (emphatic)
sanas: *an* **sanas**, *an t*-**sanais**, *na*
sanasan (m.)
    notice, warning

sanas-reic (m.) (See **sanas**)
    advertisement
sannt: *an* **sannt**, *an t*-**sannta** (m.)
    greed
sanntach, *nas* **sanntaiche** (adj.)
    greedy
saobh, *nas* **saoibhe** (adj.)
    mad, deranged
saobhaidh: *an* **saobhaidh**, *an*
t-**saobhaidh**, *na* **saobhaidhean** (m.)
    den (of animals)
saoghal: *an* **saoghal**, *an t*-**saoghail**, *na*
saoghalan (m.)
    world
saoil, *a'* **saoilsinn** (v.)
    think
saor: *an* **saor**, *an t*-**saoir**, *na* **saoir** (m.)
    joiner
saor, *nas* **saoire** (adj.)
    1 free (from captivity), 2 cheap
saorsa: *an t*-**saorsa**, *na* **saorsa** (f.)
    freedom, liberty
saothair: *an t*-**saothair**, *na* **saothrach**,
na **saothraichean** (f.)
    labour, work
saothraich, *a'* **saothrachadh** (v.)
    labour, work
sàr (precedes n. + asp.) (adj.)
    excellent
        e.g. **sàr dhuine**
                an excellent man
sàr (+ asp.) (adv.)
    very
        e.g. **sàr mhath**
                very good
sàraich, *a'* **sàrachadh** (v.)
    vex, harass
an sàs
    1 caught, 2 involved in
sàsaich, *a'* **sàsachadh** (v.)
    satisfy
sàsaichte (p.p. of **sasaich**)
    satisfied
sàsair: *an* **sàsair**, *an t*-**sàsair**, *na*
sàsaran (m.)
    saucer
Sasunnach: *an* **Sasunnach**, *an t*-
Sasunnaich, *na* **Sasunnaich** (m.)

Englishman

Sasunnach, *nas* Sasunnaiche (adj.)
English

sàth, a' sàthadh (v.)
stab, pierce

-se
emphatic ending for nouns and
pronouns
e.g. sibhse
you (pl.)

seabhag: *an t*-seabhag, *na* seabhaig,
na seabhagan (f.)
hawk

seacaid: *an t*-seacaid, *na* seacaide, *na*
seacaidean (f.)
jacket

seach (adv.)
1 compared with, in preference to,
2 past, by

seach gu (+ dep. form of verb) (conj.)
since (of reason)

fear mu seach
one at a time

seachad air (+ dat.) (prep.)
past, by
e.g. Chaidh mi seachad air an
taigh
I went past the house

seachainn, a' seachnadh (v.)
avoid

seachd (adj.)
seven

a seachd (n.)
seven

seachdain: *an t*-seachdain, *na*
seachdaine, *na* seachdainean (f.)
week

seachdamh (adj.)
seventh

seachdnar (n.)
seven persons

seadh! (adv.)
yes! uhuh!

seadh: *an* seadh, *an t*-seadha, *na*
seadhan (m.)
sense, purpose

seagal: *an* seagal, *an t*-seagail (m.)
rye

sealbh: *an* sealbh, *an t*-sealbh, *na*
sealbhan (m.)
1 possession, 2 luck

sealbhach, *nas* sealbhaiche (adj.)
1 prosperous, 2 lucky

sealg: *an t*-sealg, *na* seilge, *na* sealgan
(f.)
hunt (n.)

sealgan fala (m.pl.) (See sealg)
blood sports

sealg, a' sealg (v.)
hunt

sealgair: *an* sealgair, *an t*-sealgair, *na*
sealgairean (m.)
hunter

sealgaireachd: *an t*-sealgaireachd, *na*
sealgaireachd (f.)
hunting

seall, a' sealltainn (air) (v.)
(1) look (at) (2) show

sealladh: *an* sealladh, *an t*-seallaidh,
na seallaidhean (m.)
sight, view, scene

sean, *nas* sine (adj.)
old

seanachaidh: *an* seanachaidh, *an t*-
seanachaidh, *na* seanachaidhean (m.)
storyteller

seanachas: *an* seanachas, *an t*-
seanachais, *na* seanachasan (m.)
tale, conversation

seanagarra, *nas* seanagarra (adj.)
1 old fashioned, 2 wise

seanair: *an* seanair, *an t*-seanair, *na*
seanairean (m.)
grandfather

seanalair: *an* seanalair, *an t*-seanalair,
na seanalairean (m.)
general

seanfhacal: *an* seanfhacal, *an t*-
seanfhacail, *na* seanfhaclan (m.)
proverb

seangan: *an* seangan, *an t*-seangain, *na*
seangain (m.)
ant

seanmhair: *an t*-seanmhair, *na*
seanmhar, *na* seanmhairean (f.)
grandmother

seann (precedes n.; + asp. except when followed by d, t or s)
old

searbh, *nas searbha* AND *nas seirbhe* (adj.)
bitter

searbhadair: *an searbhadair, an t-searbhadair, na searbhadairean* (m.)
towel

searbhanta: *an t-searbhanta, na searbhanta, na searbhantan* (f.)
servant

searg, *a' seargadh* (trans. + intrans.)
dry, wither

searmon: *an searmon, an t-searmoin, na searmonan* (m.)
sermon

searmonaich, *a' searmonachadh* (v.)
preach

searrach: *an searrach, an t-searraich, na searraich* (m.)
foal, colt

searrag: *an t-searrag, na searraige, na searragan* (f.)
flask

seas, *a' seasamh* (v.)
stand
e.g. tha mi 'nam sheasamh
I am standing
(Lit. I am in my standing)

seasgair, *nas seasgaire* (adj.)
1 comfortable, snug, 2 weatherproof

seasmhach, *nas seasmhaiche* (adj.)
lasting, durable

seathair: *an seathair, an t-seathair, na seathairean* (m.)
chair

seich: *an t-seich, na seiche, na seicheannan* (f.)
hide (of animal)

séid, *a' séideadh* (v.)
blow (of the wind)

seilcheag: *an t-seilcheag, na seilcheig, na seilcheagan* (f.)
snail, slug

seileach: *an seileach, an t-seilich, na seileachan* (m.)
willow

seillean: *an seillean, an t-seillein, na seilleanan* (m.)
bee

seillean-dé (m.) (See seillean)
butterfly

seimh, *nas seimhe* (adj.)
mild, calm

seinn, *a' seinn* (v.)
sing

seinn: *an t-seinn, na seinne* (f.)
singing

seinneadair *an seinneadair, an t-seinneadair, na seinneadairean* (m.)
singer

seipeal: *an seipeal, an t-seipeile, na seipealan* (f.)
chapel

seirbhis: *an t-seirbhis, na seirbhise, na seirbhisean* (f.)
service

seirm, *a' seirm* (v.)
ring (e.g. of a bell, telephone)

seisear (m.n.)
six people

seist: *an seist, an t-seist, na seistean* (m.)
chorus (of a song)

seo (pron. & adj.)
this
e.g. seo an duine!
This is the man!
am baile seo
this town

(ann) an seo (adv.)
here

seòl: *an seòl, an t-siùil, na siùil* (m.)
sail

seòl-mara (m.) (See seòl)
current, tide

seòl, *a' seòladh* (v.)
sail

seòladair: *an seòladair, an t-seòladair na seòladairean* (m.)
sailor

seòladh: *an seòladh, an t-seòlaidh, na seòlaidh* (m.)
address (residence)

seòlta, *nas seòlta* (adj.)

cunning

seòmar: *an seòmar, an t-seòmair, na*

seòmraichean (m.)
  room

seòmar-cadail (m.) (See seòmar)
  bedroom

seòmar-fuirich (m.) (See seòmar)
  waiting room

seòmar-ionnlaid (m.) (See seòmar)
  bathroom

seòmar-suidhe (m.) (See seòmar)
  sitting room

seorsa: *an seorsa, an t-seorsa, na*

seorsachan (m.)
  kind, sort

seud: *an seud, an t-seoid, na seudan*
AND *na seoid (m.)*
  jewel, precious stone

sgadan: *an sgadan, an sgadain, na*

sgadain (m.)
  herring

sgafanta, *nas sgafanta (adj.)*
  diligent, business-like

sgàil: *an sgàil, na sgàile, na sgàilean*
(f.)
  shadow

sgàin, a' sgàineadh (v.)
  burst, split

sgairteil, *nas sgairteile (adj.)*
  brisk, lively

sgamhan: *an sgamhan, an sgamhain,*
na sgamhanan (m.)
  lung

sgaoil, a' sgaoileadh (v.)
  untie, loose, scatter

sgap, a' sgapadh (v.)
  scatter, spread

sgapte (p.p. of sgap)
  scattered

sgarbh: *an sgarbh, an sgairbh, na*

sgairbh (m.)
  cormorant

sgàth: *an sgàth, an sgàtha, na*

sgàthan (m.)
  1 shade, shadow, 2 protection

air sgàth (prep.) (+ gen.)
  for the sake of

sgàthan: *an sgàthan, an sgàthain, na*

sgàthanan (m.)
  mirror

sgeadaich, a' sgeadachadh (v.)
  clothe, dress up

sgealb: *an sgealb, na sgeilbe, na*

sgeilbean (f.)
  chisel

sgeilp: *an sgeilp, na sgeilpe, na*

sgeilpean, AND *na sgeilpichean (f.)*
  shelf

sgeir: *an sgeir, na sgeire, na sgeirean*
(f.)
  skerry, reef

sgeul: *an sgeul, na sgeoil, na sgeulan*
(f.)
  1 story, 2 sign
    e.g. Cha robh sgeul air Iain
        There was no sign of John

sgeulachd: *an sgeulachd, na sgeulachd,*
na sgeulachdan (f.)
  story

sgeulachd ghoirid (f.)
  short story

sgeulaiche: *an sgeulaiche, an*

sgeulaiche, *na sgeulaichean (m.)*
  storyteller

sgiamhach, *nas sgiamhaiche (adj.)*
  beautiful

sgian: *an sgian, na sgeine, na sgianan*
(f.)
  knife

sgiath: *an sgiath, na sgéithe, na*

sgiathan (f.)
  1 wing, 2 shield (armour)

sgillinn: *an sgillinn, na sgillinne, na*

sgillinnean (f.)
  penny, pence

sgioba: *an sgioba, an sgioba, na*

sgioban (m.)
  crew

sgiobair: *an sgiobair, an sgiobair, na*

sgiobairean (m.)
  skipper

sgiobalta, *nas sgiobalta (adj.)*
  nimble, tidy

sgioblaich, a' sgioblachadh (v.)
  tidy

sgiorradh: *an sgiorradh, an sgiorraidh,*

na sgiorraidhean (m.)
  accident

sgiorta: *an* sgiorta, *na* sgiorta, *na*
sgiortaichean (f.)
  skirt

sgios: *an* sgios, *na* sgios (f.)
  fatigue, weariness

sgire: *an* sgire, *na* sgire, *na* sgirean
(f.)
  parish

sgith, *nas* sgithe (adj.)
  tired, weary

sgitheil, *nas* sgitheile (adj.)
  tiring

sgleat: *an* sgleat, *na* sgleata, *na*
sgleatan (f.)
  slate

sgòd: *an* sgòd, *an* sgòid, *na* sgòdan
(m.)
  piece of cloth

sgoil: *an* sgoil, *na* sgoile, *na* sgoiltean
(f.) AND *na* sgoilean
  school

sgoilear: *an* sgoilear, *an* sgoileir, *na*
sgoilearan (m.)
  scholar, pupil

sgoilearachd: *an* sgoilearachd, *na*
sgoilearachd (f.)
  scholarship, schooling

sgoilt, *a'* sgoilteadh (v.)
  split, cleave

sgoilte (p.p. of sgoilt)
  split

sgoinneil, *nas* sgoinneile (adj.)
  1 careful, 2 well made, trim

sgoltadh: *an* sgoltadh, *an* sgoltaidh, *na*
sgoltaidhean (m.)
  crack

sgòrnan: *an* sgòrnan, *an* sgòrnain, *na*
sgòrnanan (m.)
  throat, gullet

sgorr: *an* sgorr, *an* sgorra, *na* sgorran
(m.)
  pointed rock

sgriachail: *an* sgriachail, *na* sgriachaile,
na sgriachailean (f.)
  screech

sgriob: *an* sgriob, *na* sgrioba, *na*

sgrioban (f.)
  walk, trip, excursion

sgriob, *a'* sgriobadh (v.)
  scrape

sgriobag: *an* sgriobag, *na* sgriobaig,
na sgriobagan (f.)
  scribble

sgriobh, *a'* sgriobhadh (v.)
  write

sgriobhadair: *an* sgriobhadair, *an*
sgriobhadair, *na* sgriobhadairean (m.)
  writer

sgriobhaiche: *an* sgriobhaiche, *an*
sgriobhaiche, *na* sgriobhaichean (m.)
  writer

sgriosail, *nas* sgriosaile (adj.)
  pernicious, ruinous

sguab, *a'* sguabadh (v.)
  sweep, brush

sguab: *an* sguab, *na* sguaibe, *na*
sguaban (f.)
  1 sheaf, 2 broom, brush

sgrùd, *a'* sgrùdadh (v.)
  scrutinise, research

sgrùdadh: *an* sgrùdadh, *an* sgrùdaidh,
na sgrùdaidhean (m.)
  research

sguir, *a'* sgur (v. intrans.)
  stop

shios (adv.)
  down below (no movement)

shuas (adv.)
  up, above (no movement)

sia (adj.)
  six

a sia (noun)
  six

siabun: *an* siabun, *an t-*siabuin (m.)
  soap

sian: *an* sian, *an t-*sian, *na* siantan (m.)
  1 storm, 2 elements (of weather) in
  pl.

sianar (n.)
  six persons

siar (adj.)
  west, western

siathamh (adj.)
  sixth

sibh (pron.)
  you (pl.)
  you (sing. polite)
sibhse (pron.)
  you (pl. emphatic)
side: *an t-*side, *na* side (f.)
  weather
sil, a' sileadh (v.)
  drip, pour (of rain)
silidh: *an* silidh, *an t-*silidh (m.)
  jam
similear: *an* similear, *an t-*simileir, *na* similearan (m.)
  chimney
simplidh, *nas* simplidhe (adj.)
  simple
sin (adj. & pron.)
  that
    e.g. **Am baile sin**
        that town
      Sin an duine!
        That is the man!
(ann) an sin (adv.)
  there
mar sin (adv.)
  thus, so, like that
sìn, a' sìneadh (v.)
  1 stretch, 2 lie at full length
sinn (pron.)
  1 we, 2 us (direct object)
sinne (emphatic form of sinn)
  we, us
sinnsear: *an* sinnsear, *an t-*sinnsir, *na* sinnsearan (m.)
  ancestor, forefather
sìnte (p.p. of sìn)
  stretched
sinteag: *an t-*sinteag, *na* sinteig, *na* sinteagan (f.)
  hop, bound, skip
siobhalta, *nas* siobhalta (adj.)
  civil, mild (of temperament)
sioda: *an* sioda, *an t-*sioda, *na* siodachan (m.)
  silk
siol: *an* siol, *an t-*sil (m.)
  1 seed, 2 progeny, descendants
sioman: *an* sioman, *an t-*siomain, *na*

siomanan (m.)
  straw rope
sion: *an* sion, *an t-*sion, *na* siontan (m.)
  something, anything
sionnach: *an* sionnach, *an t-*sionnaich, *na* sionnaich (m.)
  fox
sior (adj.)
(always placed before noun or verb + asp.)
  continual, perpetual
    e.g. **Bha e a' sior fheuchainn**
        He was always trying
siorrachd: *an t-*siorrachd, *na* siorrachd, *na* siorrachdan (f.)
  county, shire
siorram: *an* siorram, *an t-*siorraim, *na* siorraman (m.)
  sheriff
siorramachd: *an t-*siorramachd, *na* siorramachdan (f.)
  county, shire
gu siorruidh (adv.)
  forever, eternally
sìos (adv.)
  down (wards)
sir, a' sireadh (v.)
  search
sìth: *an t-*sìth, *na* sìthe (f.)
  peace
sìtheil, *nas* sìtheile (adj.)
  peaceful
sìthiche: *an* sìthiche, *an t-*sìthiche, *na* sìthichean (m.)
  fairy
sithionn: *an t-*sithionn, *na* sithne (f.)
  venison
sitrich, a' sitrich (v.)
  neigh (of a horse)
siubhail, a' siubhal (v.)
  travel, roam
siucar: *an* siucar, *an t-*siucair (m.)
  sugar
siucairean (m. pl.)
  sweets
siud (pron. & adj.)
  that
    e.g. **Siud am baile**

That is the town
am baile siud
that town
(ann) an siud (adv.)
there
siuthad! (sing.) siuthadaibh! (pl.)
(defective v.)
go on
slàinte: *an t-*slàinte, *na* slàinte (f.)
health
slàinte mhór!
good health!
slàn, *nas* slàine (adj.)
healthy
slaod, a' slaodadh (v.)
drag, pull
slaodach, *nas* slaodaiche (adj.)
slow
slat: *an t-*slat, *na* slaite, *na* slatan (f.)
rod
slat-iasgaich (f.) (See slat)
fishing rod
sleamhnaich, a' sleamhnachadh (v.)
slide
sleuchd, a' sleuchdadh (v.)
kneel
sliabh: *an* sliabh, *an t-*sléibh, *na*
sléibhtean (m.)
mountain, slope
sliasaid: *an t-*sliasaid, *na* sléisde, *na*
sléisdean (f.)
thigh
slige: *an t-*slige, *na* slige, *na* sligean
(f.)
shell
sligeanach: *an* sligeanach, *an
t-*sligeanaich, *na* sligeanaich (m.)
tortoise
slighe: *an t-*slighe, *na* slighe, *na*
slighean (f.)
way, route
sliob, a' sliobadh (v.)
stroke
sliochd: *an* sliochd, *an t-*sliochda (m.
coll.)
offspring, descendants
slisnich, a' slisneadh (v.)
whittle

sloc: *an* sloc, *an t-*sluic, *na* slocan (m.)
hollow, pit
sloinneadh: *an* sloinneadh, *an
t-*sloinnidh, *na* sloinnidhean (m.)
patronymic, pedigree
(method of naming in the
Highlands, to distinguish
people with the same
surname)
e.g. Fionnlaigh Ailein Sheumais
Finlay, son of Alan, son of
James
sluagh: *an* sluagh, *an t-*sluaigh, *na*
slòigh (m.)
people
sluaghairm: *an t-*sluaghairm, *na*
sluaghairme, *na* sluaghairmean (f.)
slogan
sluasaid: *an t-*sluasaid, *na* sluasaide,
na sluasaidean (f.)
shovel, spade
slugan: *an* slugan, *an t-*slugain, *na*
sluganan (m.)
throat
sluig, a' slugadh (v.)
swallow
smachd: *an* smachd, *an* smachd (m.)
authority
smachdail, *nas* smachdaile (adj.)
bossy
smal: *an* smal, *an* smail, *na* smail (m.)
blemish
gun smal
without spot, spotless
smalan: *an* smalan, *an* smalain, *na*
smalain (m.)
grief, sorrow
smalanach, *nas* smalanaiche (adj.)
sad, sorrowful
smaoin: *an* smaoin, *na* smaoine, *na*
smaointean (f.)
thought
smaoin(t)ich, a' smaoin(t)eachadh (v.)
think
smeid, a' smeideadh (ri) (v.)
wave (to)
smeòrach: *an* smeòrach, *na*
smeòraiche, *na* smeòraichean (f.)

thrush, mavis

smiogaid: *an* smiogaid, *an* smiogaid, *na* smiogaidean (m.)

chin

smoc, a' smocadh (v. trans. & intrans.)

smoke

smuain: *an* smuain, *na* smuaine, *na* smuaintean (f.)

thought

smùid: *an* smùid, *na* smùide (m.)

smoke, fumes

snàgair: *an* snàgair, *an* t-snàgair, *na* snàgairean (m.)

reptile

snàig, a' snàgadh (v.)

crawl, creep

snàmh, a' snàmh (v.)

swim

snasail, *nas* snasaile (adj.)

elegant

snasmhor, *nas* snasmhoire (adj.)

neat, smart, elegant

snàth: *an* snàth, *an* t-snàith, *na* snàithean (m.)

thread, yarn

snàthad: *an* t-snàthad, *na* snàthaide, *na* snàthadan (f.)

needle

sneachda: *an* sneachda, *an* t-sneachda (m.)

snow

sneip: *an* t-sneip, *na* sneipe, *na* sneipean (f.)

turnip

snìomh, a' snìomh (v.)

spin, wind, (e.g. yarn)

snodha-gaire: *an* snodha-gaire, *an* t-snodha-gaire, *na* snodhan-gaire (m.)

smile

snog, *nas* snoige (adj.)

nice, pretty

snòtaich, a' snòtadh (v.)

sniff

sòbhrach: *an* t-sòbhrach, *na* sòbhraiche, *na* sòbhraichean (f.)

primrose

socair: *an* t-socair, *na* socaire AND

na socrach (f.)

leisure

Air do shocair!

Take your time!

(Lit. at your leisure)

socair, *nas* socaire (adj.)

gentle, pleasant

socharach, *nas* socharaiche (adj.)

shy

socrach, *nas* socraiche (adj.)

comfortable, easy-going

soilleir, *nas* soilleire (adj.)

bright, clear

soilleireachd: *an* t-soilleireachd, *na* soilleireachd (f.)

clearness, clarity, intelligibility

soillse: *an* t-soillse, *na* soillse, *na* soillsean (f.)

light, flash

soillsich, a' soillseadh (v.)

shine

soirbh, *nas* soirbhe (adj.)

easy

soirbheas: *an* soirbheas, *an* t-soirbheis, *na* soirbheis (m.)

1 fair breeze, 2 prosperity, success

soisgeul: *an* soisgeul, *an* t-soisgeil, *na* soisgeil (m.)

gospel

soisgeulach: *an* soisgeulach, *an* t-soisgeulaich, *na* soisgeulaich (m.)

evangelist

soitheach: *an* soitheach, *an* t-soithich, *na* soithichean (m.)

1 dish, 2 vessel (i.e. ship)

sòlas: *an* sòlas, *an* t-sòlais (m.)

joy, delight

sòlasach, *nas* sòlasaiche (adj.)

content

solta, *nas* solta (adj.)

docile, harmless

solus: *an* solus, *an* t-soluis, *na* soluis (m.)

light

solus an latha

daylight

somalta, *nas* somalta (adj.)

placid, mild

son (m.)
  sake
    e.g. **air mo** (do, etc.) **shonsa**
      for my (your, etc.) sake

sona, *nas* **sona** (adj.)
  happy, content

sonas: *an* **sonas**, *an t-***sonais** (m.)
  happiness, contentment

sònraichte, *nas* **sònraichte** (adj.)
  1 special, 2 excellent

gu sònraichte
  especially

soraidh: *an t-***soraidh**, *na* **soraidh** (f.)
  farewell
    e.g. **Soraidh leat, a ghraidh!**
      Farewell to you, my love!

spaid: *an* **spaid**, *na* **spaide**, *na*
spaidean (f.)
  spade

spaideil, *nas* **spaideile** (adj.)
  well dressed, over-dressed,
  dandified

spaidsirich, *a'* **spaidsearachd** (v.)
  strut

spàin: *an* **spàin**, *na* **spàine**, *na*
spàinean (f.)
  spoon

spàirn: *an* **spàirn**, *na* **spàirne** (f.)
  effort, force

spàrr: *an* **spàrr**, *an* **spàrra**, *na*
spàrran (m.)
  sparr, joist

spàrr, *a'* **sparradh** (v.)
  thrust, push

speach: *an* **speach**, *na* **speacha**, *na*
speachan (f.)
  wasp

speal: *an* **speal**, *na* **speala**, *na*
spealan (f.)
  scythe

spealg: *an* **spealg**, *na* **speilg**, *na*
spealgan (f.)
  splinter, fragment

spéis: *an* **spéis**, *na* **spéise** (f.)
  affection, respect

le mór spéis
  with much respect
  (subscription to a letter)

speuclairean: *na* **speuclairean**,
nan **speuclairean** (gen. pl.) (m.)
  glasses, spectacles

speur: *an* **speur**, *na* **speura**, *na*
speuran (f.)
  sky, heavens

speurair: *an* **speurair**, *an* **speurair**, *na*
speurairean (m.)
  spaceman

spideag: *an* **spideag**, *na* **spideig**, *na*
spideagan (f.)
  nightingale

spiocach, *nas* **spiocaiche** (adj.)
  mean, miserly

spiocaire: *an* **spiocaire**, *an* **spiocaire**,
na **spiocairean** (m.)
  mean character

spion, *a'* **spionadh** (v. trans.)
  tear away

spionnadh: *an* **spionnadh**, *an* **spionnaidh**
(m.)
  strength, power

spiorad: *an* **spiorad**, *an* **spioraid**, *na*
spioradan (m.)
  spirit

spioradail, *nas* **spioradaile** (adj.)
  spiritual

spiris: *an* **spiris**, *na* **spirise**, *na*
spirisean (f.)
  hen roost

spliuchan: *an* **spliuchan**, *an*
spliuchain, *na* **spliuchanan** (m.)
  tobacco pouch

spòg: *an* **spòg**, *na* **spòige**, *na* **spògan**
(f.)
  paw, claw

sporan: *an* **sporan**, *an* **sporain**, *na*
sporain (m.)
  purse, sporran

spòrs: *an* **spòrs**, *na* **spòrsa** (f.)
  sport, fun

spot: *an* **spot**, *an* **spoit**, *na* **spotan** (m.)
  spot, stain

spréidh: *an* **spréidh**, *na* **spréidhe** (f.)
  cattle

spruileach: *an* **spruileach**, *na* **spruiliche**
(f. coll.)
  fragments, refuse

spùinn, a' spùinneadh (v.)
  rob
spur: an spur, an spuir, na spuirean
  (m.)
  claw, talon
sradag: an t-sradag, na sradaige, na
  sradagan (f.)
  spark
sràid: an t-sràid, na sràide, na
  sràidean (f.)
  street
srann: an srann, an t-sranna, na
  srannan (m.)
  snore, snort
srann, a' srannail (v.)
  snore
sreang: an t-sreang, na sreinge, na
  sreangan (f.)
  string, cord
sreath: an t-sreath, na sreatha, na
  sreathan (f.)
  1 row, rank, 2 phrase, sentence
  (grammar)
sreathartaich: an t-sreathartaich, na
  sreathartaiche (f.)
  sneezing
srian: an t-srian, na sreine, na
  sriantan (f.)
  streak
sròn: an t-sròn, na sròine, na
  sròinean (f.) AND na srònan
  nose
srub: an srub, an t-sruib, na sruban
  (m.)
  spout
sruth: an sruth, an t-srutha, na
  sruthan (m.)
  stream, current
sruth, a' sruthadh (v.)
  flow
stàbull: an stàbull, an stàbuill, na
  stàbullan (m.)
  stable
stad, a' stad (v.)
  stop
staid: an staid, na staide, na staidean
  (f.)
  state, condition

e.g. (ann) an droch staid
    in a bad state
staidhir: an staidhir, na staidhreach
na staidhrichean (f.)
  stair(s)
a staigh (adv.)
  in(side)
stailc: an stailc, na stailce, na
  stailcean (f.)
  strike (industrial)
stairsneach: an stairsneach, na
stairsnich, na stairsnichean (f.)
  threshold
stàiteil, nas stàiteile (adj.)
  stately
stamag: an stamag, na stamaig, na
stamagan (f.)
  stomach
stampa: an stampa, na stampa, na
stampaichean (m.)
  stamp
staoin: an staoin, na staoine (f.)
  tin (metal), pewter
starrag: an starrag, na starraige, na
starragan (f.)
  hoodie crow
stàt: an stàt, na stàite, na stàtan (f.)
  state (country)
a steach
  inwards, into (motion)
    e.g. Tha e a' dol a steach do'n
        tigh
          He is going into the house
steall, a' stealladh (v.)
  spout, gush
steàrnan: an steàrnan, an steàrnain,
na steàrneanan (m.)
  tern
steidhich, a' steidheachadh (v.)
  establish, found
steidhichte (p.p. of steidhich)
  established
a stigh (alt. sp. of a staigh) (adv.)
  inside
stiùir: an stiùir, na stiùireach, na
stiùirean AND na stiùirichean (f.)
  rudder
stiùir, a' stiùireadh (v.)

steer, direct, drive (a car)

stiùradair: *an* stiùradair, *an*
stiùradair, *na* stiùradairean (m.)
   helmsman

stocainn: *an* stocainn, *na* stocainne, *na*
stocainnean (f.)
   stocking, sock

stoirm: *an* stoirm, *na* stoirme, *na*
stoirmean (f.)
   storm

stoirmeil, *nas* stoirmeile (adj.)
   stormy

stòr: *an* stòr, *an* stòir, *na* stòir (m.)
   store, plenty

streap, a' streap (v.)
   climb

streapadair: *an* streapadair, *an*
t-streapadair, *na* streapadairean (m.)
   climber

strì: *an* strì, *na* strì (f.)
   strife, struggle

strì, a' strì (v.)
   strive, struggle

strioch: *an* strioch, *na* striocha, *na*
striochan (f.)
   streak

strùpag: *an* strùpag, *na* strùpaige, *na*
strùpagan (f.)
   cup of tea

stuth: *an* stuth, *an* stuith, *na* stuthan
(m.)
   stuff, material

suaicheantas: *an* suaicheantas, *an*
t-suaicheantais, *na* suaicheantais (m.)
   badge

suain: *an* t-suain, *na* suaine (f.)
   slumber, deep sleep

suain, a' suaineadh (v.)
   wrap (with a cord, string, etc.)

suairceas: *an* suairceas, *an* t-suairceis
(m.)
   gentleness, politeness

suas (adv.)
   up(wards)

suas ri(+ dat.)
   up to

suath, a' suathadh (ri) (v.)
   wipe, rub (against)

sùbailte, *nas* sùbailte (adj.)
   flexible, supple

sùbh: *an* sùbh, *an* t-sùibh, *na* sùbhan
(m.)
   berry

subhach, *nas* subhaiche (adj.)
   happy

sùgradh: *an* sùgradh, *an* t-sùgraidh (m.)
   mirth, jollity

suidh, a' suidhe (v.)
   sit
   e.g. tha mi 'nam shuidhe
         I sit, am sitting
         (Lit. I am in my sitting)

suidheachadh: *an* suidheachadh, *an*
t-suidheachaidh, *na* suidheachaidhean
(m.)
   situation

suidheachan: *an* suidheachan, *an*
t-suidheachain, *na* suidheachain (m.)
   seat

suidhich, a' suidheachadh (v.)
   situate, settle

suidhichte (p.p. of suidhich)
   situated

sùil: *an* t-sùil, *na* sùla, *na* sùilean (f.)
   eye

sùil air ais (f.) (See sùil)
   revision

suilbhir, *nas* suilbhire (adj.)
   cheerful

suim: *an* t-suim, *na* suime, *na*
suimeannan (f.)
   1 sum, 2 respect

suipeir: *an* t-suipeir, *na* suipeireach
AND *na* suipeire, *na* suipeirean (f.)
   supper

suiridhe: *an* t-suiridhe, *na* suiridhe (f.)
   courting

sùist: *an* t-sùist, *na* sùiste, *na* sùistean
(f.)
   flail

sùist, a' sùist (v.)
   thresh

suiteas: *an* suiteas, *an* t-suiteis (m.)
   sweet(s)

suith: *an* suith, *an* t-suith (m.)
   soot

sùlair: *an* sùlair, *an* t-sùlair, *na*
  summer house
sùlairean (m.)
  gannet, solan goose
an t-Sultainn, *na* Sultainne (f.)
  September
sùnnd: *an* sùnnd, *an* t-sùnnd (m.)
  sprightliness
sùnndach, *nas* sùnndaiche (adj.)
  cheerful, lively
sùrd: *an* sùrd, *an* t-sùird (m.)
  alacrity

T

tachair, a' tachairt (v.)
  happen, occur
tachair, a' tachairt (ri) (v.)
  meet
tachartas: *an* tachartas, *an*
tachartais, *na* tachartasan (m.)
  happening, event, incident,
  occurrence
tadhail, a' tadhal (air) (v.)
  visit
tagh, a' taghadh (v.)
  choose
taghadh: *an* taghadh, *an* taghaidh, *na*
taghaidhean (m.)
  election, choice
tagradh: *an* tagradh, *an* tagraidh, *na*
tagraidhean (m.)
  appeal
taibhse: *an* taibhse, *an* taibhse, *na*
taibhsean (m.)
  ghost
taic: *an* taic, *na* taice (f.)
  prop, support
taigh: *an* taigh, *an* taighe, *na* taighean
(m.)
  house
Taigh nan Cumantan (m.) (See taigh)
  The House of Commons
taigh-dhealbh (m.) (See taigh)
  cinema
taigh-òsda (m.) (See taigh)
  hotel, pub
taigh-samhraidh (m.) (See taigh)

taigh-seinnse (m.) (See taigh)
  hotel, pub
taigh-tasgaidh (m.) (See taigh)
  museum
tàillear: *an* tàillear, *an* tàilleir, *na*
tàillearan (m.)
  tailor
taingeil, *nas* taingeile (do) (adj.)
  thankful (to)
tàirneanach: *an* tàirneanach, *an*
tàirneanaich, *na* tàirneanaich (m.)
  thunder
taitneach, *nas* taitniche (adj.)
  pleasant, delightful
tàlaidh, a' tàladh (v.)
  1 entice, 2 soothe
talamh: *an* talamh, *an* talmhainn (m.)
  earth
talla: *an* talla, *na* talla, *na* tallaichean
(f.)
  hall
talmhaidh, *nas* talmhaidhe (adj.)
  worldly
tàmailteach, *nas* tàmailtiche (adj.)
  1 disgraceful, insulting, 2 indignant,
  embarrassed
tàmh, a' tàmh (v.)
  dwell
tana, *nas* taine (adj.)
  thin
taobh: *an* taobh, *an* taobha, *na*
taobhan (m.)
  side
ri taobh (+ gen.) (prep.)
  beside
tapaidh, *nas* tapaidhe (adj.)
  smart, clever
tarag: *an* tarag, *na* taraige, *na*
taragan (f.)
  nail
tarbh: *an* tarbh, *an* tairbh, *na*
tairbh (m.)
  bull
tarraing, a' tarraing (v.)
  pull
tarraing a (+ dat.) (v.)
  tease

tarsainn (+ gen.) (prep.)
  across

tasdan: *an tasdan, an tasdain, na tasdanan* (m.)
  shilling

té (f.) (used of a person or thing of f. gender)
  one
  e.g. *an té bheag*
        the little one (i.e. the little girl)

air teachd
  has (have) come
  (Lit. after coming)

teachdaire: *an teachdaire, an teachdaire, na teachdairean* (m.)
  messenger

teagaisg, a' teagasg (v.)
  teach

teagamh: *an teagamh, an teagaimh, na teagamhan* (m.)
  doubt

gun teagamh
  without doubt, doubtless

teagamhach, *nas teagamhaiche* (adj.)
  doubtful

teaghlach: *an teaghlach, an teaghlaich, na teaghlaichean* (m.)
  family

teallach: *an teallach, na teallaich, na teallaichean* (f.)
  fire-place

teanga: *an teanga, na teangaidh, na teangannan* (f.)
  tongue

teannaich, a' teannachadh (v.)
  tighten, clasp

tearc, *nas teirce* (adj.)
  rare

tearuinte, *nas tearuinte* (adj.)
  safe

teas: *an teas, an teas* (m.)
  heat

teich, a' teicheadh (air) (v.)
  escape, flee (from)

teine: *an teine, an teine, na teintean* (m.)
  fire

teirinn, a' tearnadh (v.)
  descend

teisteanas: *an teisteanas, an teisteanais, na teisteanais* (m.)
  1 testimony, 2 certificate

teth, *nas teotha* (adj.)
  hot

tha (v.)
  is/are

thainig (p.t. See App. **thig**)
  came

thairis (adv.)
  over, across, abroad

thairis air (+ dat.) (prep.)
  over, across

thall
  yonder

thall 's a bhos
  here and there

thar (+ asp. + gen.) (prep.)
  over, across

tharam (prep. pron.
  from thar)   over me
  tharad   over you (sing.)
  thairis (air) over him, it (m.)
  thairte   over her, it (f.)
  tharainn   over us
  tharaibh   over you (pl.)
  tharta   over them

(th)ar leam (defective v.)
  I think, I ought
  (Lit. it seems to me)

thàrladh (p.t. of a defective v.)
  it happened

thàrlas (fut. t. of a defective v.)
  will happen

thatar (impersonal passive form of pres. t. of bi)
  e.g. *Thatar a' tuigsinn*
        It is understood

theab (+ verbal n.) (defective v.)
  almost (of accidental happenings)
  e.g. *theab mi tuiteam*
        I almost fell

theid (fut. t. See App. **rach**)
  will go

their (fut. t. See App. **abair**)
  will say

theirear ri (fut. passive See App.:
abair)
  is called
    e.g. Theirear Iain ris
        He is called John
        (Lit. John will be called to
        him)

thig, a' tighinn (Irr. v. See App.:
thig)
  come

thig (fut. t. See App.: thig)
  will come

mu thimchioll (+ gen.) (prep.)
  1 about, around, 2 concerning

thoir, a' toirt (Irr. v. See App.:
thoir)
  give take bring

thoir an aire do (v.) (See thoir)
  pay attention to

thoir gu buil (See thoir)
  bring to fruition

mu thrath (adv.)
  already

thu (pron.)
  you (sing.)

thug (p.t. See App.: thoir)
  gave, took

thugam (prep.)
pron. from gu)	to me
thugad	to you (sing.)
thuige	to him, it (m.)
thuice	to her, it (f.)
thugainn	to us
thugaibh	to you (pl.)
thuca	to them

thuirt (p.t. See App.: abair)+
  said

tì: an tì, na tì (f.)
  tea

tiamhaidh, nas tiamhaidhe (adj.)
  sad

tìde: an tìde, an tìde (m.)
  time (period)

tighearna: an tighearna, an
tighearna, na tighearnan (m.)
  lord (used of Christ)

tilg, a' tilgeil (v.)
  throw

till, a' tilleadh (v.)
  return

timcheall (adv.)
  around, about

timcheall air (+ dat.) (prep.)
  1 around, 2 about, concerning

tinn, nas tinne (adj.)
  sick

tinneas: an tinneas, an tinneis, na
tinneasan (m.)
  sickness

tiodhlac: an tiodhlac, an tiodhlaic, na
tiodhlaicean (m.)
  gift, present

tiodhlaic, a' tiodhlacadh (v.)
  bury

tiomnadh: an tiomnadh, an tiomnaidh,
na tiomnaidhean (m.)
  testament, will

An Seann Tiomnadh (m.)
  The Old Testament

An Tiomnadh Nuadh (m.)
  The New Testament

tionail, a' tional (v.)
  gather, assemble

tionndaidh, a' tionndadh (v.)
  turn

tioram, nas tioraime (adj.)
  dry

tioramaich, a' tioramachadh (v.)
  dry

tìr: an tìr, na tìre, na tìrean (f.)
  land

tir-eòlas: an tir-eòlas, an tir-eòlais
(m.)
  geography

tir-mór: an tir-mór, an tir-mhòir (m.)
  mainland

tiugainn (sing.), tiugainnibh (pl.)
(defective v.)
  come along!

tiugh, nas tighe (adj.)
  thick, fat

tlachd: an tlachd, na tlachd (f.)
  pleasure, delight

tlachdmhor, nas tlachdmhoire (adj.)
  pleasing, delightful

tobar: an tobar, an tobair, na

tobraichean (m.)
  well

tobhta: *an tobhta, na tobhta, na*
tobhtaichean (f.)
  ruin

tog, a' togail (v.)
  1 lift, 2 build

tog, a' togail + orm, ort (etc.) (v.)
  set off
    e.g. **Tha mi a' togail orm**
      I am setting off

togail: *an togail, na togalach, na*
toglaichean (f.)
  building

is toigh leam + nom. n. or + verbal
noun
  I like
    e.g. **Is toigh leam Mairi**
      I like Mary
    Is toigh leam iasgach
      I like to fish (i.e. fishing)

toil: *an toil, na toile* (f.)
  wish

toileachas: *an toileachas, an*
toileachais (m.)
  contentment, willingness

toilichte, *nas* toilichte (adj.)
  happy

toil-inntinn: *an toil-inntinn, na toil-*
inntinne, *na* toil-inntinnean (f.)
  enjoyment

toimhseachan: *an toimhseachan, an*
toimhseachain, *na* toimhseachanan (m.)
  riddle

toimhseachan-tarsainn (m.) (See
toimhseachan)
  crossword

an tòir air (+ dat.)
  in search of

toirmeasgach, *nas* toirmeasgaiche (adj.)
  forbidding, nay-saying

toiseach: *an toiseach, an toisich, na*
toisich (m.)
  1 beginning, 2 prow (of a boat)

air thoiseach
  at first

tòisich, a' tòiseachadh (air) (v.)
  begin

toll: *an toll, an tuill, na tuill* (m.)
  hole

tomadach, *nas* tomadaiche (adj.)
  bulky

tombaca: *an tombaca, an tombaca*
(m.)
  tobacco

tomhas: *an tomhas, an tomhais, na*
tomhaisean (m.)
  a measure

tomhais, a' tomhas (v.)
  1 measure, 2 weigh

tonn: *an tonn, an tuinn, na tuinn* (m.)
  wave

torach, *nas* toraiche (adj.)
  productive, fertile

toradh: *an toradh, an toraidh, na*
toraidhean (m.)
  produce

torrach, *nas* torraiche (adj.)
  pregnant (of women)

tosd: *an tosd, an tosd* (m.)
  silence

tràigh: *an tràigh, na tràghad, na*
tràighean (f.)
  beach

tràill: *an tràill, an tràill, na*
tràillean (m.)
  slave

trang, *nas* trainge (adj.)
  busy

tràth, *nas* tràithe (adj.)
  early

treabh, a' treabhadh (v.)
  plough

treallaichean: *na* treallaichean (nom.
pl.) (f.)
  1 bits and pieces, 2 luggage

treas (adj.)
  third

tréig, a' tréigsinn (v.)
  forsake

tren: *an tren, na treana, na treanachan*
(f.)
  train

treòraich, a' treòrachadh (v.)
  guide

treubh: *an treubh, na treubha, na*

treubhan (f.)
  tribe
treun, *nas* treuna (adj.)
  brave
tri (adj.)
  three
a tri (n.)
  three
triath: *an* triath, *an* triath, *na*
triathan (m.)
  lord
Triath nan Eilean
  The Lord of the Isles
tric, *nas* trice (adj.)
  frequent
gu tric (adv.)
  often, frequently
mar is trice
  usually
trid (+ gen.) (prep.)
  by means of
triùir (n.)
  three people
trobhad (sing.), trobhadaibh (pl.)
(defective v.)
  come here!
tròcaireach, *nas* tròcairiche (adj.)
  merciful
trod, a' trod (ri) (v.)
  scold
troigh: *an* troigh, *na* troighe, *na*
troighean (f.)
  foot (measure)
troimh (+ asp. + dat.)
(prep.)
  through
troimhe (adv.)
  through
trom, *nas* truime (adj.)
  heavy
tromham (prep.
pron. from
  troimh)   through me
  tromhad   through you
                          (sing.)
  troimhe   through him, it
                          (m.)
  troimhpe   through her, it (f.)

tromhainn   through us
tromhaibh   through you (pl.)
tromhpa   through them
truas: *an* truas, *an* truais (m.)
  pity
truasail, *nas* truasaile (adj.)
  compassionate
truinnsear: *an* truinnsear, *an*
truinnseir, *na* truinnsearan (m.)
  plate
tuagh: *an* tuagh, *na* tuaighe, *na*
tuaghan (f.)
  axe
tuarasdal: *an* tuarasdal, *an* tuarasdail,
na tuarasdail (m.)
  wage
tuath, *nas* tuaithe (adj.)
  north
tuath air (Muile)
  to the north of (Mull)
mu thuath
  in the north
tuathanach: *an* tuathanach, *an*
tuathanaich, *na* tuathanaich (m.)
  farmer
tubaist: *an* tubaist, *na* tubaiste, *na*
tubaistean (f.)
  1 calamity, 2 accident, crash
tughadh: *an* tughadh, *an* tughaidh (m.)
  thatch
tuig, a' tuigsinn (v.)
  understand
tuigse: *an* tuigse, *na* tuigse (f.)
  understanding, intelligence
tuigseach, *nas* tuigsiche (adj.)
  intelligent, wise, sensible
tuil: *an* tuil, *na* tuile, *na* tuiltean (f.)
  flood
tuilleadh (adv.)
  more
tuislich, a' tuisleachadh (v.)
  stumble, trip
tuit, a' tuiteam (v.)
  fall
tulach: *an* tulach, *an* tulaich, *na*
tulaich (m.)
  hillock
tunnag: *an* tunnag, *na* tunnaige, *na*

tunnagan (f.)
duck

tùr: *an tùr, an tùir, na tùir* (m.)
tower

gu tur (adv.)
completely, entirely

tursachan (pl.): *na tursachan* (nom. pl.)
standing stones

turus: *an turus, an turuis, na tursan* (m.)
journey

tùs: *an tùs, an tùis, na tùis* (m.)
beginning

U

uachdar: *an t-uachdar, an uachdair, na h-uachdaran* (m.)
1 top, surface, 2 cream

uachdaran: *an t-uachdaran, an uachdarain, na h-uachdaranan* (m.)
owner

uaibhreach, *nas uaibhriche* (adj.)
proud, haughty

uaigh: *an uaigh, na h-uaghach, na h-uaighean* (f.)
grave

uaine, *nas uaine* (adj.)
green

uair: *an uair, na h-uaire, na h-uairean* (f.)
hour, time (on the clock)

an uair a (+ indep. form of v.)
when (not a question)

Dé an uair a tha e?
What time is it?

an uair sin
then

dà uair
twice

uaireadair: *an t-uaireadair, an uaireadair, na h-uaireadairean* (m.)
watch

uaireannan (adv.)
sometimes, at times

uaireigin (adv.)
sometime

uallach: *an t-uallach, an uallaich, na h-uallaich* (m.)
worry

uamh: *an uamh, na h-uaimhe, na h-uamhan* (f.)
cave

uamhasach, *nas uamhasaiche* (adj.)
awful, terrible

uamhasach (adv.)
very

uan: *an t-uan, an uain, na h-uain* (m.)
lamb

uasal, *nas uaisle* (adj.)
noble

duine-uasal (m.) (See duine)
gentleman

ubhal: *an ubhal, na h-ubhail, na h-ubhlan* (f.)
apple

uchd: *an t-uchd, an uchda, na h-uchdan* (m.)
chest, breast

ud (adj.)
that

ugh: *an t-ugh, an uighe, na h-uighean* (m.)
egg

ùghdar: *an t-ùghdar, an ùghdair, na h-ùghdaran* (m.)
author

ùghdarras: *an t-ùghdarras, an ùghdarrais* (m.)
authority

Ughdarras nan Coilltean (m.)
The Forestry Commission

ùidh: *an ùidh, na h-ùidhe, na h-ùidhean* (f.)
interest

uidheam: *an uidheam, na h-uidheime, na h-uidheaman* (f.)
equipment, gear

uile (adj.)
every, all
   e.g. **a h-uile gille**
      every boy
   na gillean uile
      all the boys

a h-uile mac màthar
   every Tom, Dick & Harry
   (Lit. every mother's son)

uileann: *an uileann, na h-uilne, na h-uilnean* (f.)
   elbow

uile-bheist: *an t-uile-bheist, an uile-bheist, na h-uile-bheistean* (m.)
   monster

uime (See **umam**)
   about him, it (m.)

uime sin
   therefore, on that account

uimpe (See **umam**)
   about her, it (f.)

ùine: *an ùine, na h-ùine* (f.)
   time (period)

uinneag: *an uinneag, na h-uinneige, na h-uinneagan* (f.)
   window

ùir: *an ùir, na h-ùireach, na h-ùirean*
   earth

uiread (+ gen. or **de**)
   so much, as much
     e.g. **Chan fhaca mi riamh uiread de dhaoine**
         I have never seen so many people

uiseag: *an uiseag, na h-uiseige, na h-uiseagan* (f.)
   lark

uisge: *an t-uisge, an uisge, na h-uisgeachan* (m.)
   water, rain

ulaidh: *an ulaidh, na h-ulaidhe, na h-ulaidhean* (f.)
   treasure

ullaich, ag ullachadh (v.)
   prepare

ullamh, *nas ullaimhe* (adj.)
   ready, prepared

ultach: *an t-ultach, an ultaich, na h-ultaich* (m.)
   armful

umam (prep. pron.
   from **mu**)   about me
umad   about you (sing.)
uime   about him, it (m.)

uimpe   about her, it (f.)
umainn   about us
umaibh   about you (pl.)
umpa   about them

umhail, *nas umhaile* (adj.)
   obedient

ùnnsa: *an t-ùnnsa, an ùnnsa, na h-ùnnsachan* (m.)
   ounce

ùpraid: *an ùpraid, na h-ùpraide, na h-ùpraidean* (f.)
   uproar

ùpraideach, *nas ùpraidiche* (adj.)
   noisy

ur (adj.)
   your (pl.)

ùr, *nas uire* (adj.)
   fresh, new

ùr nodha (adj.)
   split new

as ùr
   afresh, anew

ùrar, *nas ùraire* (adj.)
   fresh

urchair: *an urchair, na h-urchrach, na h-urchraichean* (f.)
   shot

ùrlar: *an t-ùrlar, an ùrlair, na h-ùrlaran* (m.)
   floor

ùrnuigh: *an ùrnuigh, na h-ùrnuighe, na h-ùrnuighean* (f.)
   prayer

dean ùrnuigh (v.) (See **dean**)
   pray

an urra ri
   dependent on, responsible for

is urrainn dhomh (+ verbal n.)
   I can, am able
     e.g. **Is urrainn dhomh snàmh**
         I can swim
     Is urrain dhomh sin a dheamamh
         I can do that

urram: *an t-urram, an urraim, na h-urraman*
   respect, reverence

urramach, *nas* urramaiche (adj.)
  reverend
    e.g. an t-Urramach Ruaraidh
      MacFhionghuin
        the Reverend Roderick
        MacKinnon

urras: *an t*-urras, *an* urrais, *na*
h-urrasan (m.)
  trust (financial), insurance
urrasair: *an t*-urrasair, *an* urrasair,
na h-urrasairean (m.)
  trustee

ENGLISH-GAELIC

BEURLA–GAIDHLIG

A

abbreviate (v.)
  giorraich, a' giorrachadh

ablaze (adj.)
  lasrach, *nas* lasraiche

able (adj.)
  comasach, *nas* comasaiche

be able (v.)
  rach aig + n. + air + infin.
    **e.g. James was able to go to the
      shops**
        Chaidh aig Seumas air a
        dhol do na bùthan

I am able (v.)
  is urrainn dhomh (+ verbal n.)
    e.g. I can swim
        Is urrainn dhomh snàmh
      I can do that
        Is urrainn dhomh sin a
        dheanamh

about (prep.)
  mu (+ gen.); mu dheidhinn (+
  gen.); mu thimcheall (+ gen.);
  timcheall air (+ dat.)

above (prep.)
  os cionn (+ gen.)

above (adv.)
  shuas

go abroad (v.)
  rach a null thairis (See App:
  rach)

abridge (v.)
  giorraich, a' giorrachadh

accent
  blas: *am* blas, *a'* bhlais (m.)

accident
  sgiorradh: *an* sgiorradh, *an*
  sgiorraidh, *na* sgiorraidh (m.)

according to (prep.)
  a reir (+ gen.)

accordion
  bocsa-ciùil (m.) (See bocsa)

account: cùnntas: *an* cùnntas, *a'*
  chùnntais (m.), *na* cùnntais (m.)

I am accustomed
  is àbhaist dhomh (+ verbal n.)
    **e.g. I am accustomed to rising
      early**
        Is àbhaist dhomh éirigh
        tràth
      **I am accustomed to drinking
        milk**
        Is abhaist dhomh bainne òl

across (prep.)
  tarsainn (+ gen.); thar (+ asp. +
  gen.); thairis air + (dat.)

across (adv.)
  thairis

act (of law)
  achd: *an* t-achd, *an* achda, *na*
  h-achdan (m.)

in addition to (that)
  a bharrachd air (sin.); a thuilleadh
  air (sin.)

address (residence)
  seòladh: *an* seòladh, *an* t-seòlaidh,
  na seòlaidh (m.)

admit (v.)
  aidich, ag aideachadh

adult (adj.)
  inbheach, *nas* inbhiche

advertisement
  sanas-reic (m.) (See sanas)

aeroplane
  itealan: *an* t-itealan, *an* itealain, *na*
  h-itealain (m.)

afar off
fad as

affair
cùis: *a'* chùis, *na* cùise, *na* cùisean (f.)

affection
spéis: *an* spéis, *na* spéise (f.)

afresh (adv.)
as ùr

after (prep.)
as deidh (+ gen.); an deidh (+ gen.)

again (adv.)
a rithis(t)

against (prep.)
an aghaidh (+ gen.)

age
aois: *an* aois, *na* h-aoise, *na* h-aoisean (f.)

aged (adj.)
aosda, *nas* aosda

ago
o chionn
e.g. 2 years ago
o chionn da bhliadhna

a long time ago
o chionn fhada

a short time ago
o chionn ghoirid

agree (with) (v.)
aontaich, ag aontachadh (le)

agree (v.)
còrd, a' còrdadh
e.g. I agree with that
Tha sin a' còrdadh rium
(Lit. That is pleasing to me)

agriculture
àiteachd: *an* àiteachd, *na* h-àiteachd (f.)

aim (v.)
amais, ag amas

air
àile: *an* t-àile, *an* àile (m.)

airport
port-adhair (m.) (See port)

alacrity
sùrd: *an* sùrd, *an* t-sùird (m.)

alive (adj.)
beò, *nas* beòtha

all (adj.)
uile
e.g. all the boys
na gillean uile

allotment
cuibhrionn: *an* cuibhrionn, *a'* chuibhrinn, *na* cuibhrinnean (m.)

allow (v.)
ceadaich, a' ceadachadh; leig, a' leigeil (le)
e.g. He will not allow Mary to do that
Cha leig e le Mairi sin a dheanamh

almost (adv.)
gu bhith; cha mhór nach (+ dep. form of v.)
e.g. She is almost ready
Tha i gu bhith deiseil
He almost reached the house
Cha mhór nach do rainig e an taigh

almost (of accidental happenings) (adv.)
theab (+ verbal n.) (p.t. of a defective v.)
e.g. I almost fell
theab mi tuiteam

alone (adj.)
aonaranach, *nas* aonaranaiche; (See aonar)

alphabet
aibidil: *an* aibidil, *na* h-aibidile, *na* h-aibidilean (f.)

already (adv.)
cheana; mar tha; mu thrath

also (adv.)
cuideachd

although (adv.)
ged a (+ indep. form of v.)

although . . . not
ged nach (+ dep. form of v.)

altogether
comhla ri cheile

always (adv.)
daonnan; an còmhnaidh

amateur (adj.)

neo-dhreuchdail, *nas*
neo-dhreuchdaile

among (prep.)
am measg (+ *gen.*)

amusing (adj.)
neonach, *nas* neonaiche; éibhinn,
nas éibhinne

ancestor
sìnnsir: *an* sìnnsir, *an t*-sìnnsir, *na*
sìnnsirean (m.)

anchor
acair: *an t*-acair, *an* acair, *na*
h-acraichean (m.)

anchorage
acarsaid: *an* acarsaid, *na* h-acarsaid,
na h-acarsaidean (f.)

and (conj.)
agus; is; 's

anger
fearg: *an* fhearg, *na* feirge (f.)

animal
beathach: *am* beathach, *a'*
bheathaich, *na* beathaichean (m.)

ankle
aobrann: *an* aobrann, *na*
h-aobrainne, *na* h-aobrannan (f.)

annoy (v.)
cuir dragh air + *dat.* (See cuir)
e.g. **The cat annoyed the dog**
Chuir an cat dragh air a'
chù

annoyance
dragh: *an* dragh, *an* dragha, *na*
draghan (m.)

annoyed (adj.)
diombach, *nas* diombaiche

answer (n.)
freagairt: *an* fhreagairt, *na*
freagairte, *na* freagairtean (f.)

answer (v.)
freagair, *a'* freagairt

ant
seangan: *an* seangan, *an t*-seangain,
na seangain (m.)

anvil
innean: *an t*-innean, *an* innein, *na*
h-inneanan (m.)

anxiety

iomacheist: *an* iomacheist, *na*
h-iomacheiste, *na* h-iomacheistean
(f.)

anxious (adj.)
fo iomacheist (Lit. under anxiety)

any (adj.)
sam bith (used after any noun)
e.g. **anything**
rud sam bith

anyone (pron.)
neach sam bith (used after neg. v.)

anything (pron.)
càil; dad; gin (all after neg. &
interr. v.)
e.g. **What is this?**
Dé tha seo?
It isn't anything
Chaneil càil
(i.e. nothing)

anywhere
àite sam bith (m.) (See àite)

apology
leisgeul: *an* leisgeul, *an* leisgeil, *na*
leisgeulan (m.)

appeal
tagradh: *an* tagradh, *an* tagraidh,
na tagraidhean (m.)

appear (v.)
nochd, *a'* nochdadh

appearance
dreach: *an* dreach, *na* dreiche, *na*
dreachan (f.)

apple
ubhal: *an t*-ubhal, *an* ubhail, *na*
h-ubhlan (m.)

April
a' Ghiblinn, *na* Giblinne (f.)

argument
argumaid: *an* argumaid, *na*
h-argumaide, *na* h-argumaidean (f.)

arise (v.)
éirich, *ag* éirigh

arm
gàirdean: *an* gàirdean, *a'* ghàirdein,
na gàirdeanan (m.)

armful
ultach: *an t*-ultach, *an* ultaich, *na*
h-ultaichean (m.)

arm-pit
achlais: *an* achlais, *na h-*achlaise,
*na h-*achlaisean (f.)

army
arm: *an t-*arm, *an* airm, *na h-*airm
(m.)

around (prep.)
mu chuairt (+ gen.); timcheall
air (+ dat.)

arrangement
òrdugh: *an t-*òrdugh, *an* òrduigh,
*na h-*òrduighean (m.)

arrive at (i.e. reach) (v.)
ruig, a' ruigsinn (Irr. v. See App.:
ruig)

arrow
saighead: *an t-*saighead, *na* saighde,
na saighdean (f.)

art
ealdhain: *an* ealdhain, *na
h-*ealdhaine, *na h-*ealdhainean (f.)

articulate (of speech) (adj.)
fileanta, *nas* fileanta; pongail, *nas*
pongaile

artist
fear-ealain (m.) (See fear)

as (like) (adv.)
mar (+ asp.)

as (conj.)
mar a
   e.g. as I was
            mar a bha mi

as if
mar gu (+ dep. cond. t. of v.)

as . . . as . . .
cho . . . ri . . .
   e.g. as big as James
            cho mór ri Seumas

ashes
luaithre: *an* luaithre, *na* luaithre (f.)

ask (for) (v.)
iarr, ag iarraidh (air)
   e.g. He asked Mary for money
            Dh'iarr e airgiod air
            Màiri

ask (someone a question)
faighnich, a' faighneachd (de); cuir
ceist (air) (See cuir)

assemble (v. trans. and intrans.)
cruinnich, a' cruinneachadh; tionail,
a' tional

The General Assembly
An t-Ard-Sheanadh (nom.), An
Ard-Sheanaidh (gen.) (m.)

assistance
cobhair: *a'* chobhair, *na* cobhrach
(f.)

astronomy
reul-eòlas: *an* reul-eòlas, *an* reul-
eòlais (m.)

at (prep.)
aig (+ dat.)

at me, you (etc)
See agam

at all (adv.)
idir

attack
ionnsaigh: *an t-*ionnsaigh, *an*
ionnsaigh, *na h-*ionnsaighean (m.)

attempt
oidhirp: *an* oidhirp, *na h-*oidhirpe,
*na h-*oidhirpean (f.)

attention (concentration)
aire: *an* aire, *na h-*aire (f.)

attention (service)
frithealadh: *am* frithealadh, *an*
f'hrithealaidh, *na* frithealaidh (m.)

pay attention to (v.)
thoir an aire do (See thoir)

attentive (adj.)
fuireachail, *nas* fuireachaile

augment (v.)
leudaich, a' leudachadh

August
an Lùnasdal, *an* Lùnasdail (m.)

aunt (maternal)
piuthar-màthar (f.) (See piuthar)

aunt (paternal)
piuthar-athar (f.) (See piuthar)

author
ùghdar: *an t-*ùghdar, *an* ùghdair,
*na h-*ùghdaran (m.)

authority
barrantas: *am* barrantas, *a'*
bharrantais (m.); ùghdarras: *an*
t-ùghdarras, *an* ùghdarrais (m.);

smachd: *an* smachd, *an* smachd (m.)

Autumn
Foghar: *am* foghar, *an* fhoghair, *na* fogharan (m.)

avoid (v.)
seachainn, a' seachnadh

aware (of) (adj.)
eòlach, *nas* eòlaiche (air + dat.)

away (adv.)
air falbh

awful (adj.)
uamhasach, *nas* uamhasaiche (adj.)

awkward (adj.)
lapach, *nas* lapaiche

axe (n.)
tuagh: *an* tuagh, *na* tuaighe, *na* tuaghan (f.)

B

back (n.)
cùl: *an* cùl, *a'* chùil, *na* cùil (m.); druim: *an* druim, *an* droma, *na* dromannan (m.)

back (wards) (adv.)
air ais

bad (adj.)
dona, *nas* miosa; olc, *nas* miosa; droch (precedes n. + asp.)

bad tempered (adj.)
crosda, *nas* crosda; eangarra, *nas* eangarra

badge
suaicheantas: *an* suaicheantas, *an* t-suaicheantais, *na* suaicheantais (m.)

badger
broc: *am* broc, *a'* bhruic, *na* bruic (m.)

bag
màileid: *a'* mhàileid, *na* màileide, *na* màileidean (f.)

bagpipe
piob-mhór: *a'* phiob-mhór, *na* pioba-móire, *na* pioban-móra (f.)

bait
baoit: *a'* bhaoit, *na* baoite (f.)

baker
beiceir: *am* beiceir, *a'* bheiceir, *na* beiceirean (m.)

bald
maol, *nas* maoile

ball
ball, *am* ball, *a'* bhuill, *na* buill (m.)

band (music)
còmhlan-ciùil (m.) (See còmhlan)

bank (for money)
banca: *am* banca, *a'* bhanca, *na* bancan (m.)

bank (of a river)
bruach: *a'* bhruach, *na* bruaiche, *na* bruachan (f.)

bank (in the sea)
oitir: *an* oitir, *na* h-oitire, *na* h-oitirean (f.)

banner
bratach: *a'* bhratach, *na* brataiche, *na* brataichean (f.)

baptism
baisteadh: *am* baisteadh, *a'* bhaistidh (m.)

bard
bàrd: *am* bàrd, *a'* bhàird, *na* bàird (m.)

bare (adj.)
lom, *nas* luime; rùisgte (p.p. of rùisg)
e.g. bare-footed
cas-ruisgte

bark (v.)
comhartaich, a' comhartaich

barley
eòrna, *an* t-eòrna, *an* eòrna (m.)

barn
sabhal: *an* sabhal, *an* t-sabhail, *na* saibhlean (m.)

basis
bunait: *a'* bhunait, *na* bunaite, *na* bunaitean (f.)

bask (in the sun) (v.)
blian, a' blianadh

basket
bascaid: *a'* bhascaid, *na* bascaide, *na* bascaidean (f.)

bat (animal)

iáltag: *an* iáltag, *na* h-ialtaige, *na* h-ialtagan (f.)

bathroom
  seomar-ionnlaid (m.) (See **seòmar**)

battle
  batail: *am* batail, *a'* bhatail, *na* batail (m.)

battle (field)
  blàr: *am* blàr, *a'* bhlàir, *na* blàran (m.)

bay
  bàgh: *am* bàgh, *a'* bhàigh, *na* bàigh (m.); òb: *an* t-òb, *an* òba, *na* h-òban (m.)

little bay
  òban: *an* t-òban, *an* òbain, *na* h-òbanan (m.)

be (v.)
  bi (imp. sing.)

beach
  tràigh: *an* tràigh, *na* tràghad, *na* tràighean (f.)

beak
  gob: *an* gob, *a'* ghuib, *na* guib (m.)

beans
  pònair: *a'* phònair, *na* pònarach (f. coll.)

bear (animal)
  mathan: *am* mathan, *a'* mhathain, *na* mathanan (m.)

bear (v.)
  beir, *a'* breith (Irr. v. See App.: **beir**)

beard
  feusag: *an* fheusag, *na* feusaige, *na* feusagan (f.)

beast
  beathach: *am* beathach, *a'* bheathaich, *na* beathaichean (m.); béist: *a'*bhéist, *na* béiste, *na* béistean (f.); biast: *a'* bhiast, *na* béiste, *na* béistean (f.)

beautiful (adj.)
  àlainn, *nas* àlainne; bòidheach, *nas* bòidhche; breagha (briagha), *nas* breagha (briagha); eireachdail, *nas* eireachdaile; maiseach, *nas* maisiche; riomhach, *nas*

riomhaiche; sgiamhach, *nas* sgiamhaiche

beauty
  maise: *a'* mhaise, *na* maise (f.)

because (conj.)
  a chionn 's gu (+ dep. form of v.)
    e.g. **because you are late**
        a chionn 's gu bheil thu fadalach

because (conj.)
  oir (+ indep. form of v.)

bed
  leapaidh: *an* leapaidh, *na* leapa, *na* leapannan (f.)

bedroom
  seòmar-cadail (m.) (See **seòmar**)

bee
  seillean: *an* seillean, *an* t-seillein, *na* seilleanan (m.)

beer
  leann: *an* leann, *an* leanna, *na* leanntan (m.)

beetle
  daolag: *an* daolag, *na* daolaige, *na* daolagan (f.)

before (conj.)
  mus; mun (+ dep. form of v.)

before (prep.)
  roimh (+ asp. + dat.)

before (adv.)
  roimhe

before me, you etc.
  See **romham**

begin (v.)
  toisich, *a'* toiseachadh (air)

beginning
  toiseach: *an* toiseach, *an* toisich, *na* toisich (m.); tùs: *an* tùs, *an* tùis, *na* tùis (m.)

on behalf of
  as leth (+ gen.)

behind (prep.)
  air culaibh (+ gen.); air dheireadh (+ gen.)

belief
  creideamh: *an* creideamh, *a'* chreideimh, *na* creideamhan (m.)

believe (v.)

creid, a' creidsinn

bell
clag: an clag, a' chluig, na clagan (m.)

belong (to)
buin, a' buntainn (do).

belly
brù: a' bhrù, na bronn, a' bhroinn (dat. sing.), na brùthan (nom. pl.) (f. irr.)

beloved person
luaidh: an luaidh, an luaidhe, na luaidhean (m. or f.)

belt
crios: an crios, a' chriosa, na criosan (m.)

bend (v.)
crom, a' cromadh; lùb, a' lùbadh

bend
lùb: an lùb, an lùib, na lùban (m.)

bending (adj.)
lùbach, nas lùbaiche (adj.)

benefit
leas: an leas, an leas (m.)

berry (v.)
sùbh: an sùbh, an t-sùibh, na sùbhan (m.)

beside (prep.)
ri taobh (+ gen.)

betrothal
reiteachadh: an reiteachadh, an reiteachaidh, na reiteachaidh (m.)

between (prep.)
eadar

between us, you, them
See eadarainn

Bible
Biobull: am Biobull, a' Bhiobuill (m.)

bicycle
biseagal: am biseagal, a' bhiseagail, na biseagalan (m.); rothair: an rothair, an rothair, na rothairean (m.)

big (adj.)
mór, nas motha

bilingual (adj.)
da-chànanach, nas da-chànanaiche

biology
bith-eòlas: am bith-eòlas, a' bhith-eòlais (m.)

birch (tree)
beith: a' bheith, na beithe, na beithean (f.)

bird
eun: an t-eun, an eòin, na h-eòin (m.)

bird-flock
eunlaith: an eunlaith, na h-eunlaithe (f.)

biscuit
briosgaid: a' bhriosgaid, na briosgaide, na briosgaidean (f.)

bishop
easbuig: an t-easbuig, an easbuig, na h-easbuigean (m.)

bit
pios: am pios, a' phiosa, na piosan (m.)

bite
greim: an greim a' ghreime, na greimean (m.)

bitter (adj.)
searbh, nas searbha AND nas seirbhe

black (adj.)
dubh, nas duibhe

blackbird
lon dubh: an lon dubh, an loin-duibh, na loin-dhubha (m.)

blackboard
bòrd-dubh: am bòrd-dubh, a' bhùird-dhuibh, na bùird-dhubha (m.)

blacksmith
gobha: an gobha, a' ghobha, na goibhnean (m.)

blade
lann: an lann, na loinne, na lannan (f.)

blanket
plaide: a' phlaide, na plaide, na plaidean (f.)

blemish
smal: an smal, an smail, na smal¹ (m.)

bless (v.)
beannaich, a' beannachadh

blessing
beannachd: *a'* bheannachd, *na*
beannachd, *na* beannachdan (f.)

blind (adj.)
dall, *nas* doille

blood
fuil: *an* fhuil, *na* fala (f.)

bloom
blàth: *am* blàth, *a'* bhlàith, *na*
blàthan (m.)

blow (thump)
beum: *am* beum, *a'* bheuma, *na*
beumannan (m.); buille: *a'* bhuille,
na buille, *na* buillean (f.)

blow (of the wind) (v.)
seid, a' seideadh

blue (adj.)
gorm, *nas* guirme

boastful (adj.)
bragail, *nas* bragaile

boat
bàta: *am* bàta, *a'* bhàta, *na*
bàtaichean (m.)

boat (small)
eathar: *an* eathar, *na* h-eathar, *na*
h-eathraichean (f.)

body
corp: *an* corp, *a'* chuirp, *na* cuirp
(m.)

bog
boglach: *a'* bhoglach, *na* boglaich,
na boglaichean (f.)

bog cotton
canach: *an* canach, *a'* chanaich (m.)

boil (v.)
bruich, a' bruich; goil, a' goil (v.)

boiling (adj.)
goileach, *nas* goiliche

bone
cnaimh: *an* cnaimh, *a'* chnaimh, *na*
cnàmhan (m.)

bonnet
bonaid: *a'* bhonaid, *na* bonaide,
na bonaidean (f.); currac: *an* currac,
a' churraic, *na* curracan (m.)

book

leabhar: *an* leabhar, *an* leabhair, *na*
leabhraichean (m.)

border
crioch: *a'* chrioch, *na* criche, *na*
criochan (f.); iomall: *an* t-iomall,
an iomaill, *na* h-iomallan (m.)

was born
rugadh (p.t. passive of beir. Irr. v.
See App.: beir)

bossy (adj.)
smachdail, *nas* smachdaile

bottle
botul: *am* botul, *a'* bhotuil, *na*
botuil (m)

bottom (e.g. of door)
bonn: *am* bonn, *a'* bhuinn, *na*
bonnan (m.)

bottom (of sea)
grùnnd: *an* grùnnd, *a'* ghrunna. *na*
grunnan (m.)

bottom (anatomical)
màs: *am* màs, *a'* mhàis, *na* màsan
(m.)

bound
sinteag: *an* t-sinteag, *na* sinteige, *na*
sinteagan (f.)

boundary
oirthir: *an* oirthir, *na* h-oirthire, *na*
h-oirthirean (f.)

bow
bogha: *am* bogha, *a'* bhogha, *na*
boghachan (m.)

box
bocsa: *am* bocsa, *a'* bhocsa, *na*
bocsaichean (m.)

boy
balach: *am* balach, *a'* bhalaich, *na*
balaich (m.); gille: *an* gille, *a'*
ghille, *na* gillean (m.)

little boy
balachan: *am* balachan, *a'*
bhalachain, *na* balachain (m.)

bracken
See raineach

brae
bruthach: *a'* bhruthach, *na*
bruthaiche, *na* bruthaichean (f.)

brain

eanchainn: *an* eanchainn, *na*
h-eanchainne, *na h*-eanchainnean
(f.)

branch
geug: *a'* gheug, *na* geige, *na* geugan
(f.); meanglan: *am* meanglan, *a'*
mheanglain, *na* meanglanan (m.);
meur: *a'* mheur, *na* mèoir, *na*
meòir (f.)

brave (adj.)
treun, *nas* treuna

bravery
gaisge: *a'* ghaisge, *na* gaisge (f.)

bread
aran: *an t*-aran, *an* arain (m.)

breadth
leud: *an* leud, *an* leòid, *na* leudan
(m.)

break (v.)
bris, *a'* briseadh

breakfast
bracaist: *a'* bhracaist, *na* bracaiste,
na bracaistean (f.)

breast
broilleach: *am* broilleach, *a'*
bhroillich, *na* broillichean (m.)

breast pocket
pòcaid-broillich (f.) (See **pòcaid**)

breath
anail: *an* anail, *na h*-analach (f.)

breeze
osag: *an* osag, *na h*-osaige, *na*
h-osagan (f.); soirbheas: *an*
soirbheas, *an t*-soirbheis, *na*
soirbheis (m.)

bride
bean na bainnse (f.) (See **bean**)

bridegroom
fear na bainnse (m.) (See **fear**)

bridge
drochaid: *an* drochaid, *na*
drochaide, *na* drochaidean (f.)

brief (adj.)
aithghearr, *nas* aithghearra

bright (adj.)
soilleir, *nas* soilleire

brimfull (of) (adj.)
loma làn (de)

bring (v.)
thoir, *a'* toirt (Irr. v. See App.:
thoir)

bring to fruition
thoir gu buil (See **thoir**)

brisk (adj.)
sgairteil, *nas* sgairteile

broad (adj.)
leathann, *nas* leatha

broken
briste (p.p. of **bris**)

broom (brush)
sguab: *an* sguab, *na* sguaibe, *na*
sguaban (f.)

broth
brot: *am* brot, *a'* bhrota (m.)

brother
brathair: *am* brathair, *a'* bhrathar,
na braithrean (m.)

brother-in-law
brathair-céile (m.)

brown (adj.)
donn, *nas* duinne

brush (sweeping)
sguab: *an* sguab, *na* sguaibe, *na*
sguaban (f.)

brush (v.)
sguab, *a'* sguabadh

bubble
·gucag: *a'* ghucag, *na* gucaige, *na*
gucagan (f.)

bucket
cuinneag: *a'* chuinneag, *na*
cuinneige, *na* cuinneagan (f.);
pucaid: *a'* phucaid, *na* pucaide, *na*
pucaidean (f.)

build (v.)
tog, *a'* togail

building (n.)
togail: *an* togail, *na* togalach, *na*
toglaichean (f.)

bulky (adj.)
tomadach, *nas* tomadaiche

bull
tarbh: *an* tarbh, *an* tairbh, *na*
tairbh (m.)

bullet
peilear: *am* peilear, *a'* pheileir, *na*

peilearan (m.)

bun
bonnach: *am* bonnach, *a'*
bhonnaich, *na* bonnaich (m.)

bundle
pasgan: *am* pasgan, *a'* phasgain, *na*
pasganan (m.)

burn (v.)
loisg, *a'* losgadh

burst (v.)
sgàin, *a'* sgàineadh

bury (v.)
adhlaic, *ag* adhlacadh; tiodhlaic, *a'*
tiodhlacadh

bush
preas: *am* preasa, *a'* phreasa, *na*
preasan (m.)

business (commerce)
malairt: *a'* mhalairt, *na* malairt, *na*
malairtean (f.)

business-like (adj.)
sgafanta, *nas* sgafanta

business man
fear-gnothaich (m.) (See **fear**)

busy (adj.)
dripeil, *nas* dripeala; trang, *nas*
trainge

but (conj.)
ach

butcher
buidsear: *am* buidsear, *a'* bhuidsear,
na buidseirean (m.)

butter
im: *an t*-im, *an* ìme, *na h*-ìmean (m.)

butterfly
seillean-dé (m.) (See **seillean**)

buttermilk
blàthach: *a'* bhlàthach, *na*
blàthaiche (f.)

button
putan: *am* putan, *a'* phutain, *na*
putanan (m.)

buy (v.)
ceannaich, *a'* ceannach

by (movement) (prep.)
seach

by (of an author)
le (+ dat.)

e.g. **This book is written by**
Norman McDonald
Tha an leabhar seo air a
sgrìobhadh le Tormod
Domhnullach

C

cabbage
cal: *an* cal, *a'* chail (m.)

cairn
carn: *an* càrn, *a'* chùirn, *na* cùirn
(m.)

calf (of leg)
calpa: *an* calpa, *a'* chalpa, *na*
calpannan (m.)

calf (animal)
laogh: *an* laogh, *an* laoigh, *na*
laoigh (m.)

called
ris an abrar; ris an canar
e.g. **the boy called John**
an gille ris an abrar Iain

calm (of weather)
feath: *am* feath, *an f*heatha (m.)

calm (adj.)
ciùin, *nas* ciùine; seimh, *nas* seimhe

I can (v.)
is urrain dhomh (+ verbal n.)
e.g. **I can swim**
Is urrainn dhomh snàmh
I can do that
Is urrainn dhomh sin a
dheanamh

candle
coinneal: *a'* choinneal, *na* coinnle,
na coinnlean (f.)

cap
ceap: *an* ceap, *a'* chip, *na* cip (m.)

car
càr: *an* càr, *a'* chàir, *na* càraichean
(m.)

care
cùram: *an* cùram, *a'* chùraim (m.)

I couldn't care less!
Tha mi coma co-dhiu!

careful (adj.)

cùramach, *nas* cùramaiche;
faicilleach, *nas* faicilliche
cargo
luchd: *an* luchd, *an* luchda, *na*
luchdan (m.)
carpet
brat: *am* brat, *a'* bhrata, *na* bratan
(m.)
carrot
curran, *an* curran, *a'* churrain, *na*
currain (m.)
carry (v.)
giulain, *a'* giulain
in that case
a reisde (adv.)
castle
caisteal: *an* caisteal, *a'* chaisteil, *na*
caistealan (m.)
cat
cat: *an* cat, *a'* chait, *na* cait (m.)
catch (v.)
beir, *a'* breith + air (Irr. v. See
App.: **beir**); glac, *a'* glacadh
Catholic
Papanach: *am* Papanach, *a'*
Phapanaich, *na* Papanaich (m.)
cattle
crodh: *an* crodh, *a'* chruidh (m.);
spreidh: *an* spreidh, *na* spreidhe (f.)
cause
aobhar: *an t-*aobhar, *an* aobhair,
*na h-*aobharan (m.)
cave
uamh: *an* uamh, *na h-*uamha, *na*
*h-*uamhan (f.)
cawing (of crows)
ròcail: *an* ròcail, *na* ròcaile (f.)
cell (biological)
cealla: *an* cealla, *a'* chealla, *na*
ceallan (m.)
central (adj.)
meadhonach, *nas* meadhonaiche
century
linn: *an* linn, *an* linn, *na* linntean
(m.)
    e.g. the 18th century
             an t-ochdamh linn deug
certain (adj.)

cinnteach, *nas* cinntiche
certainty
cinnt: *a'* chinnt, *na* cinnte (f.)
certificate
teisteanas: *an* teisteanas, *an*
teisteanais, *na* teisteanais (m.)
chaffinch
breacan-beithe (m.) (See **breacan**)
chair
cathair: *a'* chathair, *na* cathrach,
na cathraichean (f.); seathair: *an*
seathair, *an t-*seathair, *na*
seathairean (m.)
chairman
fear na cathrach (m.) (See **fear**)
chalk
cailc: *a'* chailc, *na* cailce, *na*
cailcean (f.)
challenge
dùbhlan: *an* dùbhlan, *an* dùbhlain,
na dùbhlain (m.)
chance
cothrom: *an* cothrom, *a'* chothroim,
na cothroman (m.)
change (money)
iomlaid: *an* iomlaid, *na*
*h-*iomlaide (f.)
change (v.)
atharraich, *ag* atharrachadh
chanter
feadan: *am* feadan, *an f*headain, *na*
feadain (m.)
chapel
seipeal: *an t-*seipeal, *na* seipeile, *na*
seipealan (f.)
chapter
caibidil: *a'* chaibidil, *na* caibidile,
na caibidilean (f.)
charity
deirc: *an* deirc, *na* deirce, *na*
deircean (f.)
cheap (adj.)
saor, *nas* saoire
cheek (of the face)
gruaidh: *a'* ghruaidh, *na* gruaidhe,
na gruaidhean (f.); lethcheann: *an*
lethcheann, *an* lethchinn, *na*
lethchinn (m.)

cheeky (adj.)
mi-mhodhail, *nas* mi-mhodhaile

cheerful (adj.)
aoigheil, *nas* aoigheile; suilbhir, *nas*
suilbhire; sùnndach, *nas* sùnndaiche

cheese
càise: *an* càise, *a'* chàise, *na*
càisean (m.)

chemistry
ceimiceachd: *an* ceimiceachd, *a'*
cheimiceachd (m.)

cheque
seic: *an t*-seic, *na* seice, *na* seicean
(f.)

cheque book
seic-leabhar: *an* seic-leabhar, *an*
t-seic-leabhair, *na* seic-leabhraichean
(m.)

chest (of the body)
broilleach: *am* broilleach, *a'*
bhroillich, *na* broillichean (m.);
uchd: *an t*-uchd, *an* uchda, *na*
h-uchdan (m.)

chest (box)
ciste: *a'* chiste, *na* ciste, *na*
cisteachan (f.)

chew (v.)
cagainn, *a'* cagnadh

chicken
isean: *an t*-isean, *an* isein, *na*
h-iseanan (m.)

chief (adj.)
priomh (prefixed to noun + asp.)
e.g. chief city, capital
priomh-bhaile

chieftain
ceann-cinnidh (m.); ceann-feadhna
(m.) (See **ceann**)

child
leanabh: *an* leanabh, *an* leanaibh,
na leanaban (m.)

children
clann: *a'* chlann, *na* cloinne (f.)

chimney
similear: *an* similear, *an t*-simileir,
na similearan (m.)

chin
smiogaid: *an* smiogaid, *an* smiogaid,

na smiogaidean (m.)

chisel
sgealb: *an* sgealb, *na* sgeilbe, *na*
sgeilbean (f.)

choice
roghainn: *an* roghainn, *na* roghainn,
na roghainnean (f.); taghadh: *an*
taghadh, *an* taghaidh, *na*
taghaidhean (m.)

choir
còisir: *a'* chòisir, *na* còisire, *na*
còisirean (f.)

choose (v.)
roghnaich, *a'* roghnachadh; tagh,
a' taghadh

chorus (of a song)
seist: *an t*-seist, *na* seiste, *na*
seistean (f.)

Christian (n.)
Criosdaidh: *an* Criosdaidh, *a'*
Chriosdaidh, *na* Criosdaidhean (m.)

Christian (adj.)
Criòsdail, *nas* Criòsdaile

Christmas
an Nollaig (nom. sing.), *na*
Nollaige (gen. sing.) (f.)

church
eaglais: *an* eaglais, *na h*-eaglaise,
na h-eaglaisean (f.)

The Church of Scotland
Eaglais na h-Alba (f.)

The Catholic Church
An Eaglais Chaitliceach (f.)

The Episcopal Church
An Eaglais Easbuigeach (f.)

The Free Church
An Eaglais Shaor (f.)

cinema
taigh dhealbh (m.) (See **taigh**)

city
baile mór: *am* baile mór, *a'*
bhaile mhóir, *na* bailtean móra
(m.)

civil (adj.)
siobhalta, *nas* siobhalta

claim (v.)
agair, ag agairt

clarity

soilleireachd: *an t*-soilleireachd, *na* soilleireachd (f.)

clasp (v.)
teannaich, a' teannachadh

claw
spòg: *an* spòg, *na* spòige, *na* spògan (f.); spur: *an* spur, *an* spuir, *na* spuirean (m.)

clay
criadh: *an* criadh, *a'* chriadha (m.)

clean (v.)
glan, a' glanadh

clean (adj.)
glan, *nas* glaine

clear (adj.)
soilleir, *nas* soilleire

clerk
cléireach: *an* cléireach, *a'* chléirich, *na* cléirich (m.)

clever (adj.)
tapaidh, *nas* tapaidhe

cliff (n.)
carraig: *a'* charraig, *na* carraige, *na* carraigean (f.)

climb (v.)
dirich, a' dìreadh; streap, a' streap

climber
streapadair: *an* streapadair, *an t*-streapadair, *na* streapadairean (m.)

cloak
cleoc: *an* cleoc, *a'* chleoca, *na* cleocannan (m.)

close (v.)
dùin, a' dùnadh

clothe (v.)
sgeadaich, a' sgeadachadh

clothes
aodach: *an t*-aodach, *an* aodaich (m.)

cloud
neul: *an* neul, *an* neòil, *na* neòil (m.)

club (association)
comunn: *an* comunn, *a'* chomuinn, *na* comuinn (m.)

clump
bad: *am* bad, *a'* bhaid, *na* baid (m.)

coach
carbad: *an* carbad, *a'* charbaid, *na*

carbadan (m.)

coal
gual: *an* gual, *a'* ghuail (m.)

coast
oirthir: *an* oirthir, *na h*-oirthire, *na h*-oirthirean (f.)

coat
còta: *an* còta, *a'* chòta, *na* còtaichean (m.)

cockerel
coileach: *an* coileach, *a'* choilich, *na* coilich (m.)

coin
bonn: *am* bonn, *a'* bhuinn, *na* buinn AND *na* bonnan (m.)

cold (virus)
cnatan: *an* cnatan, *a'* chnatain, *na* cnatain (m.)

cold
fuachd: *am* fuachd, *an f* huachd, *na* fuachdan (m.)

cold (adj.)
fuar, *nas* fuaire

collect (v.)
cruinnich, a' cruinneachadh

college
colaisde: *a'* cholaisde, *na* colaisde, *na* colaisdean (f.)

colour
.dath: *an* dath, *an* datha, *na* dathan (m.)

comb
cìr: *a'* chìr, *na* cìre, *na* cìrean (f.)

come (v.)
thig, a' tighinn (Irr. v. See App.: thig)

come along! (imp. v.)
tiugainn (sing.) tiugainnibh (pl.) (defective v.)

come here! (imp. v.)
trobhad (sing.) trobhadaibh (pl.) (defective v.)

comfort
furtachd: *an f* hurtachd, *na* furtachd (f.)

comfortable (adj.)
comfhurtail, *nas* comhfhurtaile; seasgair, *nas* seasgaire; socrach, *nas*

socraiche
command
òrdugh: *an t-òrdugh, an òrduigh,
na h-*òrduighean (m.)
common (adj.)
cumanta, *nas* cumanta
The House of Commons
Taigh nan Cumantan (m.)
communion services
òrduighean (m. pl.) (See **òrdugh**)
community council
comunn ionadail (m.) (See **comunn**)
companion
companach: *an companach, a'
chompanaich, na* companaich (m.)
company
cuideachd: *a' chuideachd, na
cuideachd, na* cuideachdan (f.)
compared with
seach
in comparison with
an coimeas ri (+ dat.)
compassionate (adj.)
truasail, *nas* truasaile
compete with (v.)
feuch, a' feuchainn ri (+ dat.)
competition
co-fharpais: *a' cho-fharpais, na
co-fharpaise, na* co-fharpaisean (f.)
complain (v.)
gearain, a' gearan
complete (adj.)
coimhlionta, *nas* coimhlionta
completely (adv.)
gu buileach; gu leir; gu tur; air fad
concerning
mu (+ asp.); mu dheidhinn (+
gen.)
concert
ceilidh: *a' cheilidh, na ceilidhe, na*
ceilidhean (f.)
conclusion
co-dhùnadh: *an co-dhùnadh, a'
cho-dhùnaidh, na* co-dhùnaidh (m.)
condiment
annlan: *an t-annlan, an annlain, na
h-*annlain (m.)
condition (agreement)

condition (agreement)
cùmhnant: *an cùmhnant, a'
cùmhnant, na* cùmhnantan (m.)
condition (state)
staid: *an staid, na staide, na*
staidean (f.)
e.g. **in a bad condition**
(ann) an droch staid
confess (v.)
aidich, ag aideachadh
confidence
earbsa: *an earbsa, na h-*earbsa (f.)
confusion
othail: *an othail, na h-othaile, na
h-*othailean (f.)
congregation
coimhthional: *an coimhthional, a'
choimhthionail, na* coimhthionail
(m.)
congratulations!
meala-naidheachd ort (sing.),
oirbh (pl.)!
connected with
co-cheangailte ri (+ dat.)
consequence
buil: *a' bhuil, na* buile (f.)
consider (v.)
beachdaich, a' beachdachadh
consonant
connrag: *a' chonnrag, na connraige,
na* connragan (f.)
constant (adj.)
cunbhalach, *nas* cunbhalaiche
contentment
sonas: *an sonas, an t-sonais* (m.);
toileachas: *an toileachas, an
toileachais* (m.)
convenient (adj.)
goireasach, *nas* goireasaiche
conversation
comhradh: *an comhradh, a'
chomhraidh, na comhraidhean* (m.);
seanachas: *an seanachas, an
t-seanachais, na seanachasan* (m.)
cook
còcaire: *an còcaire, a' chòcaire, na*
còcairean (m.)
cool (adj.)
fionnar, *nas* fionnaire

cooperative (n.)
co-chomunn: *an* co-chomunn, *a'* cho-chomuinn, *na* co-chomuinn (m.)

copy (e.g. of a book)
leth-bhreac: *an* leth-bhreac, *an* leth-bhric, *na* leth-bhric (m.)

cord
sreang: *an t-*sreang, *na* sreinge, *na* sreangan (f.)

cork
àrc: *an* àrc, *na* h-àirce, *na* h-àrcan (f.)

cormorant
sgarbh: *an* sgarbh, *an* sgairbh, *na* sgairbh (m.)

corn
arbhar: *an t-*arbhar, *an* arbhair (m.)

corner
oiseann: *an* oiseann, *na* h-oisinn, *na* h-oisnean (f.)

cost (v.)
cosg, a' cosg

How much does it cost?
Dé *a'* phris a tha e?

cough
casad: *an* casad, *a'* chasaid (m.)

cough (v.)
casadaich, a' casadaich

council
comhairle: *a'* chomhairle, *na* comhairle, *na* comhairlean (f.)
    e.g. **The Western Isles Council**
        Comhairle nan Eilean

district council
comhairle sgìreil (f.)

country
dùthaich: *an* dùthaich, *na* dùthcha, *na* dùthchannan (f.)

county
siorrachd: *an t-*siorrachd, *na* siorrachd, *na* siorrachdan (f.)

courage
misneach: *a'* mhisneach, *na* misnich (f.)

court
cùirt: *a'* chùirt, *na* cùirte, *na* cùirtean (f.)

courting

cow
bó: *a'* bhó, *na* bà, *a'* bhoin (dat. sing.), *na* bà (nom. pl.) (f. irr.); mart: *am* mart, *a'* mhairt, *na* mairt (m.)

coward
gealtair: *an* gealtair, *a'* ghealtair, *na* gealtairean (m.)

cowardly (adj.)
gealtach, *nas* gealtaiche; meata, *nas* meata

cow-herd
buachaille: *am* buachaille, *a'* bhuachaille, *na* buachaillean (m.)

crab
crùbag, *a'* chrùbag, *na* crùbaige, *na* crùbagan (f.)

crab (green)
partan: *am* partan, *a'* phartain, *na* partanan (m.)

crack (n.)
sgoltadh: *an* sgoltadh, *an* sgoltaidh, *na* sgoltaidhean (m.)

cranny
fròg: *an* f hròg, *na* fròige, *na* frògan (f.)

crawl (v.)
ealaidh, ag ealadh; snàig, *a'* snàgadh

cream
uachdar: *an t-*uachdar, *an* uachdair, *na* h-uachdaran (m.)

create (v.)
cruthaich, a' cruthachadh

creature
creutair: *an* creutair, *a'* chreutair, *na* creutairean (m.)

creed
creideamh: *an* creideamh, *a'* chreideimh, *na* creideamhan (m.)

creel
cliabh: *an* cliabh, *a'* chléibh, *na* cléibh (m.)

creep (v.)
snàig, a' snàgadh

crew

suiridhe: *an t-*suiridhe, *na* suiridhe (f.)

sgioba: *an* sgioba, *an* sgioba, *na* sgioban (m.)

crippled (adj.)
bacach, *nas* bacaiche

crisis
éiginn: *an* éiginn, *na* h-éiginne, *na na* h-éiginn (f.)

criticise (e.g. literature) (v.)
beachdaich, *a'* beachdachadh

croaking
ròcail: *an* ròcail, *na* ròcaile (f.)

croft
croit: *a'* chroit, *na* croite, *na* croitean (f.)

crofter
croitear: *an* croitear, *a'* chroiteir, *na* croitearan (m.)

crop
pòr: *am* pòr, *a'* phòir, *na* pòran (m.)

crossword
toimhseachan-tarsainn (m.) (See **toimhseachan**)

crow
feannag: *an* fheannag, *na* feannaige, *na* feannagan (f.); ròcais: *an* ròcais, *na* ròcais, *na* ròcaisean (f.)

crow (hoodie)
starrag: *an* starrag, *na* starraige, *na* starragan (f.)

crowd
grùnn: *an* grùnn, *a'* ghrùnn (m.)

crowdy
gruth: *an* gruth, *a'* ghrutha (m.)

crown
crùn: *an* crùn, *a'* chrùn, *na* crùin (m.)

cruel (adj.)
borb, *nas* buirbe

cry (v.)
ràn, *a'* rànaich

cuckoo
cuthag, *a'* chuthag, *na* cuthaige, *na* cuthagan (f.)

culture (way of life)
dualchas: *an* dualchas, *an* dualchais (m.)

cunning (adj.)

carach, *nas* caraiche; seòlta, *nas* seòlta

cup
cupa: *an* cupa, *a'* chupa, *na* cupannan (m.)

cup of tea
strùpag: *an* strùpag, *na* strùpaige, *na* strùpagan (f.)

cupboard
preasa: *am* preasa, *a'* phreasa, *na* preasachan (m.)

cure
iocshlaint: *an* iocshlaint, *na* h-iocshlainte, *na* h-iocshlaintean (f.); leigheas: *an* leigheas, *an* leighis, *na* leigheasan (m.)

curlew
guilbneach: *an* guilbneach, *a'* ghuilbnich, *na* guilbnich (m.)

current
seòl-mara (m.) (See **seòl**); sruth: *an* sruth, *an* t-srutha, *na* sruthan (m.)

curse (v.)
mallaich, *a'* mallachadh; mionnaich, *a'* mionnachadh

curtain
cùirtear: *an* cùirtear, *a'* chùirteir, *na* cùirtearan (m.)

custom
cleachdadh: *an* cleachdadh, *a'* chleachdaidh, *na* cleachdaidhean (m); nòs: *an* nòs, *an* nòis, *na* nòsan (m.)

cut (v.)
gearr, *a'* gearradh

D

daddy-long-legs
breabadair: *am* breabadair, *a'* bhreabadair, *na* breabadairean (m.)

dagger
biodag: *a'* bhiodag, *na* biodaige, *na* biodagan (f.)

daisy
neoinean: *an* neoinean, *an* neoinein, *na* neoineanan (m.)

dance
danns: *an* danns, *an* dannsa, *na* dannsaidhean (m.)
dandelion
beàrnan-bride: *am* beàrnan-bride, *a'* bheàrnain-bride, *na* bearnànan-bride (m.)
dandified (adj.)
spaideil, *nas* spaideile
danger
cunnart: *an* cunnart, *a'* chunnairt, *na* cunnartan (m.)
dangerous (adj.)
cunnartach, *nas* cunnartaiche
dare (v.)
dùraig, a' dùraigeadh
dark (adj.)
dorcha, *nas* duirche
darkness (adj.)
dorchadas: *an* dorchadas, *an* dorchadais (m.)
my darling (of a child) (voc.)
m'eudail (f.)
dart
saighead: *an t*-saighead, *na* saighde, *na* saighdean (f.)
daughter
nighean: *an* nighean, *na* nighinne, *na* nigheanan (f.)
dawn
camhanaich: *a'* chamhanaich, *na* camhanaiche (f.)
day
latha: *an* latha, *an* latha, *na* làithean (m.)
all day long
fad an latha (See **fad**)
the following day
larnamhaireach (m.); an ath-latha (m.)
daylight
solus an latha
Judgement (the Day of)
Là a' Bhreitheanais (m.) (See breitheanas)
The Last Day
Là na Cruinne (m.)
dead (adj.)

marbh, *nas* mairbhe
deaf (adj.)
bodhar, *nas* bodhaire
dear (adj.)
daor, *nas* daoire; prìseil, *nas* prìseile
death
bàs: *am* bàs, *a'* bhàis (m.)
deceive (v.)
meall, a' mealladh
December
an Dùdlachd, *an* Dùdlachd (m.)
decent (adj.)
còir, *nas* còire
decide (v.)
cuir roimh (See **cuir**)
   e.g. I decided
      chuir mi romham
decry (v.)
càin, a' càineadh
degree
ire: *an* ìre, *na h*-ìre (f.)
deep (adj.)
domhain, *nas* doimhne
deer
fiadh: *am* fiadh, *an* f'héidh, *na* féidh (m.)
deerhound
mialchù (m.) (See **cù**)
defeat
ruaig: *an* ruaig, *na* ruaige, *na* ruaigean (f.)
defend (v.)
dìon, a' dìon
dejected (adj.)
fo phràmh (Lit. under sorrow)
delay
dàil: *an* dàil, *na* dàile, *na* dàilean (f.); maille: a' mhaille, *na* maille (f.)
delight
sòlas: *an* sòlas, *an t*-sòlais (m.)
delightful (adj.)
taitneach, *nas* taitniche
den (of animal)
saobhaidh: *an* saobhaidh, *an t*-saobhaidh, *na* saobhaidhean (m.)
dense (adj.)
dùmhail, *nas* dùmhaile

deny (v.)
diùlt, a' diùltadh (do)

depart (v.)
imich, ag imeachd

department
roinn: *an* roinn, *na* roinne, *na* roinnean (f.)

> e.g. **Department of Education**
> Roinn an Fhoghluim

depend (on) (v.)
croch, a' crochadh (air)

dependent on
an urra ri

deranged (adj.)
as mo (do, etc.) rian (Lit. out of my (your etc.) mind); saobh, *nas* saobha

descend (v.)
teirinn, a' tearnadh

descendants
siol: *an* siol, *an t-*sil (m.) (sing. n. lit. = seed); sliochd: *an* sliochd, *an t-*sliochda (m. coll.)

desert
fàsach: *an* f hàsach, *na* fàsaich, *na* fàsaichean (f.)

desire
miann: *am* miann, *a'* mhiann, *na* miannan (m.)

I desire (v.)
is miann leam (+ n. nom.)

dessert
milsean: *am* milsean, *a'* mhilsein (m.)

destination (n.)
ceann-uidhe: *an* ceann-uidhe, *a'* chinn-uidhe, *na* cinn-uidhe (m.)

destroy (v.)
mill, a' milleadh

destructive (adj.)
millteach, *nas* milltiche

dew
driùchd: *an* driùchd, *an* driùchda, *na* driùchdan (m.)

did
rinn (p.t. of dean) (See App.: **dean**)

die (v.)

bàsaich, a' bàsachadh; caochail, a' caochladh; rach gu bàs (See **rach**)

difference
difir: *an* difir, *an* difir, *na* difirean (m.); eadardhealachadh: *an t-*eadardhealachadh, *an* eadardhealachaidh, *na* h-eadardhealachaidhean (m.)

different (adj.)
eadardhealaichte, *nas* eadardhealaichte

difficult (adj.)
doirbh, *nas* duilghe

difficulty
duilgheadas: *an* duilgheadas, *an* duilgheadais (m.)

dig (v.)
cladhaich, a' cladhach; ruamhair, a' ruamhar

diligence
dichioll: *an* dichioll, *an* dichill (m.)

diligent (adj.)
dichiollach, *nas* dichiollaiche; dealasach, *nas* dealasaiche

dinner
dinnear: *an* dinnear, *na* dinnearach, *na* dinnearan (f.)

dipper (bird)
gobhlachan: *an* gobhlachan, *a'* ghobhlachain, *na* gobhlachain (m.)

director
fear-stiùiridh (m.) (See **fear**)

dirk
biodag: *a'* bhiodag, *na* biodaige, *na* biodagan (f.)

dirt
salachar: *an* salachar, *an t-*salachair, *na* salacharan (m.)

dirty (adj.)
salach, *nas* salaiche

dirty (v.)
salaich, a' salachadh

disagreement
easaontachd: *an* easaontachd, *na* h-easaontachd (f.)

disc (record)
clàr: *an* clàr, *a'* chlàir, *na* clàran (m.)

discord
  aimhreit, *an aimhreit, na*
  h-aimhreite, *na h*-aimhreitean (f.)
discussion
  comhradh: *an comhradh, a'*
  chomhraidh, *na comhraidhean* (m.)
disease
  galar, *an galar, a' ghalair, na*
  galaran (m.)
disgraceful (adj.)
  nàrach, *nas nàraiche;* tàmailteach,
  nas tàmailtiche
dish
  soitheach: *an soitheach, an*
  t-soithich, *na soithichean* (m.)
disperse (expel) (v. trans.)
  fuadaich, *a'* fuadach
dissimilar (adj.)
  eu-coltach, *nas* eu-coltaiche
distance
  astar, *an t-astar, an astair, na*
  h-astair (m.)
distant (adj.)
  cian, *nas* céine
distress
  iomagain: *an iomagain, na*
  h-iomagaine, *na h*-iomagainean (f.)
district
  cearn: *an cearn, a' chearnaidh,*
  na cearnaidhean (m.)
disturbance
  buaireadh: *am buaireadh, a'*
  bhuairidh, *na buairidhean* (m.)
ditch
  dìg: *an dìg, na dìge, na dìgean* (f.)
divide (v.)
  roinn, *a'* roinn
division
  roinn: *an roinn, na roinne, na*
  roinnean (f.)
do (v.)
  dean, *a'* deanamh (Irr. v. See App.:
  dean)
doctor
  dotair: *an dotair, an dotair, na*
  dotairean (m.)
dog
  cù: *an cù, a' choin, na coin, nan*

con *(gen. pl.)* (m. irr.)
doll
  luidheag: *an luidheag, na luidheige,*
  na luidheagan (f.)
door
  dorus: *an dorus, an doruis, na*
  dorsan (m.)
doubt
  teagamh: *an teagamh, an teagaimh,*
  na teagamhan (m.)
doubtful (adj.)
  teagamhach, *nas* teagamhaiche
doubtless
  gun teagamh (Lit. without doubt)
dove
  calman: *an calman, a' chalmain, na*
  calmain (m.)
down (from above) (adv.)
  a nuas (adv.)
down below (adv.)
  shios
down(wards) (adv.)
  sios
drag (v.)
  slaod, *a'* slaodadh; tarraing, *a'*
  tarraing
dream
  aisling: *an aisling, na h*-aislinge,
  na h-aislingean (f.); bruadar: *am*
  bruadar, *a'* bhruadair, *na*
  bruadaran (m.)
dream (v.)
  bruadair, *a'* bruadar
dress
  eideadh: *an t*-eideadh, *an* eididh,
  na h-eididhean (m.)
dresser
  dreasair, *an dreasair, an dreasair,*
  na dreasairean (m.)
dress up (v.)
  sgeadaich, *a'* sgeadachadh
well-dressed (adj.)
  spaideil, *nas* spaideile
drink
  deoch: *an deoch, na dìbhe, na*
  deochan (f.)
drink (v.)
  òl, *ag* òl

drip (v.)
sil, a' sileadh

drive (a car)
stiùir, a' stiùireadh

drop
boinne: *am* boinne, *a*' bhoinne, *na* boinnean (m.)

drown (v.)
bàth, a' bàthadh

drug (n.)
cungaidh: *a*' chungaidh, *na* cungaidh, *na* cungaidhean (f.)

drunk (adj.)
misgeach, *nas* misgiche; fo mhisg (Lit. under inebriation)

dry (v.)
tioramaich, a' tioramachadh

dry (scorch, wither) (v.)
searg, a' seargadh

dry (adj.)
tioram, *nas* tioraime

duck
tunnag: *an* tunnag, *na* tunnaige, *na* tunnagan (f.)

duck (wild)
lach: *an* lach, *na* lacha, *na* lachan (f.)

dumb (adj.)
balbh, *nas* bailbhe

dun-coloured (adj.)
odhar, *nas* uidhre

durable (adj.)
buan, *nas* buaine; seasmhach, *nas* seasmhaiche

during (prep)
ré (+ gen.)

dust
duslach: *an* duslach, *na* duslaich (f.); luaithre: *an* luaithre, *na* luaithre (f.)

duty
dleasdanas: *an* dleasdanas, *an* dleasdanais, *na* dleasdanais (m.); dreuchd: *an* dreuchd, *na* dreuchd (f.)

dwell (v.)
tàmh, a' tàmh (v.)

E

each (adj.)
gach (precedes n.)

eagle
iolair: *an* iolair, *na* h-iolaire, *na* h-iolairean (f.)

ear
cluas: *a*' chluas, *na* cluaise, *na* cluasan

early (adv.)
moch

earn (v.)
coisinn, a' cosnadh

earth
talamh: *an* talamh, *an* talmhainn (m.); ùir: *an* ùir, *na* h-ùrach, *na* h-ùirean (f.)

east (n.)
ear: *an* ear (f.)

east(ern) (adj.)
ear

Easter
a' Chàisg, *na* Càisge, *na* Càisgean (f.)

easy (adj.)
furasda, *nas* fhasa; soirbh, *nas* soirbhe

easy-going (adj.)
socrach, *nas* socraiche

eat (v.)
ith, *ag* ithe

echo
mac-talla (m.) (See **mac**)

edge
oir: *an* oir, *na* h-oire, *na* h-oirean (f.)

editor
fear-deasachaidh (m.) (See **fear**)

educate (v.)
oileanaich, ag oileanachadh

education
foghlum: *am* foghlum, *an* fhoghluim (m.)

eel
easgann: *an* easgann, *na* h-easgainn, *na* h-easgannan (f.)

effect

buaidh: *a' bhuaidh, na buaidhe, na
buaidhean* (f.); buil: *a' bhuil, na
buile* (f.).

effective (adj.)
eifeachdach, *nas* eifeachdaiche

effort
spàirn: *an* spàirn, *na* spàirne (f.)

egg
ugh: *an t-ugh, an uighe, na
h-uighean* (m.)

eight (adj.)
ochd

eight (as noun)
a h-ochd

eight persons
ochdnar

eighth (adj.)
ochdamh

eighty (men)
ceithir fichead (fear)

either (NOT either . . . or)
nas motha
  e.g. That doesn't matter either!
        Chaneil sin gu difir nas
        motha!

elbow
uileann: *an* uileann, *na h-*uilne, *na
h-*uilnean (f.)

election
taghadh: *an* taghadh, *an* taghaidh,
na taghaidhean (m.)

electricity
dealan: *an* dealan, *an* dealain (m.)

elegant (adj.)
riomhach, *nas* riomhaiche; snasail,
nas snasaile; snasmhor, *nas*
snasmhoire

(the) elements (of weather)
(na) siantan (See sian)

elm (tree)
leamhan: *an* leamhan, *an* leamhain,
na leamhain (m.)

eloquent (adj.)
pongail, *nas* pongaile

else (adj.)
eile
  e.g. someone else
        fear eile

embarrassed (adj.)
tamailteach, *nas* tamailtiche

ember
eibhleag: *an* eibhleag, *na
h-*eibhleige, *na h-*eibhleagan (f.)

emigrant
eilthireach: *an t-*eilthireach, *an*
eilthirich, *na h-*eilthirich (m.)

empty (adj.)
falamh, *nas* falaimhe

empty (v.)
falamhaich, *a'* falamhachadh

encourage (v.)
brosnaich, *a'* brosnachadh;
misnich, *a'* misneachadh

encouragement
misneach: *a' mhisneach, na* misnich
(f.)

encouraging (adj.)
misneachail, *nas* misneachaile

end (n.)
crioch: *a'* chrioch, *na* crìche, *na*
criochan (f.); deireadh: *an*
deireadh, *an* deiridh, *na* deiridhean
(m.)

end (v.)
criochnaich, *a'* criochnachadh

in the end
air a' cheann thall; mu dheireadh;
mu dheireadh thall

enemy
nàmh: *an* nàmh, *an* naimh, *na*
naimh (m.); nàmhaid: *an* nàmhaid,
an nàmhad, *na* naimhdean (m.)

engagement (marriage)
reiteachadh: *an* reiteachadh, *an*
reiteachaidh, *na* reiteachaidh (m.)

engine
inneal: *an t-*inneal, *an* inneil, *na
h-*innealan (m.)

engineer
innleadair: *an t-*innleadair, *an*
innleadair, *na h-*innleadairen (m.)

engineering
innleadaireachd: *an
t-*innleadaireachd, *an*
innleadaireachd (m.)

Englishman

Sasunnach: *an* Sasunnach, *an*
t-Sasunnaich, *na* Sasunnaich (m.)

English (adj.)
Sasunnach, *nas* Sasunnaiche

English (language)
Beurla: *a'* Bheurla, *na* Beurla (f.)

enjoy (v.)
  meal, a' mealtainn

enjoyment
toil-inntinn, *an* toil-inntinn, *na*
toil-inntinne, *na* toil-inntinnean (f.)

enlarge (v.)
leudaich, a' leudachadh;
meudaich, a' meudachadh

enliven (v.)
beothaich, a' beothachadh

enmity
nàimhdeas: *an* nàimhdeas, *an*
nàimhdeis (m.)

enough
gu leòr; (See gnothach)

enquire (v.)
feòraich, a' feòrach (de)

enthusiastic (about) (adj.)
dealasach, *nas* dealasaiche (air)

entice (v.)
tàlaidh, a' tàladh

entirely (adv.)
gu tur

envelope
céis: *a'* chéis, *na* céise, *na* céisean
(f.)

envy
farmad: *am* farmad, *an* fharmaid
(m.)

envy (v.)
gabh farmad ri (+ dat.) (See gabh)

equipment
uidheam: *an t*-uidheam, *an* uidheim,
na h-uidheaman (m.)

escape from (v.)
teich, a'teicheadh (air)

especially (adv.)
air leth; gu h-àraidh; gu sònraichte

essence
brigh: *a'* bhrigh, *na* brighe (f.)

establish (v.)
steidhich, a' steidheachadh

established
steidhichte (p.p. of steidhich)

estate
oighreachd: *an* oighreachd, *na*
h-oighreachd, *na* h-oighreachdan (f.)

eternally (adv.)
gu siorruidh; gu bràth

evangelist
soisgeulach: *an* soisgeulach, *an*
t-soisgeulaich, *na* soisgeulaich (m.)

even (adv.)
eadhon

evening
feasgar: *am* feasgar, *an* fheasgair,
na feasgairean (m.)

event (m.)
tachartas: *an* tachartas, *an*
tachartais, *na* tachartasan (m.)

ever (adv.)
a chaoidh (of future time)

ever (adv.)
riamh (only of time past)

every (adj.)
a h-uile (+ sing. n.)
  e.g. every boy
    a h-uile gille

every Tom, Dick & Harry
a h-uile mac màthar

evident (adj.)
am follais (Lit. in clearness)
  e.g. It will come to light
    Thig e am follais

evil
olc: *an t*-olc, *an* uilc, *na* h-uilc (m.)

evil (adj.)
olc, *nas* miosa

exam
deuchainn: *an* deuchainn, *na*
deuchainn, *na* deuchainnean (f.)

example
eiseimpleir: *an* eiseimpleir, *na*
h-eiseimpleir, *na* h-eiseimpleirean
(f.)

excellent (adj.)
sàr (precedes n. + asp.)
  e.g. an excellent man
    sar dhuine
sonraichte, *nas* sonraichte

exercising
  cleasachd: *a'* chleasachd, *na*
  cleasachd (f.)

excursion
  sgriob: *an* sgriob, *na* sgrioba, *na*
  sgrioban (f.)

excuse
  leisgeul: *an* leisgeul, *an* leisgeil, *na*
  leisgeulan (m.)

exhortation
  ìmpidh: *an* ìmpidh, *na* h-ìmpidhe,
  na h-ìmpidhean (f.)

exist (v.)
  mair, *a'* mairsinn

I expect (v.)
  Tha mi an dùil gu (+ dep. form of
  v.)

expensive (adj.)
  cosgail, *nas* cosgaile; daor, *nas*
  daoire

explain (v.)
  mìnich, *a'* mìneachadh

explore (v.)
  rannsaich, *a'* rannsachadh

exploring
  rannsachadh: *an* rannsachadh, *an*
  rannsachaidh, *na* rannsachaidh (m.)

eye
  suil: *an* t-suil, *na* sùla, *na* suilean (f.)

eye-brow
  mala: *a'* mhala, *na* mala, *na*
  malaidhean (f.)

eyelash
  rosg: *an* rosg, *an* ruisg, *na* rosgan
  (m.)

eye-sight
  fradharc: *am* fradharc, *an*
  f hradhairc (m.); leirsinn: *an*
  leirsinn, *na* leirsinn (f.)

F

face
  aghaidh: *an* aghaidh, *na* h-aghaidhe,
  na h-aghaidhean (f.)

fair (of colour) (adj.)
  bàn, *nas* bàine

fairy
  sithiche: *an* sithiche, *an* t-sithiche,
  na sithichean (m.)

faithful (adj.)
  dìleas, *nas* dìlse

fall (v.)
  tuit, *a'* tuiteam

family
  teaghlach: *an* teaghlach, *an*
  teaghlaich, *na* teaghlaichean (m.)

famous (adj.)
  ainmeil, *nas* ainmeile

fank
  faing: *an* f haing, *na* fainge, *na*
  faingean (f.)

far (adv.)
  fada, *nas* f haide

far away
  fad air falbh, *nas* f haide air falbh

as far as (prep.)
  gu ruige

fare
  faradh: *am* faradh, *an* f haraidh, *na*
  faraidhean (m.)

farewell!
  beannachd leat (sing.)!; beannachd
  leibh (pl.)!

take farewell (of)
  gabh beannachd (le) (See gabh)

farewell
  soraidh: *an* t-soraidh, *na* soraidh
  (f.) (le)
      e.g. **Farewell to you, my love**
           Soraidh leat, a'ghràidh

farmer
  tuathanach: *an* tuathanach, *an*
  tuathanaich, *na* tuathanaich (m.)

fashion
  fasan: *am* fasan, *an* f hasain, *na*
  fasanan (m.)

fashionable (adj.)
  fasanta, *nas* fasanta

fast (adj.)
  luath, *nas* luaithe

fat (adj.)
  reamhar, *nas* reamhra

father
  athair: *an* t-athair, *an* athar, *na*

h-athraichean (m.)

fatigue
sgìos: an sgìos, na sgìos (f.)

fault
coire: a' choire, na coire, na
coireannan (f.); meang: a' mheang,
na meanga, na meangan (f.)

at fault
coireach, nas coiriche (adj.)

favourable (adj.)
fàbharach, nas fàbharaiche

fear
eagal: an t-eagal, an eagail, na
h-eagail (m.)

feast
ròic: an ròic, na ròice, na ròicean
(m.)

feat
euchd: an t-euchd, an euchda, na
h-euchdan (m.)

feather
ite: an ite, na h-ite, na h-itean (f.)

February
an Gearran, a' Ghearrain (m.)

feeble (adj.)
lag, nas laige

feed (v.)
biadh, a' biadhadh

feel (v.)
fairich, a' faireachdainn

fell (v.) (e.g. trees)
leag, a' leagail

female (adj.)
boirionn

feminine (adj.)
banail, nas banaile

fern
raineach: an raineach, na rainich,
na rainich (f.)

ferry
aiseag: an aiseag, na h-aiseige, na
h-aiseagan (f.)

ferry-boat
bàt-aiseige (m.) (See bàta)

few (adj.)
beagan (+ asp. + gen.)
e.g. a few people
beagan dhaoine

fever
fiabhrus: am fiabhrus, an
f'hiabhruis, na fiabhrusan (m.)

fiddle
fidheall: an f'hidheall, na f'idhle, na
f'idhlean (f.)

field
achadh: an t-achadh, an achaidh,
na h-achaidhean (m.); raon: an
raon, an raoin, na raointean (m.)

fierce (adj.)
borb, nas buirbe

fiery cross
crann-tara (See crann)

fifth (adj.)
cóigeamh

fifty (adj.)
leth-cheud (+ sing. n.)
e.g. fifty soldiers
leth-cheud saighdear

fight
sabaid: an t-sabaid, na sabaide, na
sabaidean (f.)

fight (v.)
sabaid, a' sabaid (ri)

fill (v.)
lion, a' lionadh

film
film: am film, an f'hilm, na filmean
(m.)

filth
salachar: an salachar, an t-salachair,
na salacharan (m.)

filthy (adj.)
rapach, nas rapaiche

find (v.)
lorg, a' lorg; faigh, a' faighinn

fine (adj.)
gasda, nas gasda

fine (of weather) (adj.)
breagha (briagha), nas breagha
(briagha)

finger
corrag: a' chorrag, na corraige, na
corragan (f.); meur: a' mheur, na
meòir, na meòir (f.)

finish (v.)
criochnaich, a' criochnachadh

fire (a gun) (v.)
　loisg, a' losgadh

fire
　teine: *an* teine, *an* teine, *na*
　teintean (m.)

fire-place
　cagailt: *a'* chagailt, *na* cagailte, *na*
　cagailtean (f.)

firm (adj.)
　daingeann, *nas* daingne

first (adj.)
　ceud (+ asp.)
　　e.g. the first boy
　　　a cheud bhalach

at first
　air thoiseach

fish
　iasg: *an* t-iasg, *an* éisg, *na*
　h-éisg (m.)

fish (v.)
　iasgaich, ag iasgach

fisherman
　iasgair: *an* t-iasgair, *an* iasgair, *na*
　h-iasgairean (m.)

fishing-boat
　bàt'-iasgaich (See bàta)

fishing line
　driamlach: *an* driamlach, *an*
　driamlaich, *na* driamlaich (m.)

fishing-rod
　slat-iasgaich (f.) (See slat)

fist
　dòrn: *an* dòrn, *an* dùirn, *na* dùirn
　(m.)

fisticuffs
　bualadh-dhòrn: *am* bualadh-dhòrn,
　a' bhualaidh-dhòrn (m.)

five (adj.)
　cóig

five (n.)
　a cóig

five people (n.)
　cóignear

flail
　sùist: *an* t-sùist, *na* sùiste, *na*
　sùistean (f.)

flame
　lasair: *an* lasair, *na* lasrach, *na*

flash
　soillse: *an* soillse, *an* t-soillse, *na*
　soillsean (m.)

flask
　searrag: *an* t-searrag, *na* searraige,
　na searragan (f.)

flexible (adj.)
　sùbailte, *nas* sùbailte

flirt
　mir, a' mire

flit (i.e. change residence) (v.)
　imrich, ag imrich

flood
　tuil: *an* tuil, *na* tuile, *na* tuiltean (f.)

floor
　làr: *an* làr, *an* làir, *na* làran, (m.);
　ùrlar: *an* t-ùrlar, *an* ùrlair, *na*
　h-ùrlairean (m.)

flounder (fish)
　leabag: *an* leabag, *na* leabaige, *na*
　leabagan (f.)

flow (v.)
　sruth, a' sruthadh

flower
　flùr: *am* flùr, *an* fhlùir, *na*
　flùraichean (m.)

fluent (adj.)
　fileanta, *nas* fileanta (adj.)

fly
　cuileag: *a'* chuileag, *na* cuileige, *na*
　cuileagan (f.)

foal
　searrach: *an* searrach, *an*
　t-searraich, *na* searraich (m.)

foam
　cobhar: *an* cobhar, *a'* chobhair (m.)

fodder
　fodar: *am* fodar, *an* fhodair (m.)

fold (for sheep or cattle)
　buaile: *a'* bhuaile, *na* buaile, *na*
　buailtean (f.)

fold (v.)
　paisg, a' pasgadh

foliage
　duilleach: *an* duilleach, *na*
　duillich (f.)

folklore

beul-aithris (f.) (See **beul**)

follow (v.)
lean, a' leantainn

the following day
Iarnamhaireach (m.); an ath-
latha (m.)

fond (of) (adj.)
déidheil, *nas* déidheile (air); measail
nas measaile (air)

food
biadh: *am* biadh, a' bhìdh (m.);
lòn: *an* lòn, *an* lòin (m.)

fool
amadan: *an* t-amadan, *an* amadain,
na h-amadain (m.)

fooling (n.)
fealla-dhà: *an* f healla-dhà, *na*
fealla dhà (f.)

foolish (adj.)
gòrach, *nas* gòraiche

foolishness
gòraiche: a' ghòraiche, *na*
gòraiche (f.)

foot
cas: a' chas, *na* coise, *na* casan (f.)

foot (measure)
troigh: *an* troigh, *na* troighe, *na*
troighean (f.)

football
ball-coise (m.) (See **ball**)

for (prep.)
airson (+ gen.)

for (of time) (prep.)
car (+ acc.)
 e.g. **for a moment**
         car tiota

for (i.e. because) (conj.)
oir (+ ind. form of v.)

force
spàirn: *an* spàirn, *na* spàirne (f.)

fore-father
priomh-athair (m.) (See **athair**);
sinnsear: *an* sinnsear, *an* t-sinnsir,
na sinnsirean (m.)

forehead
bathais: a' bhathais, *na* bathais, *na*
bathaisean (f.)

foreign (adj.)

céin, *nas* céine

foreknowledge
roimh-f hios (m.) (See **fios**)

forest
coille: a' choille, *na* coille, *na*
coilltean (f.)

forever (adv.)
gu bràth; am feasd; gu siorruidh

forget (v.)
diochuimhnich, a'
diochuimhneachadh

forgive (v.)
maith, a' mathadh

forgiveness
maitheanas: *am* maitheanas, a'
mhaitheanais (m.)

forsake (v.)
tréig, a' tréigsinn

fort
dùn: *an* dùn, *an* dùin, *na* dùin (m.)

fortnight
colladeug (contr. of ceithir-
latha-deug)

fortunate (adj.)
sealbhach, *nas* sealbhaiche

forty (men)
da f hichead (fear)

forward(s) (adv.)
air adhart

found (v.)
steidhich, a' steidheachadh

foundation
bunait: a' bhunait, *na* bunaite, *na*
bunaitean (f.)

four (adj.)
ceithir

four (n.)
a ceithir

fourth (adj.)
ceathramh

four persons (n.)
ceathrar

fox
madadh-ruadh (m.) (See **madadh**);
sionnach: *an* sionnach, *an*
t-sionnaich, *na* sionnaich (m.)

fragment (of cloth)
sgòd: *an* sgòd, *an* sgòid, *na* sgòdan (m.)

fragment
    spealg: *an* spealg, *na* speilg, *na*
    spealgan (f.)
fragments (n. pl.)
    sprùileach: *an* sprùileach, *na*
    sprùiliche (f. coll.)
free (adj.)
    an asgaidh (Lit. in a gift)
free (at liberty) (adj.)
    saor, *nas* saoire
freedom
    saorsa: *an t*-saorsa, *na* saorsa (f.)
freezer
    reothadair: *an* reothadair, *an*
    reothadair, *na* reothadairean (m.)
frenzy
    boile: *a'* bhoile, *na* boile (f.)
frequent (adj.)
    minig, *nas* minige; tric, *nas* trice
fresh (adj.)
    ùr, *nas* ùire
Friday
    Di-Haoine
friend
    caraid: *an* caraid, *a'* charaid, *na*
    cairdean (m.)
friend (female)
    bancharaid: *a'* bhancharaid, *na*
    bancharaide, *na* banchairdean (f.)
friendly (with) (adj.)
    càirdeil, *nas* càirdeile (ri)
frog
    losgann: *an* losgann, *an* losgainn,
    na losgannan (m.)
frolick (v.)
    mir, *a'* mire
from (a)
    a
from (the)
    as (+ art.)
from
    (bh)o (+ asp. + dat.)
from me, you etc.
    see bhuam
front
    beulaibh: *am* beulaibh, *a'*
    bheulaibh (m.)

in front of (prep.)
    air beulaibh (+ gen.)
frost
    reothadh: *an* reothadh, *an*
    reothaidh (m.)
fruit
    meas: *am* meas, *a'* mheasa, *na*
    measan (m.)
bring to fruition
    thoir gu buil (See thoir)
full (of) (adj.)
    làn, *nas* làine (de)
fumes
    smùid: *an* smùid, *na* smuide (f.)
fun
    spòrs: *an* spòrs, *na* spòrsa (f.)
funny (adj.)
    éibhinn, *nas* éibhinne
furniture
    àirneis: *an* àirneis, *na h*-àirneise,
    na h-àirneisean (f.)

G

Gaelic
    Gàidhlig: *a'* Ghàidhlig, *na*
    Gàidhlige (f.)
galley
    birlinn: *a'* bhìrlinn, *na* bìrlinne, *na*
    birlinnean (f.)
gamekeeper
    geamair: *an* geamair, *a'* gheamair,
    na geamairean (m.)
gannet
    guga: *an* guga, *a'* ghuga, *na*
    gugaichean (m.); sùlair: *an* sùlair,
    an t-sùlair, *na* sùlairean (m.)
gap
    bearn: *a'* bhearn, *na* beirn, *na*
    bearnan (f.)
garden
    gàradh: *an* gàradh, *a'* ghàraidh, *na*
    gàraidhean (m.)
gardening
    gàirneileachd: *a'* ghàirneileachd, *na*
    gàirneileachd (f.)
gas

gas: *an* gas, *a'* ghais (m.)

gate
geata: *a'* gheata, *na* geata, *na* geataichean (f.)

gather (v.)
cruinnich, *a'* cruinneachadh; tionail, *a'* tional

gay (adj.)
aighearach, *nas* aighearaiche

general (army) (n.)
seanalair: *an* seanalair, *an* t-seanalair, *na* seanalairean (m.)

generally (adv.)
(am) bitheantas

generation
ginealach: *an* ginealach, *a'* ghinealaich, *na* ginealaich (m.)

generous (adj.)
fialaidh, *nas* fialaidhe

gentle (adj.)
mìn, *nas* mìne; socair, *nas* socaire

gentleman
duine uasal (m.) (See **duine**)

gentleness
suairceas: *an* suairceas, *an* t-suairceis (m.)

geography
tìr-eòlas: *an* tìr-eòlas, *an* tìr-eòlais (m.)

get (v.)
faigh, *a'* faighinn AND *a'* faotainn (Irr. v. See App.: **faigh**)

ghost
bòcan: *am* bòcan, *a'* bhòcain, *na* bòcain (m.); samhladh: *an* samhladh, *an* t-samhlaidh, *na* samhlaidhean (m.); taibhse: *an* taibhse, *na* taibhse, *na* taibhsean (m.)

giant
famhair: *am* famhair, *an* fhamhair, *na* famhairean (m.)

gift
tiodhlac: *an* tiodhlac, *an* tiodhlaic, *na* tiodhlaicean (m.)

girl
caileag: *a'* chaileag, *na* caileige, *na* caileagan (f.)

girl (poetic)
ribhinn: *an* rìbhinn, *na* rìbhinne, *na* rìbhinnean (f.)

give (v.)
thoir, *a'* toirt (Irr. v. See App.: **thoir**)

glass
gloine: *a'* ghloine, *na* gloine, *na* gloineachan (f.)

glen
gleann: *an* gleann, *a'* ghlinne, *na* glinn AND *na* gleanntan (m.)

glittering (adj.)
lannaireach, *nas* lannairiche

gloom
gruaim: *a'* ghruaim, *na* gruaime (f.)

gloomy (adj.)
gruamach, *nas* gruamaiche

glove
miotag: *a'* mhiotag, *na* miotaige, *na* miotagan (f.)

go (v.)
rach, *a'* dol (Irr. v. See App.: **rach**); falbh, *a'* falbh

go abroad
rach a null thairis

go north
rach mu thuath

go on!
siuthad! (sing.) defective v. siuthadaibh! (pl.)

goat
gobhar: *a'* ghobhar, *na* goibhre, *na* goibhrean (f.)

god
dia: *an* dia, *an* dé, *na* diathan (m.); an Nì Math (m.) (See **nì**)

gold
òr: *an* t-òr, *an* òir (m.)

good (adj.)
math, *nas* fheàrr; see **deagh**

Goodbye!
Beannachd leat (sing.)! Beannachd leibh (pl.)!

goodness
math: *am* math, *a'* mhaith (m.); maitheas: *am* maitheas, *a'* mhaitheis (m.)

goods
  badhar: *am* badhar, *a'* bhadhair
  (m.)
goose
  geadh: *an* geadh, *a'* gheòidh, *na*
  geòidh (m.)
gospel
  soisgeul: *an* soisgeul, *an t*-soisgeil,
  na soisgeil (m.)
government
  riaghaltas: *an* riaghaltas, *an*
  riaghaltais (m.)
grain
  gràn: *an* gràn, *a'* ghràin, *na*
  gràinean (m.)
grammar
  gràmair: *an* gràmair, *a'* ghràmair,
  na gràmairean (m.)
grandchild
  ogha: *an t*-ogha, *an* ogha, *na*
  h-oghaichean AND *na* h-oghachan
  (m.)
grandfather
  seanair: *an* seanair, *an t*-seanair, *na*
  seanairean (m.)
grandmother
  seanmhair: *an t*-seanmhair, *na*
  seanmhar, *na* seanmhairean (f.)
grasp (v.)
  greimich, a' greimeachadh
grass
  feur: *am* feur, *an* f heòir (m.)
grass-edge
  fàl: *am* fàl, *an* f hàil, *na* fàil (m.)
grave
  uaigh: *an* uaigh, *na* h-uaghach, *na*
  h-uaighean (f.)
gravel
  grinneal: *an* grinneal, *a'* ghrinneil
  (m.)
graveyard
  cladh: *an* cladh, *a'* chlaidh, *na*
  cladhan (m.)
graze (v.)
  feuraich, a' feurach
greed
  sannt: *an* sannt, *an t*-sannta (m.)
greedy (adj.)

sanntach, *nas* sanntaiche; gionach,
nas gionaiche
green (adj.)
  uaine, *nas* uaine; gorm, *nas*
  guirme
grey (adj.)
  liath, *nas* léithe
grief
  smalan: *an* smalan, *an* smalain, *na*
  smalain (m.)
grind (v.)
  bleith, a' bleith
grip
  greim: *an* greim, *a'* ghreime, *na*
  greimean (m.)
groove
  eag: *an* eag, *na* h-eaga, *na* h-eagan
  (f.)
grope (v.)
  rùraich, a' rùrach
group
  buidheann: *a'* bhuidheann, *na*
  buidhne, *na* buidhnean (f.)
play-group
  buidheann-cluich (f.)
grove
  doire: *an* doire, *na* doire, *na*
  doireachan (f.)
grow (v.)
  fàs, a' fàs
gruel
  brochan: *am* brochan, *a'* bhrochain
  (m.)
guard (n.)
  freiceadan: *am* freiceadan, *an*
  f hreiceadain, *na* freiceadanan (m.)
guide (v.)
  treòraich, a' treòrachadh
guide-book
  leabhar-iùil (m.) (See **leabhar**)
guilty (adj.)
  ciontach, *nas* ciontaiche; coireach,
  nas coiriche
gun
  gunna: *an* gunna, *a'* ghunna, *na*
  gunnaichean (m.)
gurgling (adj.)
  plubraich, *nas* plubraiche

gush (v.)
steall, a' stealladh

H

habitually (adv.)
(am) bitheantas

hair
falt: *am* falt, *an* f'huilt (m.)

half
leth: *an* leth, *na* leth (f.)

and a half
gu leth (used after the noun)
e.g. three and a half feet
tri troighean gu leth

half-hour
leth uair (See uair)

half-past (ten)
leth uair an deidh (deich)

hall
talla: *an* talla, *na* talla, *na*
tallaichean (f.)

Halloween
Oidhche Shamhna (See an
t-Samhainn)

halting (adj.)
lapach, *nas* lapaiche

ham
muc-f'heòil: *a'* mhuc-f'heòil, *na*
muic f'heòil (f.)

hammer
òrd: *an t-*òrd, *an* ùird, *na h-*ùird
(m.)

hand
làmh: *an* làmh, *na* làimhe, *na*
làmhan (f.)

in hand
os làimh

the upper hand
làmh an uachdair

handkerchief
neapaicin: *an* neapaicin, *na*
neapaicine, *na* neapaicinean (f.)

handle (v.)
laimhsich, a' laimhseachadh

handsome (adj.)
pearsanta, *nas* pearsanta

handwriting
làmh-sgrìobhaidh (m.): (See **lamh**)

happen (v.)
tachair, a' tachairt

as it happened
mar thachair

hang (v.)
croch, a' crochadh

happiness
sonas: *an* sonas, *an t-*sonais (m.)

happy (adj.)
toilichte, *nas* toilichte; sona, *nas*
sona; subhach, *nas* subhaiche

harass (v.)
sàraich, a' sàrachadh

harbour
caladh: *an* caladh, *a'* chalaidh, *na*
calaidhean (m.); laimrig: *an*
laimrig, *na* laimrige, *na*
laimrigean (f.)

hard (adj.)
cruaidh, *nas* cruaidhe

hardy (adj.)
calma, *nas* calma

hardly
cha mhòr gu (⊦ dep. for of v.)
(See **scarcely**)

hare
geàrr: *a'* gheàrr, *na* gearra, *na*
gearran (f.); maigheach: *a'*
mhaigheach, *na* maighiche, *na*
maighichean (f.)

harm
beud: *am* beud, *a'* bheud, *na*
beudan (m.); cron: *an* cron, *a'*
chroin (m.)

harmless (adj.)
solta, *nas* solta

harp
clàrsach: *a'* chlàrsach, *na*
clàrsaiche, *na* clàrsaichean (f.)

harpist
clàrsair: *an* clàrsair, *a'* chlàrsair,
na clàrsairean (m.)

harvest
buain: *a'* bhuain, *na* buana (f.)

hat
ad: *an* ad, *na h-*aide, *na h-*adan (f.)

hatred
  gràin: *a'* ghràin, *na* gràine (f.);
  fuath: *am* fuath, *an* fhuatha (m.)

haughtiness
  pròis: *a'* phròis, *na* pròise (f.)

haughty (adj.)
  pròiseil, *nas* pròiseile

have to (must) (v.)
  feumaidh (+ v. n.) (def. v.)
  e.g. I have to leave
           Feumaidh mi fàgail
       They have to buy food
           Feumaidh iad biadh a
           cheannach

hawk
  seabhag: *an* t-seabhag, *na*
  seabhaig, *na* seabhagan (f.)

hazel
  calltainn: *a'* challtainn, *na*
  calltainne, *na* calltainn (f.)

he (pron.)
  e

head
  ceann: *an* ceann, *a'* chìnn, *na* cìnn
  (m.)

headland
  rinn: *an* rinn, *na* rinne, *na* rinnean
  (f.); ros: *an* ros, *an* rois, *na* rosan
  (m.); rubha: *an* rubha, *an* rubha,
  na rubhan (m.)

headmaster
  maighstir-sgoile (m.) (See **maighstir**)

health
  slàinte: *an* t-slàinte, *na* slàinte (f.)

Good health!
  Slàinte mhór!

healthy (adj.)
  fallain: *nas* fallaine; slàn, *nas*
  slàine

hear (v.)
  cluinn, a' cluintinn (Irr. v. See
  App.: **cluinn**)

heart
  cridhe: *an* cridhe, *a'* chridhe, *na*
  cridheachan (m.)

heart-break
  briseadh-cridhe: *am* briseadh-
  cridhe, *a'* bhrisidh-cridhe, *na*

brisidhean-cridhe (m.)

hearty (adj.)
  cridheil, *nas* cridheile

heat
  teas: *an* teas, *an* teas (m.)

heather
  fraoch: *am* fraoch, *an* fhraoich (m.)

heaven
  nèamh: *an* nèamh, *an* nèimh, *na*
  nèamhan (m.)

heavens
  speur: *an* speur, *na* speura, *na*
  speuran (m.)

Good heavens!
  Mo chreach!

heavy (adj.)
  trom, *nas* truime

hedgehog
  gràineag: *a'* ghràineag, *na*
  gràineig, *na* gràineagan (f.)

heel
  sàil: *an* t-sàil, *na* sàile AND *na*
  sàlach, *na* sàiltean (f.)

height
  àirde: *an* àirde, *na* h-àirde, *na*
  h-àirdean (f.)

heir
  oighre: *an* t-oighre, *an* oighre, *na*
  h-oighreachan (m.)

Hell
  ifrinn: *an* ifrinn, *na* h-ifrinn, *na*
  h-ifrinnean (f.)

helmet (n.)
  clogaid: *a'* chlogaid, *na* clogaide, *na*
  clogaidean (f.)

helmsman
  stiùireadair: *an* stiùireadair, *an*
  stiùireadair, *na* stiùireadairean (m.)

help
  cuideachadh: *an* cuideachadh, *a'*
  chuideachaidh (m.)

help (v.)
  cuidich, a' cuideachadh

hen
  cearc: *a'* chearc, *na* circe, *na*
  cearcan (f.)

her (pron. direct object)
  i

her (adj.)
a (*not* + asp.); a h- (+ vowel)

herd
greigh: *a'* ghreigh, *na* greighe, *na* greighean (f.)

here (adv.)
(ann) an seo

here and there
thall 's a bhos; an siud 's an seo

heritage
dualchas: *an* dualchas, *an* dualchais (m.)

hermit
aonaran: *an t*-aonaran, *an* aonarain, *na h*-aonaranan (m.)

hero
gaisgeach: *an* gaisgeach, *a'* ghaisgich, *na* gaisgich (m.); laoch: *an* laoch, *an* laoich, *na* laoich (m.)

little hero
laochan: *an* laochan, *an* laochain, *na* laochain (m.)

herring
sgadan: *an* sgadan, *an* sgadain, *na* sgadain (m.)

hide (of animal)
seich: *an t*-seich, *na* seiche, *na* seichean (f.)

hide (containing hair)
bian: *am* bian, *a'* bhéin, *na* béin (m.)

hide (shaggy)
peall: *am* peall, *a'* phìll, *na* pillean (m.)

hide (v.)
falaich, a' falach

hide and seek
falach-fead (m.)

high (adj.)
àrd, *nas* àirde

Highland (adj.)
Gaidhealach, *nas* Gaidhealaiche

the Highlands
a' Ghaidhealtachd (nom. sing.), *na* Gaidhealtachd (gen. sing.) (f.)

The Highlands & Islands Development Board
Bòrd-Leasachaidh na Gaidhealtachd 's nan Eilean

The Highland Region
Roinn na Gaidhealtachd (f.)

hillock
cnoc: *an* cnoc, *a'* chnuic, *na* cnocan (m.); tulach: *an* tulach, *an* tulaich, *na* tulaich (m.)

hillside
leathad: *an* leathad, *an* leathaid, *na* leathaidean (m.)

him (pron. direct object)
e

hind
eilid: *an* eilid, *na h*-éilde, *na h*-éildean (f.)

hinder (v.)
bac, a' bacadh

hinge
bann: *am* bann, *a'* bhanna, *na* bannan (m.)

hire (v.)
fasdaidh, a' fasdadh

his (adj.)
a (+ asp.)

history
eachdraidh: *an* eachdraidh, *na h*-eachdraidhe, *na h*-eachdraidhean (f.)

hit (v.)
buail, a' bualadh

hither
a nall

hither and thither
a null 's a nall

take hold of
beir, a' breith + air (Irr. v. See App.: beir)

hole
toll: *an* toll, *an* tuill, *na* tuill (m.)

holiday
latha saor (m.) (See **latha**)

hollow
sloc: *an* sloc, *an t*-sluic, *na* slocan (m.)

hollow (little)
lagan: *an* lagan, *an* lagain, *na* laganan (m.)

holy (adj.)
naomh, *nas* naoimhe

The Holy Child
an Leanabh Naomh (m.) (See
leanabh)

home
dachaidh: *an* dachaidh, *na*
dachaidh, *na* dachaidhean (f.)

home-sickness
cianalas, *an* cianalas, *a'* chianalais
(m.)

home (wards) (adv.)
dhachaidh

honest
fìrinneach, *nas* fìrinniche

honey
mil: *a'* mhil, *na* meala (f.)

honeymoon (the)
mìos nam pòg (m.) (See **mìos**)

honour
onoir: *an* onoir, *na* h-onoire, *na*
h-onoirean (f.)

hook
dubhan: *an* dubhan, *an* dubhain,
na dubhain (m.)

hop
sinteag: *an* t-sinteag, *na* sinteige, *na*
sinteagan (f.)

hope
dòchas: *an* dòchas, *an* dòchais, *na*
dòchasan (m.)

I hope that (v.)
tha mi an dòchas gu (+ dep. form
of v.)
    e.g. I hope that you are happy
        Tha mi an dòchas gu bheil
    thu toilichte

horrible (adj.)
oillteil, *nas* oillteile

horse
each: *an* t-each, *an* eich, *na* h-eich
(m.)

horseman
marcaiche: *am* marcaiche, *a'*
mharcaiche, *na* marcaichean (m.)

hospitable (adj.)
aoidheil, *nas* aoidheile

hospital
ospadal: *an* t-ospadal, *an* ospadail,
na h-ospadalan (m.)

hostility
naimhdeas: *an* naimhdeas, *an*
naimhdeis (m.)

hot (adj.)
teth, *nas* teotha

hotel
taigh-òsda (m.); taigh seinnse (m.)
(See **taigh**)

hotelier
òsdair: *an* t-òsdair, *an* òsdair, *na*
h-osdairean (m.)

hour
uair: *an* uair, *na* h-uarach, *na*
h-uairean (f.)

house
taigh: *an* taigh, *an* taighe, *na*
taighean (m.)

How?
Ciamar?

How long . . .?
Dé cho fad's a (+ indep. form of
v.)
    e.g. How long were you in
        London?
            Dé cho fad's a bha thu
        ann an Lunnain?

How many?
Cia mheud (+ sing. n.)
    e.g. How many trees are on the
        island?
            Cia mheud craobh a tha
        air an eilean

considering how much
leis cho mór agus a (+ indep.
form of v.)

however (adv.)
gidheadh; co-dhiù

howling
nuallanaich: *an* nuallanaich, *na*
nuallanaiche (f.)

hubbub
othail: *an* othail, *na* h-othaile, *na*
h-othailean (f.)

human (adj.)
daonda, *nas* daonda

humble (adj.)
iriosal, *nas* iriosaile

humility

irioslachd : *an irioslachd, na
h-irioslachd* (f.)

hundred (adj.)
ceud (ciad) (+ sing. n.)
e.g. a hundred soldiers
ceud saighdear

hunger
acras : *an t-acras, an acrais* (m.)

I am hungry
Tha an t-acras orm

hunt (n.)
sealg : *an t-sealg, na seilge, na
sealgan* (f.)

hunt (v.)
sealg, a' sealg

hunter
sealgair : *an sealgair, an t-sealgair,
na sealgairean* (m.)

hunting
sealgaireachd : *an t-sealgaireachd,
na sealgaireachd* (f.)

hurried (adj.)
cabhagach, *nas cabhagaiche*

hurry
cabhag, a' chabhag, na cabhaige
(f.)

I am in hurry
Tha cabhag orm

hurry (v.)
greas, a' greasadh

hurry up!
greas ort! (sing.); greas oirbh! (pl.)

husband
céile : *an céile, a' chéile* (m.)

husk
plaosg : *am plaosg, a' phlaoisg, na
plaosgan* (m.)

hut
bothan : *am bothan, a' bhothain,
na bothain* (m.)

hymn
laoidh : *an laoidh, na laoidhe, na
laoidhean* (f.)

I

I (pron.)
mi; mise (emphatic)

ice
deigh : *an deigh, na deighe* (f.)

idle (adj.)
diomhain, *nas diomhaine*

if (conj.)
ma (+ indep. form of v. in pres.
t.)
e.g. if I am
ma tha mi
ma (+ rel. future)
e.g. if I shall be
ma bhitheas mi
nan, nam (+ dep. form of v. in
p.t.)
e.g. if I was, if I were
nan robh mi

if . . . not
mur(a) (+ dependent form of v.
p.t. & pres. t.; + rel. future
tense)

ignorant (adj.)
aineolach, *nas aineolaiche*

ill-behaved (adj.)
mì-stòlda, *nas mì-stòlda*

image
ìomhaigh : *an ìomhaigh, na
h-ìomhaighe, na h-ìomhaighean* (f.)

imagination
mac-meanma, *am mac-meanma, a'
mhic-meanma*

immediately (adv.)
air ball

important (adj.)
cudthromach, *nas cudthromaiche*

impossible (adj.)
eu-comasach, *nas eu-comasaiche*

improve (v.)
leasaich, a' leasachadh

in a (prep.)
ann an (am before b.f. m. p) +
dat.
e.g. in a boat
ann am bàta

in the (prep.)
anns + article + dat.
e.g. in the boat
anns a' bhàta

in me (you etc.)

See annam

incapable (adj.)
eu-comasach, *nas* eu-comasaiche

inch
òirleach: *an t-*òirleach, *an* òirlich, *na h-*oirlich (m.)

incident (m.)
tachartas: *an* tachartas, *an* tachartais, *na* tachartasan (m.)

indeed (adv.)
da-rìribh; gu dearbh

independence (political)
féin-riaghladh: *am* féin-riaghladh, *an* fhéin-riaghlaidh (m.)

independence (of character)
neo-eiseimealachd: *an* neo-eiseimealachd, *na* neo-eiseimealachd (f.)

indifferent (adj.)
coma

I am indifferent to
is coma leam (+ nom. n.)

I am totally indifferent!
Tha mi coma to-dhiù!

indignant (adj.)
tàmailteach, *nas* tàmailtiche

individually (adv.)
fa leth

industrious (adj.)
dìchiollach, *nas* dìchiollaiche; gnìomhach, *nas* gnìomhaiche

industry (factories etc.)
gnìomhachas: *an* gnìomhachas, *a' ghnìomhachais* (m.)

infamy
mi-chliù: *am* mi-chliù, *a'* mhi-chliù (m.)

infant
pàisd: *am* pàisd, *a'* phàisde, *na* pàisdean (f.)

infectious (adj.)
gabhaltach, *nas* gabhaltaiche

information
fiosrachadh: *am* fiosrachadh, *an* fhiosrachaidh (m.)

informed (adj.)
fiosrach, *nas* fiosraiche

inhabitants

muinntir: *a'* mhuinntir, *na* muinntire (f. coll.)

inheritance
oighreachd: *an* oighreachd, *na h-*oighreachd, *na h-*oighreachdan (f.)

inhospitable (adj.)
mosach, *nas* mosaiche

injustice
eucoir: *an* eucoir, *na h-*eucòrach, *na h-*eucoirean (f.); mi-cheartas: *am* mi-cheartas, *a'* mhi-cheartais (m.)

innkeeper
òsdair: *an t-*òsdair, *an* òsdair, *na h-*òsdairean (m.)

innocent (adj.)
neo-chiontach, *nas* neo-chiontaiche

inside (prep.)
am broinn (+ gen.)

in(side) (adv.)
a staigh; a stigh

instead of
an àite (+ gen.)

instrument
inneal: *an t-*inneal, *an* inneil, *na h-*innealan (m.)

insult (v.)
nàraich, *a'* nàrachadh

insulting (adj.)
tàmailteach, *nas* tàmailtiche

insurance
urras: *an t-*urras, *an* urrais, *na h-*urrasan (m.)

intelligence
tuigse: *an* tuigse, *na* tuigse (f.)

intelligent (adj.)
tuigseach, *nas* tuigsiche

intelligibility
soilleireachd: *an t-*soilleireachd, *na* soilleireachd (f.)

intention
miann: *am* miann, *a'* mhiann, *na* miannan (m.); rùn: *an* rùn, *an* rùin, *na* rùintean (m.)

interest (on money)
riadh: *an* riadh, *an* réidh (m.)

interest (concern)
ùidh: *an* ùidh, *na h-*ùidhe, *na h-*ùidhean (f.)

interesting (adj.)
intinneach, *nas* intinniche

into (prep.)
a steach do (+ dat.)
    e.g. **He is going into the house**
        Tha e a'dol a steach do'n taigh

intoxication
daorach: *an* daorach, *na* daoraich, *na* daoraich (f.)

introduction (e.g. of a book)
roimh-ràdh: *an* roimh-ràdh, *an* roimh-ràidh, *na* roimh-ràdhan (m.)

intruder
sgimilear: *an* sgimilear, *an* sgimileir, *na* sgimilearan (m.)

invisible (adj.)
neo-fhaicsinneach, *nas* neo-fhaicsinniche

invitation
cuireadh: *an* cuireadh, *a'* chuiridh, *na* cuiridhean (m.)

invoice
fairdeal: *am* fàirdeal, *an* fhàirdeil, *na* fàirdeil (m.)

iron
iarunn: *an* t-iarunn, *an* iaruinn, *na* h-iaruinn (m.)

iron (v.)
iarnaig, ag iarnaigheadh

island
eilean: *an* t-eilean, *an* eilein, *na* h-eileanan (m.)

The Lord of the Isles
Triath nan Eilean (See triath)

it (nom. & acc. pron.)
e (m.); i (f.)

J

jacket
seacaid: *an* t-seacaid, *na* seacaide, *na* seacaidean (f.)

jam
silidh: *an* silidh, *an* t-silidh (m.)

January
am Faoilteach, *an* Fhaoiltich (m.)

jersey
geansaidh: *an* geansaidh, *a'* gheansaidh, *na* geansaidhean (m.); peitean: *am* peitean, *a'* pheitein, *na* peiteanan (m.)

jewel
ailleagan: *an* t-ailleagan, *an* ailleagain, *na* h-àilleagain (m.); seud: *an* seud, *an* t-seòid, *na* seudan AND *na* seoid (m.)

job (employment)
cosnadh: *an* cosnadh, *a'* chosnaidh, *na* cosnaidhean (m.)

joiner
saor: *an* saor, *an* t-saoir, *na* saoir (m.)

joist
spàrr: *an* spàrr, *an* spàrra, *na* spàrran (m.)

jollity
sùgradh: *an* sùgradh, *an* t-sùgraidh (m.)

journey
turus: *an* turus, *an* turuis, *na* tursan (m.)

joy
aoibhneas: *an* t-aoibhneas, *an* aoibhneis, *na* h-aoibhneasan (m.); sòlas: *an* sòlas, *an* t-sòlais (m.)

judge
breitheamh: *am* breitheamh, *a'* bhreitheimh, *na* breitheamhan (m.)

judgment
breith: *a'* bhreith, *na* breithe (f.)

July
an t-Iuchar, *an* Iuchair (m.)

jump
leum: *an* leum, *an* leuma, *na* leuman (m.)

jump (v.)
leum, a' leum

June
an t-Og-Mhios, *an* Og-Mhiosa (m.)

justice
ceartas: *an* ceartas, *a'* cheartais (m.)

just (adj.)
ceart, *nas* cearta; dìreach, *nas* dìriche

just (exactly) (adv.)
  dìreach
    e.g. just as you said
      dìreach mar a thuirt thu
justice
  còir: *a'* chòir, *na* còrach, *na*
  còraichean (f.)

K

keen (on) (adj.)
  déidheil, *nas* déidheile (air)
keep (v.)
  cùm, *a'* cumail; gléidh, *a'*
  gléidheadh
kettle
  coire: *an* coire, *a'* choire, *na*
  coireachan (m.)
key
  iuchair: *an* iuchair, *na* h-iuchrach,
  na h-iuchraichean (f.)
kick
  breab: *am* breab, *a'* bhreaba, *na*
  breaban (m.)
kick (v.)
  breab, *a'* breabadh
kill (v.)
  marbh, *a'* marbhadh
kilt
  féileadh: *am* féileadh, *an* f héilidh,
  na féilidhean (m.)
kind (type)
  seòrsa: *an* seòrsa, *an* t-seòrsa, *na*
  seòrsachan (m.)
kind (to) (adj.)
  coibhneil, *nas* coibhneile (ri); còir
  nas còire
king
  rìgh: *an* rìgh, *an* rìgh, *na* rìghrean
  (m.)
kingdom
  rìoghachd: *an* rìoghachd, *na*
  rìoghachd, *na* rìoghachdan (f.)
kiss (v.)
  pòg, *a'* pògadh
kiss
  pòg: *a'* phòg, *na* pòige, *na* pògan (f.)

kitten
  piseag: *a'* phiseag, *na* piseige, *na*
  piseagan (f.)
knee
  glùin: *a'* ghlùin, *na* glùine, *na*
  glùinean (f.)
kneel (v.)
  sleuchd, *a'* sleuchdadh
knife
  sgian: *an* sgian, *na* sgeine, *na*
  sgianan (f.)
knight
  ridir: *an* ridir, *an* ridir, *na*
  ridirean (m.)
knit (v.)
  figh, *a'* fighe
knock (v.)
  gnog, *a'* gnogadh
knocking
  gnogadh: *an* gnogadh, *a'*
  ghnogaidh, *na* gnogaidhean (m.)
knock down (v.)
  leag, *a'* leagail
I know
  tha fios agam air + dat.
    e.g. I know that subject
      Tha fios agam air a'
      chuspair sin
I know (a person)
  is aithne dhomh + n. nom.
    e.g. I know Mary
      Is aithne dhomh Mairi
knowledge
  eòlas: *an* t-eòlas, *an* eòlais (m.);
  fios: *am* fios, *an* f hiosa (m.)
knowledgeable (about) (adj.)
  eòlach, *nas* eòlaiche (air)

L

laboratory
  obair-lann: *an* obair-lann, *na* h-
  obair-lainn, *na* h-obair-lannan (f.)
labour
  saothair: *an* t-saothair, *na*
  saothrach, *na* saothraichean (f.)
labour (v.)

saothraich, a' saothrachadh

lack
cion: *an* cion, *a'* chion (m.); dìth: *an* dìth, *na* dìth (f.)

lady
bean-uasal (f.) (See bean)

ladder
fàradh: *am* fàradh, *an* f hàraidh, *na* fàraidhean (m.)

lamb
uan: *an t*-uan, *an* uain, *na h*-uain (m.)

lame (adj.)
bacach, *nas* bacaiche; crùbach, *nas* crùbaiche

lamp
lampa: *an* lampa, *na* lampa, *na* lampaichean (m.)

land
fearann: *am* fearann, *an* f hearainn, *na* fearainn (m.); tìr: *an* tìr, *na* tire, *na* tirean (f.)

language
cànain: *a'* chànain, *na* cànaine, *na* cànainean (f.)

lantern
lòchran: *an* lòchran, *an* lòchrain, *na* lòchrain (m.)

lark
uiseag: *an* uiseag, *na h*-uiseige, *na h*-uiseagan (f.)

last (adj.)
deireannach, *nas* deireannaiche

last (adj.)
mu dheireadh
e.g. last week
an t-seachdainn mu dheireadh

at last
mu dheireadh

at long last
mu dheireadh thall

last night (ad.)
an raoir

lastly (adv.)
mu dheireadh

late (at night) (adj.)
anmoch, *nas* anmoiche

late (for an appointment) (adj.)
fadalach, *nas* fadalaiche

(the) late
nach maireann
e.g. the late Alan McDonald
Ailean Domhnullach nach maireann

Latin
Laidionn: *an* Laidionn, *na* Laidinn (f.)

laugh
gàire: *an* gàire, *a'* ghàire, *na* gàirean (m.)

laugh (v.)
dean gàire (See dean)

law
lagh: *an* lagh, *an* lagha, *na* laghannan (m.)

lawyer
fear-lagha: *am* fear-lagha, *an* f hir-lagha, *na* fir-lagha (m.)

laziness
leisg: *an* leisg, *na* leisge (f.)

lazy (adj.)
leisg, *nas* leisge

lead
luaidh: *an* luaidh, *na* luaidhe (f.)

leader
ceannard: *an* ceannard, *a'* cheannaird, *na* ceannardan (m.)

leaf
duilleag: *an* duilleag, *na* duilleige, *na* duilleagan (f.)

learn (v.)
ionnsaich, ag ionnsachadh

learned (adj.)
foghluimte, *nas* foghluimte

leave (v.)
fàg, a' fàgail

leer (n.)
plion: *am* plion, *a'* phlion (m.)

left (adj.)
clì, *nas* clìthe

leg
cas: *a'* chas, *na* coise, *na* casan (f.)

legacy
dìleab: *an* dìleab, *na* dìleib, *na* dìleaban (f.)

legal (adj.)
   laghail, *nas* laghaile

leisure
   socair: *an t*-socair, *na* socaire AND
   na sochrach (f.)

length
   fad: am fad, an f'haid (m.)

in length
   am fad

lesson
   leasan: *an* leasan, *an* leasain, *na*
   leasain (m.)

let (allow) (v.)
   leig, a' leigeil (le)
      e.g. **He will not let Mary do that**
            Cha leig e le Mairi sin a
            dheanamh

letter
   litir: *an* litir, *na* litreach, *na*
   litrichean (f.)

level (adj.)
   còmhnard, *nas* còmhnairde; réidh,
   nas réidhe

liberty
   saorsa: *an t*-saorsa, *na* saorsa (f.)

library
   lann-leabhraichean: *an* lann-
   leabhraichean, *na* lainn-
   leabhraichean (f.)

T.V. licence
   cead-coimhead (m.) (See cead)

vehicle licence
   cead-rathaid chàraichean (m.) (See
   cead)

lichen
   crotal: *an* crotal, *a*' chrotail (m.)

lie (untruth)
   breug: *a*' bhreug, *na* breige, *na*
   breugan (f.)

lie (down) (v.)
   laigh, a' laighe

life
   beatha: *a*' bheatha, *na* beatha, *na*
   beathannan (f.)

lifestyle
   dòigh-beatha (See dòigh)

lift (v.)
   tog, a' togail

light
   leus: *an* leus, *an* leòis (m.); soillse:
   an t-soillse, *na* soillse, *na* soillsean
   (f.); solus: *an* solus, *an t*-soluis, *na*
   soluis (m.)

light (v.)
   las, a' lasadh

lightning
   dealanach: *an* dealanach, *an*
   dealanaich, *na* dealanaich (m.)

like (similar to) (adj.)
   coltach, *nas* coltaiche
      e.g. **James is like John**
            Tha Seumas coltach ri Iain

I (you etc.) like
   is math leam (leat etc.) + n. nom.
   or verbal n.; is toigh leam (leat etc.)
   + n. nom. or verbal n.
      e.g. **I like Mary**
            is toigh leam Mairi
            I like to fish (i.e. fishing)
            is toigh leam iasgach

like (v.)
   See please (v.)

like (=as) (adv.)
   mar (+asp.)
      e.g. **Fast like a deer**
            Luath mar f'hiadh

like (conj.)
   mar a (+ indep. form of v.)

likeness
   coltas: *an* coltas, *a*' choltais (m.);
   samhail: *an* samhail, *an t*-samhla,
   na samhailean (m.)

likelihood
   coltas: *an* coltas: *a*' choltais (m.)

in all likelihood
   a reir coltais

likewise (adv.)
   mar an ceudna

limit (n.)
   crioch: *a*' chrioch, *na* crìche, *na*
   crìochan (f.)

line
   loine: *an* loine, *na* loine, *na*
   lointean (f.)

linen
   anart: *an t*-anart, *an* anairt, *na*

h-anartan (m.)

lion
leomhann: *an* leomhann, *an*
leomhainn, *na* leomhainn (m.)

lip
bile: *a'* bhile, *na* bile, *na* bilean (f.)

listen (to) (v.)
éisd, ag éisdeachd (ri)

listeners
luchd-eisdeachd (m.)

literature
litreachas: *an* litreachas, *an*
litreachais (m.)

little (adj.)
beag, *nas* lugha; meanbh, *nas*
meanbha

a little (pron.)
beagan (nom.), beagain (gen.) (m.)

little by little
beagan is beagan

livelihood
beò-shlàinte: *a'* bheò-shlàinte, *na*
beò-shlàinte (f.)

lively (adj.)
aigeannach, *nas* aigeannaiche;
beòthail, *nas* beòthaile; sgairteil,
nas sgairteile; sùnndach, *nas*
sùnndaiche

load
eallach: *an* t-eallach, *an* eallaich,
na h-eallaich (m.); luchd: *an*
luchd, *na* luchda, na luchdan (f.)

loan
iasad: *an* t-iasad, *an* iasaid, *na*
h-iasadan (f.)

lobster
giomach, *an* giomach, *a'* ghiomaich,
na giomaich (m.)

loch
loch: *an* loch, *an* locha, *na* lochan
(m.)

lochan
lochan: *an* lochan, *an* lochain, *na*
lochain (m.)

lock (v.)
glas, *a'* glasadh

locked (p.p.)
glaiste

lonely (adj.)
aonaranach, *nas* aonaranaiche

long (adj.)
fada, *nas* fhaide

long for (v.)
ionndrainn, ag ionndrainn

long lasting (adj.)
buan, *nas* buaine

longing
ionndrainn: *an* ionndrainn, *na*
h-ionndrainne (f.)

for a long time (of past time)
o chionn fhada
   e.g. I haven't seen you for a long
       time
          Chan fhaca mi thusa o
          chionn fhada

look (v.)
amhairc, ag amharc

look (at) (v.)
coimhid, *a'* coimhead (air); seall,
a' sealltainn (air)

Look! (Behold!)
Feuch!

loom
beairt: *a'* bheairt, *na* beairte, *na*
beairtean (m.)

loose (v.)
sgaoil, *a'* sgaoileadh

lord
morair: *am* morair, *a'* mhorair, *na*
morairean (m.); tighearna: *an*
tighearna, *an* tighearna, *na*
tighearnan (m.)

The Lord of the Isles
Triath nan Eilean (m.) (See triath)

lorry
làraidh: *an* làraidh, *na* làraidh, *na*
làraidhean (f.)

lose (v.)
caill, *a'* call

loss
call: *an* call, *a'* challa, *na*
callaidhean (m.)

a lot of
móran, mórain (m.) (+ gen.
when followed by a sing. n.; + asp.
+ gen. when followed by a plural n.)

e.g. a lot of Gaelic
        móran Gàidhlige
    a lot of houses
        móran thaighean

love
gaol: *an* gaol, *a'* ghaoil (m.);
gràdh: *an* gràdh, *a'* ghràidh (m.)

love (v.)
gràdhaich, a' gràdhachadh

loving (adj.)
gràdhach, *nas* gràdhaiche

low (adj.)
iosal, *nas* ìsle

Lowlands
Galldachd: *a'* Ghalldachd, *na*
Galldachd (f.)

Lowland (adj.)
Gallda, *nas* Gallda

lowland plain
machair: *a'* mhachair, *na* machrach,
na machraichean (f.)

Lowlander
Gall: *an* Gall, *a'* Ghoill, *na* Goill
(m.)

luck
sealbh: *an* sealbh, *an t-*seilbh, *na*
sealbhan (m.)

lucky (adj.)
sealbhach, *nas* sealbhaiche

luggage
treallaichean (nom. pl.), *na*
treallaichean (nom. pl.)

lump
meall: *am* meall, *a'* mhìll, *na*
meallan (m.)

lung
sgamhan: *an* sgamhan, *an*
sgamhain, *na* sgamhanan (m.)

M

mackerel
rionnach: *an* rionnach, *an*
rionnaich, *na* rionnaich (m.)

mad (adj.)
saobh, *nas* saobha

made (p.t.)

rinn (p.t. of dean) (See App.:
dean)

madness
boile: *a'* bhoile, *na* boile (f.)

magazine
iris: *an* iris, *na h-*irise, *na*
*h-*irisean (f.)

magazine (quarterly)
ràitheachan: *an* ràitheachan, *an*
ràitheachain, *na* ràitheachain (m.)

maid (poetic)
rìbhinn: *an* rìbhinn, *na*
rìbhinne, *na* rìbhinnean (f.)

maiden
gruagach: *a'* ghruagach, *na*
gruagaiche, *na* gruagaichean (f.);
maighdean: *a'* mhaighdean, *na*
maighdinn, *na* maighdeanan (f.);
òigh: *an* òigh, *na h-*òighe, *na*
*h-*òighean (f.)

mainland
tìr mór: *an* tìr mór, *an* tìr mhóir
(m.)

majority
mór-chuid: *am* mór chuid, *a'*
mhóir-chuid (m.)

make (v.)
dean, a' deanamh (Irr. v. See App.:
dean)

malice
mi-rùn: *am* mi-rùn, *a'* mhi-rùin (m.)

man
duine: *an* duine, *an* duine, *na*
daoine (m.)

many a (adj.)
iomadh (+ sing. n.); a liuthad (+
sing. n.)

many (adj.)
móran (+ asp. + gen.)
    e.g. many men
            móran dhaoine

how many? (See how)
cia mheud (+ sing. n.)

so many
a leithid (de); uiread (+ gen. or
de)
    e.g. I have never seen so many
            people

    Chan fhaca mi riamh
    uiread de dhaoine

March
   am Mart, a' Mhairt (m.)

mare
   làir: an làir, na làire, na làirean (f.)

mark (examination)
   comharradh: an comharradh, a' chomharraidh, na comharraidhean (m.)

market
   féill: an fhéill, na féille, na féilltean (f.)

marry (v.)
   pòs, a' pòsadh

marvellous (adj.)
   miorbhaileach, *nas* miorbhailiche

mast
   crann: an crann, a' chroinn, na croinn (m.)

master
   maighstir: am maighstir, a' mhaighstir, na maighstirean

material
   stuth: an stuth, an stuith, na stuthan (m.)

matter
   gnothach: an gnothach, a' ghnothaich, na gnothaichean

It does not matter!
   Chan eil e gu difir!; Ma thogair!

mature (adj.)
   inbheach, *nas* inbhiche

maul (v.)
   pronn, a' pronnadh

May
   an Ceitean, a' Cheitein (m.); a' Mhàigh, na Màighe (f.)

may (i.e. be allowed) (v.)
   faodaidh (+ verbal n.)
     e.g. You may (i.e. are allowed to) go away
       Faodaidh tu falbh
     I may do that
       Faodaidh mi sin a dheanamh

may not
   chan fhaod (+ verbal n.)

me (pron. direct object)
   mi

meadow
   dail: an dail, na daile, na dailean (f); lianag: an lianag, na lianaige, na lianagan (f);
   lòn: an lòn, àn lòin, na lòintean (m.)

meal (for hens etc.)
   min: a' mhin, na mine (f.)

mean (adj.)
   spiocach, *nas* spiocaiche

mean character
   spiocaire: an spiocaire, an spiocaire, na spiocairean (m.)

by means of
   trìd (+ gen.)

measles
   griuthach: a' ghriuthach, na griuthaiche (f.)

measure (v.)
   tomhais, a' tomhas

meat
   feòil: an fheòil, na feòla (f.)

medal
   bonn: am bonn, a' bhuinn, na buinn AND na bonnan (m.)

gold medal
   bonn-òir (m.)

silver medal
   bonn-airgid (m.)

medicine
   cungaidh: a' chungaidh, na cungaidhe, na cungaidhean (f.)

mediocre (adj.)
   meadhonach, *nas* meadhonaiche

meet (v.)
   coinnich, a' coinneachadh (m.); tachair, a' tachairt (ri)

meeting
   coinneamh: a' choinneamh, na coinneimh, na coinneamhan (f.)

melodious (adj.)
   binn, *nas* binne; fonnmhor, *nas* fonnmhoire

member
   ball: am ball, a' bhuill, na buill (m.)

memory
   cuimhne: a' chuimhne, na

cuimhne (f.)
merciful (adj.)
tròcaireach, *nas* tròcairiche
messenger
teachdaire: *an* teachdaire, *an*
teachdaire, *na* teachdairean (m.)
mew (v.)
miag, a' miagail
mid-day
meadhon-latha (m.)
middle
meadhon: *am* meadhon, *a'*
mheadhoin, *na* meadhonan (m.)
midge
meanbh-chuileag: *a'* mheanbh-
chuileag, *na* meanbh-chuileige, *na*
meanbh-chuileagan (f.)
midnight
meadhon-oidhche (m.)
mighty (adj.)
neartmhor, *nas* neartmhoire
mild (adj.)
seimh, *nas* seimhe; somalta, *nas*
somalta
mild (of temperament) (adj.)
siobhalta, *nas* siobhalta
mile
mile: *a'* mhìle, *na* mìle, *na*
mìltean (f.)
milk
bainne: *am* bainne, *a'* bhainne
(m.)
milk (v.)
bleoghainn, a' bleoghann
milking time
eadradh: *an* t-eadradh, *an* eadraidh,
na h-eadraidhean (m.)
mill
muileann: *a'* mhuileann, *na*
muilne, *na* muiltean (f.)
million
muillean: *am* muillean, *a'*
mhuillein, *na* muilleanan (m.)
mind
intinn: *an* inntinn, *na* h-inntinne,
na h-inntinnean (f.)
out of my mind
as mo rian

minister
ministear: *am* ministear, *a'*
mhinisteir, *na* ministearan (m.)
minute
mionaid: *a'* mhionaid, *na*
mionaide, *na* mionaidean (f.)
minute (adj.)
mionaideach, *nas* mionaidiche
mirror
sgàthan: *an* sgàthan, *an* sgàthain,
na sgàthanan (m.)
mirth
mire: *a'* mhire, *na* mire (f.);
sùgradh: *an* sùgradh, *an*
t-sùgraidh (m.)
misfortune
mi-fhortan: *am* mi-fhortan, *a'*
mhi-fhortain, *na* mi-fhortanan (m.)
mist
ceò: *an* ceò, *a'* cheò (m.)
mistake
mearachd: *a'* mhearachd, *na*
mearachd, *na* mearachdan (f.)
Mister, Mr.
Maighstir: *am* maighstir, *a'*
mhaighstir, *na* maighstirean (m.)
mistress, Mrs.
ban-mhaighstir (f.) (See **maighstir**)
mix (v.)
measgaich, a' measgachadh
mod
mòd: *am* mòd, *a'* mhòid, *na*
mòdan (m.)
mole
famh: *am* famh, *an* fhaimh, *na*
famhan (m.)
in a moment
an ceartair
Monday
Di-Luain (m.)
from Monday to Friday
bho Dhi-Luain gu Di-haoine
money
airgiod: *an* t-airgiod, *an* airgid (m.)
monk
manach: *am* manach, *a'* mhanaich,
na manaich (m.)
monster

uile-bheist: *an* uile-bheist, *na*
h-uile-bheist, *na* h-uile-bheistean (f.)

month
mios: *am* mios, *a'* mhios, *na*
miosan (m.)

moon
gealach: *a'* ghealach, *na* gealaich
(f.)

moor (land)
blàr: *am* blàr, *a'* bhlàir, *na*
blàran (m.); monadh: *am* monadh,
a' mhonaidh, *na* monaidhean (m.);
mòinteach: *a'* mhòinteach, *na*
mòintich, *na* mòintichean (f.)

more (adj.)
barrachd (+ asp. + gen); tuilleadh
(+ asp. + gen)
e.g. **more people**
    barrachd dhaoine

more (adv.)
tuilleadh
e.g. **I will return no more**
    Cha till mi tuilleadh

more than
a bharrachd air; còrr is (+ n.
nom.)

morning
madainn: *a'* mhadainn, *na* maidne,
na madainnean (f.)

morsel
mìr: *am* mìr, *a'* mhìr, *na* mìrean
(m.)

moss
còinneach: *a'* chòinneach, *na*
còinniche (f.)

mother
màthair: *a'* mhàthair, *na* màthar,
na màthraichean (f.)

mother (adj.)
màthaireil
e.g. **mother tongue**
    cànain mhàthaireil

mountain
beinn: *a'* bheinn, *na* beinne, *na*
beanntan (f.)

mouse
luch: *an* luch, *na* lucha, *na* luchan
(f.)

mouth
beul: *am* beul, *a'* bheòil, *na* beòil
(m.)

mouth music
port-a-beul (m.)

move (v. trans & intrans.)
caraich, a' carachadh; gluais, a'
gluasad

move (v. intrans.)
imich, ag imeachd

much
móran, mórain (m.) (+ gen.)
e.g. **much hunger**
    móran acrais

How much does it cost?
Dé a' phris a tha e?

so much
a leithid (+ gen. **OR** + de);
uiread (+ gen. **OR** + de.)
e.g. **I have never seen so much
        money**
    Chan fhaca mi riamh
    uiread airgid

mud
poll: *am* poll, *a'* phuill (m.)

murder
murt: *am* murt, *a'* mhuirt, *na*
muirt (m.)

museum
taigh-tasgaidh (m.) (See **taigh**)

music
ceòl: *an* ceòl, *a'* chiùil, *na* ciùil (m.)

musical instrument
inneal-ciùil (m.) (See **inneal**)

musicians
luchd-ciuil (m.)

must (v.)
feumaidh (+ verbal n.) (defective
v.)
e.g. **You must go away**
    Feumaidh tu falbh
    I must buy food
    Feumaidh mi biadh a
    cheannach

I must (v.)
is (fh)eudar dhomh (+ verbal n.)
e.g. **I must walk home**
    Is (fh)eudar dhomh

coiseachd dhachaidh
I must see Mary
    Is (fh)eudar dhomh Màiri
    fhaicinn
I must
tha agam ri (+ verbal n.)
    e.g. I must walk
        Tha agam ri coiseachd
my (adj.)
mo (+ asp.)

N

nail (i.e. of a finger)
ìne: *an* ìne, *na* h-ìne, *na* h-ìnean (f.)
nail (metal)
tarag: *an* tarag, *na* taraige, *na* taragan (f.)
name
ainm: *an* t-ainm, *an* ainme, *an* h-ainmean (m.)
name (v.)
ainmich, ag ainmeachadh
named
ris an abrar; ris an canar
    e.g. the boy named John
    an gille ris an abrar Iain
narrow (adj.)
caol, *nas* caoile; cumhang, *nas* cumhainge
nasty (adj.)
mosach, *nas* mosaiche
nationality
dùthchas: *an* dùthchas, *an* dùthchais, *na* dùthchasan (m.)
natural (adj.)
nàdurrach, *nas* nàdurraiche
nature
nàdur: *an* nàdur, *an* nàduir, *na* nàduir (m.)
naughty
mi-mhodhail, *nas* mi-mhodhaile
near (adj.)
dlùth, *nas* dlùithe; faisg, *nas* fhaisge

near (prep.)
faisg air (+ dat.); an cois (+ gen.)
neat (adj.)
grinn, *nas* grinne; snasmhor, *nas* snasmhoire
necessary (adj.)
feumail, *nas* feumaile; riatanach, *nas* riatanaiche
neck
amhach: *an* amhach, *na* h-amhaiche, *na* h-amhaichean (f.)
need
dìth: *an* dìth, *na* dìthe, *na* dìthean (f.)
need (v. trans)
feumaidh (defective v.)
need (i.e. lack)
a dhìth air (See dìth)
    e.g. Mary needs food
        Tha biadh a dhìth air Màiri
        (Lit. food is lacking on Mary)
need (i.e. have to) (v.)
leig leas (+ infin.) (See leig)
    e.g. You need not go to school
        Cha leig thu leas a dhol do'n sgoil
in need (of)
feumach, *nas* feumaiche (air) (adj.)
    e.g. in need of food
        feumach air biadh
needle
snathad: *an* t-snathad, *na* snathaide, *na* snathadan (f.)
neglect
dearmad, *an* dearmad, *an* dearmaid, *na* deramaid AND *na* dearmadan (m.)
neglect (v.)
leig air dhearmad (See leig)
    e.g. He neglected the work
        Leig e an obair air dhearmad
negligence
neo-chùram: *an* neo-chùram, *an* neo-chùraim (m.)
neigh (of a horse) (v.)

sitrich, a' sitrich

neighbour
nàbaidh: *an* nàbaidh, *an* nàbaidh,
na nàbaidhean (m.)

nest
nead: *an* nead, *an* nid, *na* nid (m.)

nest (v.)
neadaich, a' neadachadh

net (fishing)
lìon: *an* lìon, *an* lìn, *na* lìn (m.)

nettle
deanntag: *an* deanntag, *na*
deanntaige, *na* deanntagan (f.)

never
neg. v. + ever (See ever)

new
nuadh, *nas* nuaidhe; ùr, *nas* ùire

news
fios: *am* fios, *an* fhiosa, *na* fiosan
(m.); naidheachd: *an* naidheachd,
na naidheachd, *na* naidheachdan (f.)

newspaper
paipear-naidheachd (See paipear)
(m.)

next (adj.)
ath (precedes n. + asp.)

nice (adj.)
laghach, *nas* laghaiche; snog, *nas*
snoige

night
oidhche: *an* oidhche, *na* h-oidhche,
na h-oidhcheannan (f.)

all night long
fad na h-oidhche (See fad)

last night (adv.)
(an) raoir

nimble (adj.)
sgiobalta, *nas* sgiobalta

nine
naoi

nine persons
naoinear

ninety (men)
ceithir fichead (fear) 's a deich

ninth
naoidheamh

noble (adj.)
uasal, *nas* uaisle

noise
fuaim: *am* fuaim, *an* fhuaime, *na*
fuaimean (m.)

noisy (adj.)
faramach, *nas* faramaiche;
ùpraideach, *nas* ùpraidiche

North (adj.)
tuath

in the North
mu thuath

to the North of (Mull)
tuath air (Muile)

nose
sròn: *an* t-sròn, *na* sròine, *na*
srònan (f.)

note (of music)
pong: *am* pong, *a'* phuing, *na*
pongan (m.)

notice (v.)
mothaich, a' mothachadh

notice (n.)
sanas: *an* sanas, *an* t-sanais, *na*
sanasan (m.)

novel
nobhal: *an* nobhal, *an* nobhail, *na*
nobhalan

novelty
annas: *an* t-annas, *an* annais, *na*
h-annasan (m.)

November
an t-Samhainn, *na* Samhna (f.)

now (adv.)
a nis; an dràsda

become numb (v.)
rag, a' ragadh

number
aireamh: *an* t-aireamh, *na*
h-aireimhe, *na* h-aireamhan (f.)

numerous (adj.)
lìonmhor, *nas* lìonmhoire; pailt,
nas pailte

nurse
banaltrum: *a'* bhanaltrum, *na*
banaltruim, *na* banaltruim (f.)

nut
cnò: *a'* chnò, *na* cnotha, *na*
cnothan (f.)

O

oak
darach: *an* darach, *na* daraich, *na* daraich (f.)

oar
ràmh: *an* ràmh, *an* raimh, *na* raimh (m.)

oath
bòid: *a'* bhòid, *na* bòide, *na* bòidean (f.); mionn: *am* mionn, *a'* mhionna, *na* mionnan (m.)

oatmeal
min-choirce (f.) (See **min**)

oats
coirce: *an* coirce, *a'* choirce (m.)

obedient (adj.)
umhail, *nas* umhaile

obliging (adj.)
easgaidh, *nas* easgaidhe

obstruction
cnap-starradh: *an* cnap-starradh, *a'* chnap-starraidh, *na* cnap-starraidh (m.)

obvious (adj.)
follaiseach, *nas* follaisiche

ocean
cuan: *an* cuan, *a'* chuain, *na* cuantan (m.)

October
an Dàmhar, *an* Dàmhair (m.)

of (prep.)
de (+ asp. + dat.)

of me, of you etc.
See **dhiom**

off me, you etc.
See **dhiom**

offer (v.)
tairg, *a'* tairgsinn

office
oifis: *an* oifis, *na* h-oifis, *na* h-oifisean (f.)

officer
oifigear: *an t-*oifigear, *an* oifigir, *na* h-oifigearan (m.)

official
maor: *am* maor, *a'* mhaoir, *na* maoir (m.)

official (adj.)
dreuchdail, *nas* dreuchdaile

offspring
sliochd: *an* sliochd, *an t-*sliochda (m. coll.)

often (adv.)
gu tric

oil
ola: *an* ola, *na* h-ola, *na* h-olaichean (f.)

oil rig
crann ola (m.) (See **crann**)

old
sean AND seann, *nas* sine. (Seann precedes the noun it qualifies and usually aspirates it,
e.g. seann chù
    an old dog
If, however, the following noun begins with d, t or s, it is not aspirated
e.g. seann duine
    an old man)

old-fashioned (adj.)
seanagarra, *nas* seanagarra

old man
bodach: *am* bodach, *a'* bhodaich, *na* bodaich (m.)

old woman
cailleach: *a'* chailleach, *na* cailliche, *na* cailleachan

omission
dearmad: *an* dearmad, *an* dearmaid, *na* dearmadan AND *na* dearmaid (m.)

on (prep.)
air (+ dat.)

on me you etc.
See **orm**

once (on one occasion)
aon uair

one (adj.)
aon (+ asp.)

one (person or thing)
fear: *am* fear, *an* fhir (m.); té: *an* té, *na* té (f.)

one at a time
fear mu seach

only (adv.)
a mhàin

open (v.)
fosgail, a' fosgladh

open (adj.)
fosgailte, nas fosgailte

opinion
barail: a' bharail, na baralach, na
barailean (f.); beachd: am beachd,
a' bheachd, na beachdan (m.)

opportunity
cothrom: an cothrom, a' chothruim,
na cothroman (m.)

opposite (prep.)
mu choinneamh (+ gen.)

oppression
fòirneart: am fòirneart, an
fhòirneirt (m.)

or (conj.)
neo; no

oral tradition
beul-aithris (f.) (See beul)

orange
orainsear: an t-orainsear, an
orainseir, na h-orainsearan (m.)

orchestra
orcastra: an t-orcastra, an
orcastra, na h-orcastran (m.)

order (command and arrangement)
òrdugh: an t-òrdugh, an òrduigh,
na h-òrduighean (m.)

order (arrangement)
rian: an rian, an rian (m.)

order (v.)
òrduich, ag òrduchadh

in order
(ann) an òrdugh

orderly (adj.)
dòigheil, nas dòigheile

other (adj.)
eile

otherwise (adv.)
air neo

otter
dòbhran: an dòbhran, an dòbhrain,
na dòbhrain (m.)

I ought (v.)
bu chòir dhomh (+ verbal n.)

e.g. You ought to stay here
    Bu chòir dhut fuireach
    an seo
  I ought to do that
    Bu chòir dhomh sin a
    dheanamh

ounce
ùnnsa: an t-ùnnsa, an ùnnsa, na
h-ùnnsachan (m.)

our (adj.)
ar

out (involving motion) (adv.)
a mach

out of me, you etc.
See asam

outside (adv.)
a muigh

over (adv.)
thairis

over (prep.)
thar (+ asp. + gen.); tarsainn
(+ gen.); thairis air (+ dat.)

over me, you etc.
See tharam

over-confident (adj.)
bragail, nas bragaile

owl (barn)
comhachag: a' comhachag, na
comhachaig, na comhachagan (f.)

owner
uachdaran: an t-uachdaran, an
uachdarain, na h-uachdaranan (m.)

P

pack
pac: am pac, a' phaic, na
pacaichean (m.); poca: am poca, a'
phoca, na pocannan (m.)

page
duilleag: an duilleag, na duilleige,
na duilleagan (f.)

pail
cuman: an cuman, a' chumain, na
cumain (m.); peile: am peile, a'
pheile, na peilichean (m.)

pain

pian: *am* pian, *a'* phéin, *na*
piantan (m.)

pair
càraid: *a'* chàraid, *na* càraide, *na*
càraidean (f.); paidhir: *a'*
phaidhir, *na* paidhreach, *na*
paidhirichean (f.)

palace
lùchairt: *an* lùchairt, *na* lùchairte,
na lùchairtean (f.)

palm (of hand)
bas: *a'* bhas, *na* boise, *na* basan (f.)

pan
pana: *am* pana, *a'* phana, *na*
panaichean (m.)

pane (window)
lòsan: *an* lòsan, *an* lòsain, *na*
lòsain (m.)

paper
paipear: *am* paipear, *a'* phaipeir, *na*
paipearan (m.)

parable
co-shamhladh: *an* co-shamladh, *a'*
cho-shamlaidh, *na*
co-shamhlaidhean (m.)

parcel
pasgan: *am* pasgan, *a'* phasgain, *na*
pasganan (m.)

pardon
màitheanas: *am* maitheanas, *a'*
mhaitheanais (m.)

Pardon me! (imp.)
Gabh mo leisgeul!

parent
pàrant: *am* pàrant, *a'* phàrant,
na pàrantan (m.)

parish
sgìre: *an* sgìre, *na* sgìre, *na* sgìrean
(f.)

park
pàirc: *a'* phàirc, *na* pàirce, *na*
pàircean (f.)

Parliament
Parlamaid: *a'* Pharlamaid, *na*
Parlamaide (f.)

part (v.)
dealaich, a' dealachadh

for my (your, etc.) part

air mo, (do, etc.) shon(sa)

parting
dealachadh: *an* dealachadh, *an*
dealachaidh, *nu* dealachaidh (m.)

pass (mountain)
bealach: *am* bealach, *a'* bhealaich,
na bealaichean (m.)

passport
cead-dol-thairis: *an* cead-dol-
thairis, *a'* chead-dol-thairis (m.)

past (prep.)
seach (+ acc.); seachad air (+
dat.)
> e.g. **I went past the house**
> Chaidh mi seachad air an
> taigh

pastime(s)
cur-seachad: *an* cur-seachad, *a'*
chuir-seachad (m.)

path
frith-rathad: *am* frith-rathad, *an*
f hrith-rathaid, *na* frith-rathaidean
(m.)

patience
foighidinn: *an* f hoighidinn, *na*
foighidinn (f.)

patient (adj.)
foighidneach, *nas* foighidniche

patronymic
sloinneadh: *an* sloinneadh, *an*
t-sloinnidh, *na* sloinnidhean (m.)
> e.g. **Finlay, son of Alan, son of**
> **James**
> Fionnlagh Ailein Sheumais
> (method of naming in the
> Highlands to distinguish
> people with the same
> surname)

pavement
cabhsair: *an* cabhsair, *a'*
chabhsair, *na* cabhsairean (m.)

paw
spòg: *an* spòg, *na* spòige, *na*
spògan (f.)

pay (v.)
pàigh, a' pàigheadh

pea
peasair: *a'* pheasair, *na* peasrach,

na peasraichean (f.)

peace
fois: *an* fhois, *na* foise (f.); sith: *an* t-sith, *na* sithe, *na* sithean (f.)

peaceful (adj.)
sitheil, *nas* sitheile

pear
peur: *a'* pheur, *na* peura, *na* peuran (f.)

peat
moine: *a'* mhoine, *na* mòna (f.)

a (single) peat
fàd mòna (f.)

peel (n.)
plaosg: *am* plaosg, *a'* phlaoisg, *na* plaosgan (m.)

peel (v.)
rùisg, *a'* rùsgadh

pen
peann: *am* peann, *a'* phinn, *na* pinn (m.)

pencil
peansail: *am* peansail, *a'* phensail, *na* peansailean (m.)

penny
sgillinn: *an* sgillinn, *a'* sgillinne, *na* sgillinnean (f.)

people
muinntir: *a'* mhuinntir, *na* muinntire (f. coll.); sluagh: *an* sluagh, *an* t-sluaigh, *na* sloigh (m.)

perhaps
's mathaid (gu + dep. form of v.);
's math a dh'fhaoidte (gu + dependent form of v.)
e.g. **perhaps you are right**
'S mathaid gu bheil thu ceart

periphery
iomall: *an* t-iomall, *an* iomaill, *na* h-iomallan (m.)

permission
cead: *an* cead, *a'* cheada (m.)

pernicious (adj.)
sgriosail, *nas* sgriosaile

person
fear: *am* fear, *an* fhir, *na* fir (m.);
neach: *an* neach (m.)

personally (adv.)
gu pearsanta

pet
peata: *am* peata, *a'* pheata, *na* peatachan (m.)

pewter
staoin: *an* staoin, *na* staoine (f.)

pheasant
easag: *an* easag, *na* h-easaige, *na* h-easagan (f.)

philosopher
feallsanach: *am* feallsanach, *an* fheallsanaich, *na* feallsanaich (m.)

philosophy
feallsanachd: *an* fheallsanachd, *na* feallsanachd (f.)

physician
lighiche: *an* lighiche, *an* lighiche, *na* lighichean (m.)

picture
dealbh: *an* dealbh, *na* deilbhe, *na* dealbhan (f.)

piece
mir: *am* mir, *a'* mhire, *na* mirean (m.); pios: *am* pios, *a'* phios, *na* piosan (f.)

pier
ceadha: *an* ceadha, *a'* cheadha, *na* ceadhachan (m.)

pig
muc: *a'* mhuc, *na* muice, *na* mucan (f.)

pillow
cluasag: *a'* chluasag, *na* cluasaige, *na* cluasagan (f.)

pine (tree)
giuthas: *an* giuthas, *a'* ghiuthais, *na* giuthais (m.)

pink (adj.)
liath dhearg

pipe
piob: *a'* phiob, *na* pioba, *na* pioban (f.)

piper
piobaire: *am* piobaire, *a'* phiobaire, *na* piobairean (m.)

piping
piobaireachd: *a'* phiobaireachd, *na*

piobaireachd (f.)

pistol
daga: *an* daga, *an* daige, *na* dagaichean (m.)

pit
sloc: *an* sloc, *an t*-sluic, *na* slocan (m.)

pity
truas: *an* truas, *an* truais (m.)

place
àite: *an t*-àite, *an* àite, *na h*-àitean (m.); ionad: *an t*-ionad, *an* ionaid, *na h*-ionadan (m.)

in the first place
anns a' cheud àite

placid (adj.)
somalta, *nas* somalta

plague
plàigh: *a'* phlàigh, *na* plàighe, *na* plàighean (f.)

plain
còmhnard: *an* còmhnard, *a'* chòmhnaird, *na* còmhnardan (m.); raon: *an* raon, *an* raoin, *na* raointean (m.)

plaintive (adj.)
tiamhaidh, *nas* tiamhaidhe

plan
plan: *am* plan, *a'* phlana, *na* planaichean (m.)

plane
itealan: *an t*-itealan, *an* itealain, *na h*-itealanan (m.)

planet
planaid: *a'* phlanaid, *na* planaide, *na* planaidean (f.)

plant
lus: *an* lus, *an* luis, *na* lusan (m.)

plate
truinnsear: *an* truinnsear, *an* truinnseir, *na* truinnsearan (m.)

play (v.)
cluich, a' cluich

play (n.)
dealbh-chluich: *an* dealbh-chluich, *an* deilbh-chluich, *na* dealbhan-cluiche (m.)

play-group

buidheann-cluich (f.) (See **buidheann**)

pleasant (adj.)
taitneach, *nas* taitniche

please!
ma's e do thoil e (sing.), ma's e bhur toil e (pl.)

please (v.)
còrd, a' còrdadh
> e.g. That pleases me
>   Tha sin a' còrdadh rium
> i.e. I like that

pleasing (adj.)
tlachdmhor, *nas* tlachdmhoire

pleasure
tlachd: *an* tlachd, *na* tlachd (f.)

pledge
barrantas: *am* barrantas, *a'* bharrantais (m.)

plentiful (adj.)
lìonmhor, *nas* lìonmhoire; pailt, *nas* pailte

plenty (adj.)
gu leòr

plenty (n.)
pailteas: *am* pailteas, *a'* phailteis (m.)

plough
crann: *an* crann, *a'* chroinn, *na* croinn (m.)

plough (v.)
treabh, a' treabhadh

plumber
plumair: *am* plumair, *a'* phlumair, *na* plumairean (m.)

pocket
pòcaid: *a'* phòcaid, *na* pòcaide, *na* pòcaidean (f.)

poet
bàrd: *am* bàrd, *a'* bhàird, *na* bàird (m.)

poetry
bàrdachd: *a'* bhàrdachd, *na* bàrdachd (f.)

poison
puinsean: *am* puinsean, *a'* phuinsein, *na* puinseanan (m.)

poisonous (adj.)

poisonous
    nimheil, *nas* nimheile

policeman
    polasman: *am* polasman, *a'*
    pholasmain, *na* polasmanan (m.)

polish (v.)
    liomh, *a'* liomhadh

polite (adj.)
    modhail, *nas* modhaile

politeness
    suairceas: *an* suairceas, *an*
    t-suairceis (m.)

political (adj.)
    politiceach, *nas* politiciche

pollute (v.)
    salaich, *a'* salachadh

pool
    glumag: *a'* ghlumag, *na* glumaige,
    na glumagan (f.); linne: *an*
    linne, *na* linne, *na* linneachan AND
    na linntean (f.)

poor (adj.)
    bochd, *nas* bochda

porridge
    brochan: *am* brochan, *a'* bhrochain
    (m.); lite: *an* lite, *na* lite (f.)

port
    port: *am* port, *a'* phuirt, *na*
    portan AND *na* puirt (m.)

portion
    cuid: *a'* chuid, *na* codach (f.);
    roinn: *an* roinn, *na* roinne, *na*
    roinnean (f.)

possession
    sealbh: *an* sealbh, *an* *t*-seilbh, *na*
    sealbhan (m.)

possible (adj.)
    comasach, *nas* comasaiche

post (v.)
    post, *a'* postadh

post a letter (to)
    cuir litir (do) (See cuir)

post (i.e. postal service)
    post: *am* post, *a'* phuist, *na* postan
    (m.)

postman
    posta: *am* posta, *a'* phosta, *na*
    postaichean (m.)

post office

pot
    oifis a' phuist (m.) (See oifis)
    poit: *a'* phoit, *na* poite, *na* poitean
    (f.)

pot (big)
    prais: *a'* phrais, *na* praise, *na*
    praisean (f.)

potato(es)
    buntata: *am* buntata, *a'* bhuntata
    (no plural) (m.)

pound (weight)
    pùnnd: *am* pùnnd, *a'* phuinnd, *na*
    puinnd (m.)

pound (Sterling)
    pùnnd Sassunach (m.) (See pùnnd)

pound note
    nota: *an* nota, *an* nota, *na*
    notaichean (m.)

pound (v.)
    pronn, *a'* pronnadh

pour (v. trans. & intrans.)
    dòirt, *a'* dòrtadh

pour (of rain) (v. intrans.)
    sil, *a'* sileadh

poverty
    airc: *an* airc, *na* h-airce (f.);
    bochdainn: *a'* bhochdainn, *na*
    bochdainne (f.)

powder
    pùdar: *am* pùdar, *a'* phùdair (m.)

power
    cumhachd: *a'* chumhachd, *na*
    cumhachd, *na* cumhachdan (f.);
    lùths: *an* lùths, *na* lùths (m.);
    spionnadh: *an* spionnadh, *an*
    spionnaidh (m.)

powerful (adj.)
    neartmhor, *nas* neartmhoire

praise (v.)
    mol, *a'* moladh; luaidh, *a'* luaidh

praiseworthy
    ionmholta, *nas* ionmholta

pray (v.)
    dean ùrnuigh (See dean)

prayer
    ùrnuigh: *an* ùrnuigh, *na* h-ùrnuighe,
    na h-ùrnuighean (f.)

preach (v.)

searmonaich, a' searmonachadh
precise (adj.)
mionaideach, *nas* mionaidiche
preface
roimh-ràdh: *an* roimh-ràdh, *an*
roimh-ràidh, *na* roimh-ràdhan (m.)
pregnant (adj.)
torrach, *nas* torraiche
I prefer (v.)
's fhearr leam (+ nom. n.)
prepare (v.)
deasaich, a' deasachadh;
deisealaich, a' deisealachadh;
ullaich, ag ullachadh
presence
làthair: *an* làthair, *na* làthaire (f.)
present (adv.)
an lathair (Lit. in presence)
in the presence of
an lathair (+ gen.)
president (n.)
ceann-suidhe: *an* ceann-suidhe, *a'*
chinn-suidhe, *na* cinn-suidhe (m.)
pretend (v.)
leig air (See leig)
e.g. we pretended
leig sinn oirnn
pretty (adj.)
boidheach, *nas* boidhche; snog, *nas*
snoige
price
pris: a' phris, *na* prise, *na* prisean
(f.)
e.g. **What price is it?**
De a' phris a tha e?
prick (v.)
prioc, a' priocadh
pride
moit: *a'* mhoit, *na* moite (f.);
pròis: *a'* phròis, *na* pròise (f.)
priest
sagart: *an* sagart, *an t-*sagairt, *na*
sagairt AND *na* sagartan (m.)
prime (adj.)
priomh (prefixed to n. + asp.)
e.g. **capital city**
priomh-bhaile
prime minister

priomhair: *am* priomhair, *a'*
phriomhair, *na* priomhairean (m.)
primrose
sòbhrach: *an t-*sòbhrach, *na*
sòbhraiche, *na* sòbhraichean (f.)
prince
prionnsa: *am* prionnsa, *a'*
phrionnsa, *na* prionnsachan (m.)
print (n.)
clò: *an* clò, *a'* chlòdha, *na* clòdhan
(m.)
print (v.)
cuir (ann) an clò
e.g. **He printed a book**
Chuir e leabhar (ann) an
clò
printer
clò-bhualadair: *an* clò-bhualadair,
a' chlò-bhualadair, *na*
clò-bhualadairean (m.)
prison
priosan: *am* priosan, *a'* phriosain,
na priosanan (m.)
prisoner
priosanach: *am* priosanach, *a'*
phriosanaich, *na* priosanaich (m.)
private (adj.)
diamhair, *nas* diamhaire
prize
duais: *an* duais, *na* duaise, *na*
duaisean (f.)
probably
is dòcha gu (+ dep. form of v.)
e.g. **You are probably right**
Is dòcha gu bheil thu ceart
problem
ceist: *a'* cheist, *na* ceiste, *na*
ceistean (f.)
produce
math: *am* math, *a'* mhaith (m.);
toradh: *an* toradh, *an* toraidh, *na*
toraidhean (m.)
productive (adj.)
torach, *nas* toraiche
profession (job)
dreuchd: *an* dreuchd, *na* dreuchd
(f.)
professional (adj.)

132

dreuchdail, *nas* dreuchdaile

professor
ollamh: *an* t-ollamh, *an* ollaimh,
na h-ollamhan (m.)

profit
buannachd: *a'* bhuannachd, *na*
buannachd (f.)

profit (v.)
buannaich, a' buannachd

profitable (adj.)
probhaideach, *nas* probhaidiche

progeny
siol: *an* siol, *an* t-sìl (m.)

progress
adhartas: *an* t-adhartas, *an*
adhartais, *na* h-adhartasan (m.)

promise
geall: *an* geall, *a'* ghill, *na* gill (m.)

promise (v.)
geall, a' gealltainn

promising (adj.)
gealltanach, *nas* gealltanaiche

promontory
rinn: *an* rinn, *na* rinne, *na* rinnean
(f.); ros: *an* ros, *an* rois, *na* rosan
(m.); rubha: *an* rubha, *an* rubha,
na rubhan (m.)

pronunciation
dòigh-labhairt (f.) (See **dòigh**)

prophet
fàidh: *am* fàidh, *an* fhàidh, *na*
fàidhean (m.); fiosaiche: *am*
fiosaiche, *an* fhiosaiche, *na*
fiosaichean (m.)

prose
rosg: *an* rosg, *an* roisg, *na* rosgan
(m.)

prosperity
soirbheas: *an* soirbheas, *an*
t-soirbheis, *na* soirbheis (m.)

protect (v.)
dion, a' dion

protection
sgàth: *an* sgàth, *an* sgàtha, *na*
sgàthan (m.)

Protestant
Prostanach: *am* Prostanach, *a'*
Phrostanaich, *na* Prostanaich (m.)

proud (of) (adj.)
moiteil, *nas* moiteile (le); pròiseil,
nas pròiseile (le); uaibhreach, *nas*
uaibhriche (le)

prove (v.)
dearbh, a' dearbhadh

proverb
seanfhacal: *an* seanfhacal, *an*
t-seanfhacail, *na* seanfhaclan (m.)

provisions
lòn: *an* lòn, *an* lòin (m. coll.)

psalm
salm: *an* salm, *an* t-sailm, *na*
sailm (m.)

publication
foillseachadh: *am* foillseachadh, *an*
fhoillseachaidh, *na* foillseachaidh
(m.)

publish (v.)
foillsich, a' foillseachadh

publisher
foillseachair: *am* foillseachair, *an*
fhoillseachair, *na* foillseachairean
(m.)

pudding (blood)
marag: *a'* mharag, *na* maraig, *na*
maragan (f.)

black pudding
marag dhubh (f.)

pull (v.)
slaod, a' slaodadh; tarraing, a'
tarraing

pullet
eireag: *an* eireag, *na* h-eireige, *na*
h-eireagan (f.)

pulp
pronnach: *a'* phronnach, *na*
pronnaiche (f.)

pulpit
cùbaid: *a'* chùbaid, *na* cùbaide, *na*
cùbaidean (f.)

punishment
peansachadh: *am* peansachadh, *a'*
pheansachaidh, *na* peansachaidh
(m.)

pupil
sgoilear: *an* sgoilear, *an* sgoileir, *na*
sgoilearan (m.)

puppy
cuilean: *an* cuilean, *a'* chuilein, *na* cuileanan (m.)

purple (adj.)
purpaidh, *nas* purpaidhe

purpose
seadh: *an* seadh, *an t*-seadha, *na* seadhan (m.)

purse
sporan: *an* sporan, *an* sporain, *na* sporain (m.)

pursuers
luchd-tòraidh (m.) (See **luchd**)

push (v.)
spàrr, *a'* spàrradh; put, *a'* putadh

put (v.)
cuir, *a'* cur

put on (v.)
cuir orm, ort etc. (See **cuir**)
e.g. I put on my coat
Chuir mi orm mo chòta

Q

quarter
cairteal: *an* cairteal, *a'* chairteil, *na* cairtealan (m.)

quay
cidhe: *an* cidhe, *a'* chidhe, *na* cidhean (m.)

queen
banrigh: *a'* bhanrigh, *na* banrigh, *na* banrighean (f.)

question
ceist: *a'* cheist, *na* ceiste, *na* ceistean (f.)

question (v.)
ceasnaich, *a'* ceasnachadh

put a question (to) (v.)
cuir ceist (air) (See **cuir**)

quick (adj.)
luath, *nas* luaithe

quick-witted (adj.)
gleusda, *nas* gleusda; geur-chuiseach, *nas* geurchuisiche

quiet (adj.)
sàmhach, *nas* sàmhaiche

quietness
sàmhchair: *an t*-sàmhchair, *na* sàmhchaire (f.)

quite (completely) (adv.)
buileach

quite (somewhat) (adv.)
car
e.g. quite wet
car fliuch

R

rabbit
coineanach: *an* coineanach, *a'* choineanaich, *na* coineanaich (m.)

radio
rédio: *an* rédio, *an* rédio (m.)

rag
luideag: *an* luideag, *na* luideige, *na* luideagan (f.)

rage
boile: *a'* bhoile, *na* boile (f.)

rage (e.g. of the sea)
onfhadh: *an t*-onfhadh, *an* on-fhaidh, *na* h-onfhaidhean (m.)

ragged (adj.)
riobach, *nas* riobaiche

rain
uisge: *an t*-uisge, *an* uisge, *na* h-uisgeachan (m.)

rainbow
bogha-froise (m.) (See **bogha**)

rake
ràcan: *an* ràcan, *an* ràcain, *na* ràcain (m.)

rank
sreath: *an* t-sreath, *na* sreatha, *na* sreathan (f.)

rare (adj.)
ainneamh, *nas* ainneimhe;
annasach, *nas* annasaiche; tearc, *nas* teirce

rat
radan: *an* radan, *an* radain, *na* radain (m.)

rational (adj.)
reusanta, *nas* reusanta

rattle
  glag: *an* glag, *a'* ghlaig, *na* glagan

rave (v.)
  breislich, *a'* breislich

raven
  fitheach: *am* fitheach, *an* fhithich,
  na fithich (m.)

reach (v.)
  ruig, *a'* ruigsinn AND *a'* ruigheachd
  (Irr. v. See App.: ruig)

read (v.)
  leugh, *a'* leughadh

readers, readership
  luchd-leughaidh (m.) (See luchd)

ready (adj.)
  deiseil, *nas* deiseile: ullamh, *nas*
  ullaimhe

reap (v.)
  buain, *a'* buain

rear (a family) (v.)
  àraich, ag àrach

reason
  aobhar: *an t*-aobhar, *an* aobhair,
  na h-aobharan (m.)

reasonable (adj.)
  reusanta, *nas* reusanta

recently (adv.)
  o chionn ghoirid

recognise (v.)
  aithnich, ag aithneachadh

recommend (to) (v.)
  mol, *a'* moladh (do)

record (disc)
  clàr: *an* clàr, *a'* chlàir, *na* clàran
  (m.)

record (written)
  iris: *an* iris, *na h*-irise, *na*
  h-irisean (f.)

red (adj.)
  dearg, *nas* deirge ; ruadh, *nas*
  ruaidhe

reef
  bogha: *am* bogha, *a'* bhogha, *na*
  boghachan (m.); sgeir: *an* sgeir, *na*
  sgeire, *na* sgeirean (f.)

reel (dance)
  ruidhle: *an* ruidhle, *an* ruidhle, *na*
  ruidhlean (m.)

Reformation
  Ath-Leasachadh: *an t*-Ath-
  Leasachadh, *an* Ath-Leasachaidh
  (m.)

refrigerator
  reothadair: *an* reothadair, *an*
  reothadair, *na* reothadairean (m.)

refuse (v.)
  diùlt, *a'* diùltadh

regal (adj.)
  rioghail, *nas* rioghaile

region
  roinn: *an* roinn, *na* roinne, *na*
  roinnean (f.)

regulation
  riaghailt: *an* riaghailt, *na*
  riaghailte, *na* riaghailtean (f.); lagh;
  an lagh, *an* lagha, *na* laghannan
  (m.)

reign (v.)
  rioghaich, *a'* rioghachadh

related (to) (adj.)
  càirdeach, *nas* càirdiche (do)

relationship
  càirdeas: *an* càirdeas, *a'* chàirdeis
  (m.)

relevance
  buinteanas: *am* buinteanas, *a'*
  bhuinteanais (m.)

relief
  faochadh: *am* faochadh, *an*
  fhaochaidh (m.)

religious (adj.)
  cràbhach, *nas* cràbhaiche

remain (v.)
  fan, *a'* fantainn

I remember
  tha cuimhne agam (air) (See
  cuimhne)

remote (adj.)
  iomallach, *nas* iomallaiche

removal (of residence) (n.)
  imrich: *an* imrich, *na h*-imriche, *na*
  h-imrichean (f.)

renew (v.)
  nuadhaich, *a'* nuadhachadh

rent
  màl: *am* màl, *a'* mhàil, *na* màil (m.)

repair (v.)
leasaich, a' leasachadh
repent (v.)
gabh aithreachas (See gabh)
repentance
aithreachas: *an t*-aithreachas, *an*
aithreachais (m.)
report
aithris: *an* aithris, *na h*-aithrise,
na h-aithrisean (f.); iomradh: *an*
t-iomradh, *an* iomraidh, *na*
h-iomraidhean (m.)
according to report
a reir aithris
representative
riochdaire: *an* riochdaire, *an*
riochdaire, *na* riochdairean (m.)
reptile
snàgair: *an* snàgair, *an t*-snàgair,
na snàgairean (m.)
reputation (good)
cliù: *an* cliù, *a'* chliù (m.)
research
rannsachadh: *an* rannsachadh, *an*
rannsachaidh, *na* rannsachaidh
(m.); sgrùdadh: *an* sgrùdadh, *an*
sgrùdaidh, *na* sgrùdaidhean (m.)
research (v.)
sgrùd, a' sgrùdadh
resemblance
samhail: *an* samhail, *an t*-samhla,
na samhailean (m.)
respect
meas: *am* meas, *a'* mheas (m.);
spéis: *an* spéis, *na* spéise (f.); suim:
an t-suim, *na* suime, *na*
suimeannan (f.); urram: *an t*-urram,
an urraim, *na h*-urraman (m.)
with much respect
(subscription to a letter)
le mór spéis
respect (v.)
meas, a' measadh
respected (adj.)
measail, *nas* measaile
the rest (i.e. the others) (n.)
càch
rest (peace) (n.)

fois: *an* fhois, *na* foise (f.)
rest (v.)
leig anail (See leig)
   e.g. I rested
     leig mi m'anail
restless (adj.)
mi-stòlda, *nas* mi-stòlda
retire (from work) (v.)
leig dreuchd (See leig)
   e.g. I retired
     Leig mi dhiom mo
     dhreuchd
return (v.)
till, a' tilleadh
Reverend (adj.)
Urramach, *nas* Urramaiche
   e.g. the Reverend Roderick
     MacKinnon
     an t-Urramach Ruaraidh
     MacFhionghuin
revision
sùil air ais (f.) (See sùil)
rheumatism
lòinidh: *an* lòinidh, *na* lòinidh (f.)
riddle
toimhseachan: *an* toimhseachan,
an toimhseachain, *na*
toimhseachanan (m.)
ridge
druim: *an* druim, *an* droma, *na*
dromannan (m.)
right (n.)
còir: *a'* chòir, *na* còrach, *na*
còraichean (f.)
right (adj.)
ceart, *nas* cearta
right (hand side) (adj.)
deas
ring
fàinne: *am* fàinne, *an* fhàinne, *na*
fàinnean (m.)
ring (v.)
seirm, a' seirm
rip (v.)
reub, a' reubadh
river
abhainn: *an* abhainn, *na h*-aibhne,
na h-aibhnichean (f.)

road
   rathad: *an* rathad, *an* rathaid, *na* rathaidean (m.)

roam (v.)
   siubhail, a' siubhal

roar (v.)
   beuc, a' beucail; ràn, a' rànaich

roaring (of deer)
   langanaich: *an* langanaich, *an* langanaich (m.)

roaring (of the sea)
   onfhadh: *an* t-onfhadh, *an* onfhaidh, *na* h-onfhaidhean (m.)

rob (v.)
   spùinn, a' spùinneadh

rock (pointed) (n.)
   creag: *a'* chreag, *na* creige, *na* creagan (f.)

rock
   sgòrr: *an* sgòrr, *an* sgorra, *na* sgorran (m.)

rod
   slat: *an* t-slat, *na* slaite, *na* slatan (f.)

roe deer
   earb: *an* earb, *na* h-earba, *na* h-earban (f.)

rook
   ròcais: *an* ròcais, *na* ròcais, *na* ròcaisean (f.)

room
   rùm: *an* rùm, *an* rùim, *na* rumannan (m.); seòmar: *an* seòmar, *an* t-seòmair, *na* seòmraichean (m.)

roost (hen)
   spiris: *an* spiris, *na* spirise, *na* spirisean (f.)

root
   bun: *am* bun, *a'* bhuin, *na* buin AND *na* bunan (m.); freumh: *am* freumh, *an* f'hreumha, *na* freumhaichean (m.)

rope
   ròpa: *an* ròpa, *an* ròpa, *na* ròpannan

rope (heather)
   sioman: *an* sioman, *an* t-siomain, *na* siomanan (m.)

rose
   ròs: *an* ròs, *an* ròis, *na* ròsan (m.)

rotten (adj.)
   grod, *nas* groide

rough (adj.)
   garbh, *nas* gairbhe

round (adj.)
   cruinn, *nas* cruinne

rout (defeat)
   ruaig: *an* ruaig, *na* ruaige, *na* ruaigean (f.)

route
   slighe: *an* t-slighe, *na* slighe, *na* slighean (f.)

row
   sreath: *an* t-sreath, *na* sreatha, *na* sreathan (f.)

row (v.)
   iomair, ag iomramh

rowan
   caorann: *a'* chaorann, *na* caorainne, *na* caorainn (f.)

royal (adj.)
   rioghail, *nas* rioghaile

rub (against) (v.)
   suath, a' suathadh (ri)

rudder
   stiùir: *an* stiùir, *na* stiùireach *na* stiùirean AND *na* stiùirichean (f.)

rude (adj.)
   mi-mhodhail, *nas* mi-mhodhaile

ruin
   tobhta: *an* tobhta, *na* tobhta, *na* tobhtaichean (f.)

ruinous (adj.)
   sgriosail, *nas* sgriosaile

rule
   lagh: *an* lagh, *an* lagha, *na* laghannan (m.); riaghailt: *an* riaghailt, *na* riaghailte, *na* riaghailtean (f.)

rule (v.)
   riaghail, a' riaghladh

rulers
   luchd-riaghlaidh (m.) (See **luchd**)

run (v.)
   ruith, a' ruith

rushes
   luachair: *an* luachair, *na*
   luachrach (f.)

rusty (adj.)
   meirgeach, *nas* meirgiche

rye
   seagal: *an* seagal, *an t*-seagail (m.)

S

Sabbath
   Sàbaid: *an t*-Sàbaid, *na* Sàbaide,
   na Sàbaidean (f.)

sack
   poca: *am* poca, *a'* phoca, *na*
   pocannan (m.)

sad (adj.)
   brònach, *nas* brònaiche; dubhach,
   nas dubhaiche; duilich, *nas*
   duilghe; muladach, *nas*
   muladaiche; smalanach, *nas*
   smalanaiche

saddle
   diollaid: *an* diollaid, *na* diollaide,
   na diollaidean (f.)

sadness
   duilgheadas: *an* duilgheadas, *an*
   duilgheadais (m.); mulad: *am*
   mulad, *a'* mhulaid, *na* muladan
   (m.)

safe (adj.)
   sàbhailte, *nas* sàbhailte; tearuinte,
   nas tearuinte

said (p.t.)
   arsa (defective v. used only with
   direct speech)
      e.g. "You are right," I said
         "Tha thu ceart," arsa mise

sail
   seòl: *an* seòl, *an t*-siùil, *na* siùil (m.)

sail (v.)
   seòl, *a'* seòladh

sailor
   maraiche: *am* maraiche, *a'*
   mharaiche, *na* maraichean (m.);
   seòladair: *an* seòladair, *an*
   t-seòladair, *na* seòladairean (m.)

saint
   naomh: *an* naomh, *an* naoimh, *na*
   naoimh (m.)

sake
   son (m.)
      e.g. for my (your etc.) sake
         air mo (do etc.) shon(sa)
      for my (your etc.) part
         air mo (do etc.) shon(sa)

for the sake of
   air sgàth (+ gen.)

salesman
   reiceadair: *an* reiceadair, *an*
   reiceadair, *na* reiceadairean (m.)

salmon
   bradan: *am* bradan, *a'* bhradain,
   na bradain (m.)

salt
   salann: an salann, an t-salainn (m.

salt-cellar
   saillear: *an* saillear, *an t*-sailleir, *na*
   saillearan (m.)

salt water (sea)
   sàl: *an* sàl, *an t*-sàil (m.)

same (adj.)
   aon (precedes n.); ceudna (used
   after n.)

sand
   gainmheach: *a'* ghainmheach, *na*
   gainmhich (f.)

satisfactory (adj.)
   riaraichte (p. p. of riaraich);
   taitneach, *nas* taitniche

satisfied
   riaraichte (p. p. of riaraich);
   sàsaichte (p.p. of sasaich)

satisfy (v.)
   riaraich, *a'* riarachadh; sàsaich, *a'*
   sàsachadh

Saturday
   Di-Sathurna (m.)

sauce
   sabhs: *an* sabhs, *an t*-saibhse, *na*
   saibhsean (m.)

saucer
   sàsair: *an* sàsair, *an t*-sàsair, *na*
   sàsairean (m.)

sausage

isbean: *an t-isbean, an isbein, na h*-isbeanan (m.)

savage (adj.)
garg, *nas* gairge

save (v.)
sàbhail, a' sàbhaladh

saw (n.)
sàbh: *an sàbh, an t-saibh, na* saibh (m.)

saw (v.)
sàbh, a' sàbhadh

say (v.)
abair, ag ràdh (Irr. v. See App.: **abair**); can, a' cantainn

scarce (adj.)
gann, *nas* gainne

scarcely
cha mhór gu (+ dep. form of v.)
e.g. **He scarcely reached the house**
Cha mhór gun do ràinig e an taigh

scarcity
gainnead: *a' ghainnead, na* gainnid (f.)

scarecrow
bodach-ròcais (m.) (See **bodach**)

scatter (v.)
sgap, a' sgapadh

scene
sealladh: *an sealladh, an t-*seallaidh, *na* seallaidhean (m.)

scent
fàile: *am fàile, an fhàile, na* fàilean (m.)

scholar
sgoilear: *an sgoilear, an sgoileir, na* sgoilearan (m.)

scholarship
sgoilearachd: *an sgoilearachd, na* sgoilearachd (f.)

school
sgoil: *an sgoil, na sgoile, na* sgoiltean AND *na* sgoilean (f.)

schooling
sgoilearachd: *an sgoilearachd, na* sgoilearachd, *na* sgoilearachdan (m.)

schoolmaster
maighstir-sgoile (m.) (See **maighstir**)

science
ealdhain: *an ealdhain, na h-*ealdhaine, *na h-*ealdhainean (f.)

scold (v.)
trod, a' trod (ri)

Scot
Albannach: *an t-Albannach, an* Albannaich, *na h-*Albannaich (m.)

Scotland
Alba (nom.), *na h-*Alba (gen.)

Scottish (adj.)
Albannach, *nas* Albannaiche

scrape (v.)
sgrìob, a' sgrìobadh

screech
sgriachail: *an sgriachail, na* sgriachaile, *na* sgriachailean (f.)

scribble (n.)
sgrìobag: *an sgrìobag, na* sgrìobaig, *na* sgrìobagan (f.)

scrutinise (v.)
sgrùd, a' sgrùdadh

scythe
speal: *an speal, na speala, na* spealan (f.)

scythe (v.)
speal, a' spealadh

sea
muir: *a' mhuir, na mara, na* marannan (f.); fairge: *an fhairge, na fairge, na* fairgean (f.)

sea (i.e. salt water)
sàl: *an sàl, an t-sàil* (m.)

seagull
faoileag: *an fhaoileag, na* faoileige, *na* faoileagan (f.)

seal (mammal)
ròn: *an ròn, an ròin, na* ròin (m.)

search (v.)
sir, a' sireadh; rannsaich, a' rannsachadh

search for (v.)
rùraich, a' rùrach

in search of
an tòir air (+ dat.)

season
ràith: *an ràith, na ràithe, na*

ràithean (f.)

seat
suidheachan: *an* suidheachan, *an t*-suidheachain, *na* suidheachain (m.)

sea-weed
feamainn: *an* fheamainn, *na* feamann (f.)

second (adj.)
dara AND dàrna

second (of time)
diog: *an* diog, *an* dioga, *na* diogan (m.)

secret
rùn: *an* rùn, *an* rùin, *na* rùin (m.)

secret (adj.)
diomhair, *nas* diomhaire

secretly (adv.)
os iosal

secretary
rùnair: *an* rùnair, *an* rùnair, *na* rùnairean (m.)

Secretary of State
Rùnair na Stàite (m.)

section
earrann: *an* earrann, *na* h-earrainn, *na* h-earrannan (f.)

see (v.)
faic, a' faicinn (Irr. v. See App.: **faic**)

seed
pòr: *am* pòr, *a'* phòir, *na* pòran (m.); siol: *an* siol, *an t*-sil (m.)

self, selves (pron.)
fhéin (used after n. & pron.)
   e.g. myself
       mi-fhéin

self-government
féin-riaghladh: *am* féin-riaghladh, *an* fhéin-riaghlaidh (m.)

sell (v.)
reic, a' reic

semi-circle
leth-chuairt: *an* leth-chuairt, *na* leth-chuairte, *na* leth-chuairtean (f.)

send for (v.)
cuir fios air (See **cuir**)

sense
ciall: *a'* chiall, *na* ceille (f.); seadh:

an seadh, *an t*-seadha, *na* seadhan (m.)

sensible (adj.)
tuigseach, *nas* tuigsiche

sentence (i.e. prison)
breith: *a'* bhreith, *na* breithe (f.); breitheanas: *am* breitheanas, *a'* bhreitheanais, *na* breitheanasan (f.)

sentence (grammar)
cialltradh: *an* cialltradh, *a'* chialltraidh, *na* cialltraidhean (m.)

separation
dealachadh: *an* dealachadh, *an* dealachaidh, *na* dealachaidh (m.)

September
an t-Sultainn, *na* Sultainne (f.)

sermon
searmon: *an* searmon, *an t*-searmoin, *na* searmonan (m.)

servant
searbhanta: *an t*-searbhanta, *na* searbhanta, *na* searbhantan (f.)

serve (v.)
fritheil, a' frithealadh

service (attention)
frithealadh: *am* frithealadh, *an* fhrithealaidh, *na* frithealaidh (m.)

service
seirbhis: *an t*-seirbhis, *na* seirbhise, *na* seirbhisean (f.)

set off (v.)
tog, a' togail + orm, ort etc.
   e.g. I am setting off
       Tha mi a' togail orm

settle (v.)
suidhich, a' suidheachadh

seven (adj.)
seachd

seven (noun)
a seachd

seven persons (n.)
seachdnar

seventh (adj.)
seachdamh

seventy (men)
tri fichead (fear) 's a deich

sew (v.)
fuaigheil, a' fuaigheal

sewing machine
  beairt-fuaigheil (m.) (See **beairt**)

shade
  dubhar: *an* dubhar, *an* dubhair
  (m.); sgàth: *an* sgàth, *an* sgàtha,
  na sgàthan (m.)

shadow
  faileas: *am* faileas, *an* f haileis, *na*
  faileasan (m.); sgàil: *an* sgàil, *na*
  sgàile, *na* sgàilean (f.)

shaggy (adj.)
  peallach, *nas* peallaiche

shake (v.)
  crath, a' crathadh

shame
  nàire: *an* nàire, *na* nàire (f.)
For shame!
  Mo nàire! (Lit. my shame)

shape
  cumadh: *an* cumadh, *a'* chumaidh,
  na cumaidhean (m.)

share (n.)
  roinn: *an* roinn, *na* roinne, *na*
  roinnean (f.)

sharp (adj.)
  geur, *nas* geura

sharpness
  faobhar: *am* faobhar, *an*
  f haobhair, *na* faobharan (m.)

sharp-pointed (adj.)
  biorach, *nas* bioraiche

she (pron)
  I

sheaf
  sguab: *an* sguab, *na* sguaibe, *na*
  sguaban (f.)

shears
  deamhais: *an* deamhais, *na*
  deamhais, *na* deamhaisean (f.)

shed (e.g. blood) (v.)
  dòirt, a' dòrtadh

sheep
  caora: *a'* chaora, *na* caorach, *na*
  caoraich, *nan* caorach (gen. pl.) (f.)

shear (v.)
  rùisg, a' rùsgadh

shelf
  sgeilp: *an* sgeilp, *na* sgeilpe, *na*

sgeilpean (f.)

shell
  slige: *an t-*slige, *na* slige, *na*
  sligean (f.)

shell-fish
  maorach: *am* maorach, *a'*
  mhaoraich (m. coll.),

shelter
  fasgadh: *am* fasgadh, *an* f hasgaidh,
  na fasgaidhean (m.)

sheltered (adj.)
  fasgach, *nas* fasgaiche

shepherd
  buachaille: *am* buachaille, *a'*
  bhuachaille, *na* buachaillean (m.);
  ciobair: *an* ciobair, *a'* chiobair, *na*
  ciobairean (m.)

sheriff
  siorram: *an* siorram, *an t-*siorraim,
  na siorraman (m.)

shield
  sgiath: *an* sgiath, *na* sgéithe, *na*
  sgiathan (f.)

shilling
  tasdan: *an* tasdan, *an* tasdain, *na*
  tasdanan (m.)

shine (v.)
  boillsg, a' boillsgeadh; dealraich,
  a' dealrachadh; dearrs, a'
  dearrsadh; soillsich, a' soillseadh

shining (adj.)
  deàrrsanta, *nas* deàrrsanta

shingle
  mol: *am* mol, *a'* mhoil, *na* molan
  (m.)

shinty
  iomain: *an* iomain, *na* h-iomaine
  (f.)

shinty stick
  caman: *an* caman, *a'* chamain, *na*
  camain (m.)

ship
  long: *an* long, *na* luinge, *na* longan
  (f.)

shire
  siorrachd: *an t-*siorrachd, *na*
  siorrachd, *na* siorrachdan (f.)

shirt

léine: *an* léine, *na* léine, *na*
léintean (f.)

shiver (v.)
crith, a' crith

shivering (participle)
air chrith

shoe
bròg: *a'* bhròg, *na* bròige, *na*
bhrògan (f.)

shoemaker
greusaiche: *an* greusaiche, *a'*
ghreusaiche, *na* greusaichean (m.)

shop
bùth: *a'* bhùth, *na* bùtha, *na*
bùthan (f.)

shore
cladach: *an* cladach, *a'* chladaich,
na cladaichean (m.)

short (adj.)
gèarr, *nas* giorra; goirid, *nas*
giorra

shortage
gainne: *a'* ghainne, *na* gainne (f.)

shorten (v.)
giorraich, a' giorrachadh

shot
urchair: *an* urchair, *na* h-urchrach,
na h-urchraichean (f.)

shoulder
gualann: *a'* ghualann, *na* guailne,
na guailnean (f.)

shout (v.)
eigh, ag èigheach; eubh, ag
eubhachd; glaodh, a' glaodhaich

loud shout
iolach: *an* iolach, *na* h-iolaich, *na*
h-iolaich (f.)

shove (v.)
put, a' putadh

shovel
sluasaid: *an t-*sluasaid, *na*
sluasaide, *na* sluasaidean (f.)

show (to) (v.)
nochd, a' nochdadh (do)

shower
fras: *an* fhras, *na* froise, *na* frasan
(f.)

shrewd (adj.)

geur-chuiseach, *nas* geur-chuisiche

shriek (v.)
ràn, a' rànaich

shy (adj.)
diùid, *nas* diùide; socharach, *nas*
socharaiche

sick (adj.)
tinn, *nas* tinne

sickness
tinneas: *an* tinneas, *an* tinneis, *na*
tinneasan (m.)

side
taobh: *an* taobh, *an* taobha, *na*
taobhan (m.)

to the other side (movement away)
a nunn; a null (adv.)

sigh
osann: *an t-*osann, *an* osainn, *na*
na h-osainn (m.)

sigh (v.)
plosg, a' plosgadh

sign
comharradh: *an* comharradh, *a'*
chomharraidh, *na* comharraidhean
(m.)

silence
samhchair: *an t-*samhchair, *na*
samhchaire (f.)

silent (adj.)
sàmhach, *nas* sàmhaiche

silk
sioda: *an* sioda, *an t-*sioda, *na*
siodachan (m.)

silly (adj.)
faoin, *nas* faoine

simple (adj.)
simplidh, *nas* sìmplidhe

sin
peacadh: *am* peacadh, *a'* pheacaidh,
na peacaidhean (m.)

sin (v.)
peacaich, a' peacachadh

since (time & reason) (conj.)
bho'n (+ indep. form of v.)

since (reason) (conj.)
a chionn gu (+ dep. form of v.)

since (of time) (conj.)
o chionn gu (+ dep. form of v.)

since (prep.)
o chionn

sincere (adj.)
dùrachdach, *nas* dùrachdaiche

sinew
féith: *an* f'héith, *na* féithe, *na*
féithean (f.)

sing (v.)
seinn, a' seinn

singer
seinneadair: *an* seinneadair, *an*
t-seinneadair, *na* seinneadairean
(m.)

singing
seinn: *an* *t*-seinn, *na* seinne (f.)

sinner
peacach: *am* peacach, *a'* pheacaich,
na peacaich (m.)

sink (intrans. v.)
rach fodha (Lit. go under) (See
rach)

sister
piuthar: *a'* phiuthar, *na* peathrach,
na peathraichean (f.)

sister-in-law
piuthar-cheile (f.)

sit (v.)
suidh, a' suidhe
e.g. I sit, am sitting
Tha mi 'nam shuidhe
(Lit. I am in my sitting)

site
làrach: *an* làrach, *na* làraiche, *na*
làraichean (f.)

situate (v.)
suidhich, a' suidheachadh

situated
suidhichte (p.p. of suidhich)

situation
suidheachadh: *an* suidheachadh,
an *t*-suidheachaidh, *na*
suidheachaidh (m.)

six (adj.)
sia

six (n.)
a sia

six persons
sianar

sixth (adj.)
siathamh

sixty (men)
tri fichead (fear)

size
meud: *am* meud, *a'* mheud (m.)

skerry
sgeir: *an* sgeir, *na* sgeire, *na*
sgeirean (f.)

skilled (adj.)
ealanta, *nas* ealanta

skin
craiceann: *an* craiceann, *a'*
chraicinn, *na* craicinn (m.)

skip (n.)
sinteag: *an* *t*-sinteag, *na* sinteig, *na*
sinteagan (f.)

skipper
sgiobair: *an* sgiobair, *an* sgiobair,
na sgiobairean (m.)

skirt
sgiorta: *an* sgiorta, *na* sgiorta, *na*
sgiortaichean (f.)

skull
claigionn: *an* claigionn, *a'* chlaiginn,
na claignean (m.)

sky
iarmailt: *an* iarmailt, *na*
h-iarmailte, *na* h-iarmailtean (f.)

sky
speur: *an* speur, *na* speura, *na*
speuran (m.)

slate
sgleat: *an* sgleat, *na* sgleata, *na*
sgleatan (m.)

slave
tràill: *an* tràill, *an* tràill, *na*
tràillean (m.)

sleep
cadal: *an* cadal, *a'* chadail, *na*
cadail (m.)

sleep (v.)
caidil, a' cadal

sleeve
muinchill: *a'* mhuinchill, *na*
muinchill, *na* muinchillean (f.);
muilchinn: *a'* mhuilchinn, *na*
muilchinn, *na* muilchinnean (f.)

slide (v.)
sleamhnaich, a' sleamhnachadh

slogan
sluaghairm: *an t*-sluaghairm, *na* sluaghairme, *na* sluaghairmean (f.)

slope
leathad: *an* leathad, *an* leathaid, *na* leathaidean (m.); sliabh: *an* sliabh, *an t*-slèibh, *na* slèibhtean (m.)

slovenly (adj.)
rapach, *nas* rapaiche

slow (adj.)
mall, *nas* maille; slaodach, *nas* slaodaiche

slug (insect)
seilcheag: *an t*-seilcheag, *na* seilcheig, *na* seilcheagan (f.)

slumber
suain: *an t*-suain, *na* suaine (f.)

small (adj.)
beag, *nas* lugha

smart (adj.)
snasmhor, *nas* snasmhoire; tapaidh, *nas* tapaidhe

smoke
smùid: *an* smùid, *na* smùide (f.); ceò: *an* ceò, *a'* cheò (m.)

smoke (v.)
smoc, a' smocadh

smooth (adj.)
mìn, *nas* mìne

smooth (level) (adj.)
rèidh, *nas* rèidhe

snail
seilcheag: *an t*-seilcheag, *na* seilcheig, *na* seilcheagan (f.)

snake
nathair: *an* nathair, *na* nathrach, *na* nathraichean (f.)

sneezing (n.)
sreathartaich: *an t*-sreathartaich, *na* sreathartaiche (f.)

sniff (v.)
snòtaich, a' snòtadh

snip (v.)
rùisg, a' rùsgadh

snore (n.)

snore (n.)
srann: *an* srann, *an t*-sranna, *na* srannan (m.)

snore (v.)
srann, a' srannail

snow (n.)
sneachda: *an* sneachda, *an t*-sneachda (m.)

snug (adj.)
seasgar, *nas* seasgaire

so (adv.)
cho

e.g. so good
cho math

so (thus) (adv.)
mar sin

and so on
agus mar sin air adhart

soap
siabun: *an* siabun, *an t*-siabuin (m.)

social committee
comunn soisealta (m.) (See comunn)

society (association)
comunn: *an* comunn, *a'* chomuinn, *na* comuinn (m.)

sock
stocainn: *an* stocainn, *na* stocainne, *na* stocainnean (f.)

soft (adj.)
bog, *nas* buige

solan goose
sùlair: *an* sùlair, *an t*-sùlair, *na* sùlairean (m.)

soldier
saighdear: *an* saighdear, *an t*-saighdeir, *na* saighdearan (m.)

sole (of foot)
bonn: *am* bonn, *a'* bhuinn, *na* buinn AND bonnan (m.)

solve (v.)
fuasgail, a' fuasgladh

some . . . or other . . .
air chor-eigin

e.g. someone or other
fear air chor-eigin

some . . . others (prons.)
feadhainn . . .feadhainn eile

someone (pron.)

cuideigin

some (people or things) (pron.)
feadhainn: *an* fheadhainn, *na* feadhna (f.)

somersault
car-a-mhuiltean: *an* car-a-mhuiltean, *a'* chuir-a-mhuiltean, *na* cuir-a-mhuiltean (m.)

something (pron.)
rudeigin

something or other
rud air chor-eigin

sometime (adv.)
uaireigin

sometimes (adv.)
uaireanan

son
mac: *am* mac, *a'* mhic, *na* mic (m.)

song
òran: *an* t-òran, *an* òrain, *na* h-òrain (m.); dàn: *an* dàn, *an* dàin, *na* dàin (m.)

soon (adv.)
a dh'aithghearr; (ann) an ùine ghoirid

as soon as
cho luath's a (+ indep. form of v.)
e.g. I began to read as soon as I was in school
Thoisich mi a leughadh cho luath 's a bha mi anns an sgoil

soot
suith: *an* suith, *an* t-suith (m.)

sore (adj.)
goirt, *nas* goirte

sorrowful (adj.)
cianail, *nas* cianaile; smalanach, *nas* smalanaiche

sort
seòrsa: *an* seòrsa, *an* t-seòrsa, *na* seòrsachan (m.)

soup
brot: *am* brot, *a'* bhrota (m.)

south
deas

in the south
mu dheas

spaceman
speurair: *an* speurair, *an* speurair, *na* speurairean (m.)

spaceship
speur-shoitheach (m.) (See **soitheach**)

space helmet
speur-chlogaid (f.) (See **clogaid**)

spade
spaid: *an* spaid, *na* spaide, *na* spaidean (f.)

spar
spàrr: *an* spàrr, *an* spàrra, *na* spàrran (m.)

spark
sradag: *an* t-sradag, *na* sradaige, *na* sradagan (f.)

speak (to) (v.)
bruidhinn, *a'* bruidhinn (ri)

speak (v.)
labhair, *a'* labhairt

special (adj.)
àraidh; sònraichte, *nas* sònraichte

speckled (adj.)
breac, *nas* brice

spectacles (n. pl.)
speuclairean: *na* speuclairean (nom. pl.) *nan* speuclairean (gen. pl.)

speech
cainnt: *a'* chainnt, *na* cainnte, *na* cainntean (f.)

speech (talk or lecture)
òraid: *an* òraid, *na* h-òraide, *na* h-òraidean (f.)

speed
astar: *an* t-astar, *an* astair, *na* h-astair (m.); luathas: *an* luathas, *an* luathais (m.)

spend (time and money) (v.)
caith, *a'* caitheamh

spend (money) (v.)
cosg, *a'* cosg

spider
damhan-allaidh: *an* damhan-allaidh, *an* damhain-allaidh, *na* damhain-allaidh (m.)

spin (e.g. yarn) (v.)
sniomh, *a'* sniomh

spirit (morale)
aigne: *an* aigne, *na* h-aigne, *na*
h-aignean (f.)

spirit (of morale & religion)
spiorad: an spiorad, *an* spioraid, *na*
spioradan (m.)

spiritual (adj.)
spioradail, *nas* spioradaile

spite
mi-rùn: *am* mi-rùn, *a'* mhi-rùin (m.)

in spite of (prep.)
a dh'aindeoin

in spite of that
a dh'aindeoin (sin)

splinter
spealg: *an* spealg, *na* speilg, *na*
spealgan (f.)

split (v.)
sgàin, a' sgàineadh; sgoilt, a'
sgoilteadh

split (adj.)
sgoilte (p.p. of sgoilt)

spoil
mill, a' milleadh

spokesman
fear-labhairt (m.) (See fear)

spoon
spàin: *an* spàin, *na* spàine, *na*
spàinean (f.)

sport
spòrs: *an* spòrs, *na* spòrsa (f.)

spot
spot: *an* spot, *an* spoit, *na* spotan
(m.)

spotless (adj.)
gun smal (Lit. without spot)

spout
srùb: *an* srùb, *an* t-srùib, *na*
srùban (m.)

spout (v.)
steall, *a'* stealladh

sprain (v.)
sgoch, a' sgochadh

spread (v.)
sgap, a' sgapadh

sprightliness
sùnnd: *an* sùnnd, *an* t-sùnnd (m.)

Spring

Earrach: *an* t-earrach, *an* earraich,
na h-earraich (m.)

squint-eyed (adj.)
caogach, *nas* caogaiche

squirrel
feòrag: *an* f heòrag, *na* feòraige, *na*
feòragan (f.)

stab (v.)
sàth, a' sàthadh

stabbed
sàthte (p.p. of sàth)

stable
stàbull: *an* stàbull, *an* stàbuill, *na*
stàbullan (m.)

stack
cruach: *a'* chruach, *na* cruaiche, *na*
cruachan

stackyard
iodhlainn: *an* iodhlainn, *na*
h-iodhlainne, *na* h-iodhlainnean (f.)

stag
damh: *an* damh, *an* daimh, *na*
daimh (m.)

stage (theatre)
àrd-ùrlar: *an* t-àrd-ùrlar, *an* t-àrd
ùrlair, *na* h-àrd-ùrlaran (m.)

stain
spot: *an* spot, *an* spoit, *na* spotan
(m.)

stair(s)
staidhir: *an* staidhir, *na*
staidhreach, *na* staidhreachan (f.)

stamp
stampa: *an* stampa, *an* stampa, *na*
stampaichean (m.)

stand (v.)
seas, a' seasamh
e.g. I am standing
tha mi 'nam sheasamh (Lit. I am
in my standing)

standing stones
tursachan (pl.): *na* tursachan (nom.
pl.), *nan* tursachan (gen. pl.) (m.)

star
reul: *an* reul, *na* reil, *na* reulan (f.);
rionnag: *an* rionnag, *na* rionnaige,
na rionnagan (f.)

starling

druid: *an druid, na druide, na druidean* (f.)

start (through fear) (v.)
clisg, *a' clisgeadh*

state (condition)
staid: *an staid, na staide, na staidean* (f.)
e.g. **in a bad state**
    (ann) *an droch staid*

State (country)
stàt: *an stàt, na stàite, na stàtan* (f.)

statement
raidhinn: *an raidhinn, an raidhinn, na raidhinn* (m.)

stately (adj.)
stàiteil, *nas* stàiteile

stay (v.)
fuirich, *a' fuireach*

steal (from) (v.)
goid, *a' goid* (air)

steamer
bàta-smùid (m.) (See **bàta**)

steep (adj.)
cas, *nas* caise; corrach, *nas* corraiche

steep (e.g. in water) (v.)
bogaich, *a' bogachadh*

steer (v.)
stiùir, *a' stiùireadh*

step
ceum: *an ceum, a' cheuma, na ceuman* (m.)

stick
maide: *am maide, a' mhaide, na maidean* (m.)

stiff (adj.)
rag, *nas* raige

become stiff (v.)
rag, *a' ragadh*

sting
gath: *an gath, a' ghatha, na gathan* (m.)

sting (v.)
prioc, *a' priocadh*

stirk
gamhainn: *an gamhainn, a' ghamhna, na gamhna* (m.)

stocking
stocainn: *an stocainn, na stocainne, na stocainnean* (f.)

stomach
brù: *a' bhrù, na bronn, a' bhroinn* (dat. sing.), *na bruthan* (nom. pl.) (f. irr.); stamag: *an stamag, na stamaig, na stamagan* (f.)

stone
clach: *a' chlach, na cloiche, na clachan* (f.)

stone (slab)
leac: *an leac, na lice, na leacan* (f.)

stonemason
clachair: *an clachair, a' chlachair, na clachairean* (m.)

stoop (v.)
lùb, *a' lùbadh*

stop (v. intrans.)
sguir, *a' sgur*

stop (v. trans. & intrans.)
stad, *a' stad*

store (n.)
stòr: *an stòr, an stòir, na stòir* (m.)

storm
doinneann: *an doinneann, na doinninne, na doinneanan* (f.); gailleann: *a' ghailleann, na gaillinn, na gailleannan* (f.); sian: *an t-sian, na sine, na siantan* (f.); stoirm: *an stoirm, na stoirme, na stoirmean* (f.)

stormy (adj.)
stoirmeil, *nas* stoirmeile

story
sgeul: *an sgeul, na sgeoil, na sgeulan* (f.); sgeulachd: *an sgeulachd, na sgeulachd, na sgeulachdan* (f.)

short story
sgeulachd ghoirid (f.)

storyteller
seanachaidh: *an seanachaidh, an t-seanachaidh, na seanachaidhean* (m.); sgeulaiche: *an sgeulaiche, an sgeulaiche, na sgeulaichean* (m.)

straight (adj.)
dìreach, *nas* dìriche

strange (unusual) (adj.)
annasach, *nas* annasaiche

strange (foreign) (adj.)
coimheach, *nas* coimhiche

strange (amusing) (adj.)
neònach, *nas* neònaiche

stranger
coigreach: *an* coigreach, *a'*
choigrich, *na* coigrich (m.)

(the) Strathclyde Region
Roinn Strathchluaidh (f.)

streak
srian: *an t-*srian, *na* sreine, *na*
sriantan (f.); strioch: *an* strioch,
na striocha, *na* striochan (f.)

stream
allt: *an t-*allt, *an* uillt, *na* h-uillt
(m.); sruth: *an* sruth, *an t-*srutha,
na sruthan (m.)

street
sràid: *an t-*sràid, *na* sràide, *na*
sràidean (f.)

strength
lùths: *an* lùths, *an* lùiths (m.);
neart: *an* neart, *an* neirt (m.);
spionnadh: *an* spionnadh, *an*
spionnaidh (m.)

from strength to strength
bho neart gu neart

strengthen
neartaich, *a'* neartachadh

stretch (v.)
sìn, *a'* sìneadh

strife
strì: *an t-*strì, *na* strì (f.)

strike (industrial)
stailc: *an* stailc, *na* stailce, *na*
stailcean (f.)

strike (hit) (v.)
buail, *a'* bualadh

string
sreang: *an t-*sreang, *na* sreinge, *na*
sreangan (f.)

stroke (v.)
slìob, *a'* slìobadh

strong (adj.)
làidir: *nas* làidire AND *nas* treasa

struggle

strì: *an t-*strì, *na* strì (f.)

strut (v.)
spaidsirich, *a'* spaidsearachd

stubborn (adj.)
dùr, *nas* dùire

student
oileanach: *an t-*oileanach, *an*
oileanaich, *na* h-oileanaich (m.)

stuff
stuth: *an* stuth, *an* stuith, *na*
stuthan (f.)

stumble (v.)
tuislich, *a'* tuisleachadh

subject
cuspair: *an* cuspair, *a'* chuspair, *na*
cuspairean (m.)

substance
brìgh: *a'* bhrìgh, *na* brìghe (f.)

success
buaidh: *a'* bhuaidh, *na* buaidhe,
na buaidhean (f.); soirbheas: *an*
soirbheas, *an t-*soirbheis, *na*
soirbheis (m.)

such (adj.)
a leithid de (+ asp. + dat.)
e.g. Such weather!
A leithid de shìde!

sudden (adj.)
grad, *nas* graide; obann, *nas*
obainne

suddenly (adv.)
gu h-obann

suffer (v.)
fuiling, *a'* fulang

suffice (v.)
foghainn, *a'* foghnadh

sugar
siùcar: *an* siùcar, *an t-*siùcair (m.)

suit
deise: *an* deise, *na* deise, *na*
deiseachan (f.)

suitable (for) (adj.)
freagarrach, *nas* freagarraiche (do)

sulphur
pronnasg: *am* pronnasg, *a'*
phronnaisg (m.)

sum
suim: *an t-*suim, *na* suime, *na*

suimeannan (f.)

summer
samhradh: *an* samhradh, *an*
t-samhraidh, *na* samhraidhean (m.)

summer home
taigh-samhraidh (See **taigh**)

all summer long
fad an t-samhraidh

sun
grian: *a'* ghrian, *na* gréine (f.)

sunny (adj.)
grianach, *nas* grianaiche

sunbathe (v.)
blian, a' blianadh

Sunday
Di-Domhnaich (m.) La(tha) na
Sabaid (m.)

(the) sunset
dol fodha na gréine

supper
suipeir: *an t*-suipeir, *na*
suipeireach, *na* suipeirean (f.)

supple (adj.)
sùbailte, *nas* sùbailte

support
taic: *an* taic, *na* taice (f.)

sure (adj.)
cinnteach, *nas* cinntiche

surly (adj.)
iargalt, *nas* iargalta

surname
cinneadh: *an* cinneadh, *a'* chinnidh,
na cinnidhean (m.)

surprise
iongnadh: *an t*-iongnadh, *an*
iongnaidh, *na* h-iongnaidhean (m.)

I am surprised
Tha iongnadh orm

surprising (adj.)
iongantach, *nas* iongantaiche

suspicion
amharus: *an t*-amharus, *an*
amharuis, *na* h-amharuis (m.)

swan
eala: *an* eala, *na* h-eala, *na*
h-ealachan (f.)

swallow (v.)
sluig, a' slugadh

swear
mionnaich, a' mionnachadh

sweat
fallus: *am* fallus, *an* fhalluis (m.)

sweep (v.)
sguab, a' sguabadh

sweet (adj.)
milis, *nas* milse

sweet (of a tune) (adj.)
binn, *nas* binne

sweetheart
leannan: *an* leannan, *an* leannain,
na leannanan (f.)

sweet(s)
suiteas: *an* suiteas, *an t*-suiteis (m.);
mìlsean: *am* milsean, *a'* mhilsein
(m.); siucairean (m.) (See **siùcar**)

swell (v.)
at, ag at

swift (adj.)
bras, *nas* braise; luath, *nas* luaithe

swim (v.)
snàmh, a' snàmh

sword
claidheamh: *an* claidheamh, *a'*
chlaidheimh, *na* claidhmhnean (m.)

T

table
bòrd: *am* bòrd, *a'* bhùird, *na*
bùird (m.)

tale
seanachas: *an* seanachas, *an*
t-seanachais, *na* seanachasan (m.)

tail
earball: *an t*-earball, *an* earbaill,
na h-earbaill (m.)

tailor
tàillear: *an* tàillear, *an* tàilleir, *na*
tàillearan (m.)

take (v.)
gabh, a' gabhail; thoir, a' toirt
(Irr. v. See App.: **thoir**)

take off (v.)
cuir dhiom, dhiot etc.
e.g. I took off my coat

chuir mi dhiom mo chota

talk (to) (v.)
bruidhinn, a' bruidhinn (ri)

talkative (adj.)
briathrail, *nas* briathraile

tame (v.)
ceannsaich, a' ceannsachadh

tartan
breacan: *am* breacan, *a'* bhreacain, *na* breacanan (m.)

taste
blas: *am* blas, *a'* bhlais (m.)

tasty (adj.)
blasda, *nas* blasda

tax
màl: *am* màl, *a'* mhàil, *na* màil (m.)

tea
tì: *an* tì, *na* tì (f.)

cup of tea
strùpag: *an t*-strùpag, *na* strùpaige, *na* strùpagan (f.)

teach (v.)
teagaisg, a' teagasg; oileanaich, ag oileanachadh

teacher (female)
bean-teagaisg (f.) (See bean)

teacher (male)
fear-teagaisg (m.) (See fear)

tear (drop)
deur: *an* deur, *na* deura, *na* deuran AND *na* deòir (f.)

tear (v.)
reub, a' reubadh

tear away (v. trans.)
spion, a' spionadh

tease (v.)
tarraing a (See tarraing)

tell (to) (v.)
aithris, ag aithris (do); innis, ag innseadh (do)

ten (adj.)
deich

ten (n.)
a deich

tenth (adj.)
deicheamh

ten people (n.)
deichnear

tern
steàrnan: *an* steàrnan, *an* steàrnain, *na* steàrnanan (m.).

terrible (adj.)
oillteil, *nas* oillteile

terrier
abhag: *an* abhag, *na* h-abhaige, *na* h-abhagan (f.)

test
deuchainn: *an* deuchainn, *na* deuchainn, *na* deuchainnean (f.)

testament
tiomnadh: *an* tiomnadh, *an* tiomnaidh, *na* tiomnaidhean (m.)

The New Testament
An Tiomnadh Nuadh (m.)

The Old Testament
An Seann Tiomnadh (m.)

testimony
teisteanas: *an* teisteanas, *an* teisteanais, *na* teisteanais (m.); fianais: *an* f'hianais, *na* fianais, *na* fianaisean (m.)

than
na (See nas)

thankful (adj.)
taingeil, *nas* taingeile

that (pron.)
sin; siud
    e.g. That is the town
            Sin am baile

that (adj.)
art. + n. + sin.; art. + n. + siud; art. + n. + ud.
    e.g. that town
            am baile siud

that which
na (rel. pron.)

that (= which) (rel. pron.)
a

that (conj.)
gun (before indirect speech)

thatch
tughadh: *an* tughadh, *an* tughaidh (m.)

thaw
aiteamh: *an* aiteamh, *na* h-aiteimh (m.).

the (art.)
an, am (before b, f, m, p) (m. sing. nom.); an, a' + asp. before consonant (f. sing. nom.); na (f. gen. sing.); na (m. & f. nom. pl.); na h- (f. gen. sing. before a vowel); na h- (m. & f. nom. pl. before a vowel); nan, nam (before b, f, m, p) (m. & f. gen. pl.)

theft
meirle: *a'* mheirle, *na* meirle (f.)

their (adj.)
an; am (before b, f, m, p)

them (pron. direct object)
iad

then
an uair sin, nuair sin

then (not time) (adv.)
matà

there (adv.)
(ann) an siud; (ann) an sin

here and there
thall 's a bhos

there is/are (v.)
tha

therefore (adv.)
air an aobhar sin; a réisde

they (pron.)
iad

thick (adj.)
tiugh, *nas* tighe

thick (dense) (adj.)
dùmhail, *nas* dùmhaile

thicken (v.)
dùmhlaich, a' dùmhlachadh

thief
meirleach: *am* meirleach, *a'* mheirlich, *na* meirlich (m.)

thigh
sliasaid: *an t-*sliasaid, *na* sléisde, *na* sléisdean (f.)

thin (adj.)
caol, *nas* caoile; tana, *nas* taine

thing
ni: *an* ni, *an* ni, *na* nithean (m.); rud: *an* rud, *an* ruid, *na* rudan (m.)

think (v.)
saoil, a' saoilsinn; smaoin(t)ich, a'

smaoin(t)eachadh

third (adj.)
treas; tritheamh

thirst
pathadh: *am* pathadh, *a'* phathaidh, *na* pathaidh (m.)

I am thirsty
Tha am pathadh orm

thirty (men)
deich (fir) air fhichead

this (pron.)
seo
> e.g. **This is the town**
> Seo am baile

this (adj.)
art + n. + seo
> e.g. **this town**
> am baile seo

thistle
fóghnan: *am* fóghnan, *an* fhóghnain, *na* fóghnanan (m.)

thither (adv.)
a null; (a) nunn

thong
iall: *an* iall, *na* h-éille, *na* h-iallan (f.)

thought
smuain: *an* smuain, *na* smuaine, *na* smuaintean (f.)

thousand
mìle: *a'* mhìle, na mìle, na mìltean (f.) (usually in sing.)
> e.g. **ten thousand**
> deich mìle
> **a thousand people**
> mìle fear

thread
snàth: *an* snàth, *an t-*snàith, *na* snàithean (m.)

threaten (v.)
bagair, a' bagradh (air)

three (adj.)
tri

three (n.)
a tri

three people (n.)
triùir

thresh (v.)

thresh
  sùist, a' sùist

threshold
  stairnseach: *an* stairnseach, *na*
  stairsnich, *na* stairsnichean (f.)

throat
  sgòrnan: *an* sgòrnan, *an* sgòrnain,
  na sgòrnanan (m.); slugan: *an*
  slugan, *an* t-slugain, *na* sluganan (m.)

throb (v.)
  plosg, a' plosgadh

throw (v.)
  tilg, a' tilgeil

through (prep.)
  troimh (+ asp. + dat.)

through (adv.)
  troimhe

through me, you etc.
  See tromham

through (by means of) (prep.)
  trid (+ gen.)

throughout (prep.)
  air feadh (+ gen.)

thrush
  smeòrach: *an* smeòrach, *na*
  smeòraich, *na* smeòraichean (f.)

thrust (v.)
  spàrr, a' sparradh

thumb
  òrdag: *an* òrdag, *na* h-òrdaige, *na*
  h-òrdagan (f.)

thunder
  tairneanach: *an* tairneanach, *an*
  tairneanaich (m.)

Thursday
  Diardaoin (m.)

thus (adv.)
  mar sin

ticket
  bileag: a' bhileag, *na* bileig, *na*
  bileagan (f.)

tide
  seòl-mara (See seòl)

neap-tide
  còntraigh: a' chòntraigh, *na*
  còntraighe, *na* còntraighean (f.)

spring-tide
  reothart: *an* reothart, *na* reothairt,
  na reothartan (f.)

tidy (v.)
  sgioblaich, a' sgioblachadh

tidy (adj.)
  sgiobalta, *nas* sgiobalta

tie (v.)
  ceangail, a' ceangal

tighten (v.)
  teannaich, a' teannachadh

timber
  fiodh: *am* fiodh, *an* fiodha, *na*
  fiodhan (m.)

time (not on the clock)
  am: *an* t-am, *an* ama, *na*
  h-amannan (m.); tìde: *an* tìde, *an*
  tìde (m.); ùine: *an* ùine, *na* h-ùine,
  na h-ùineachan (f.)

time (on the clock)
  See uair

all the time
  fad na tìde (See fad)

for a long time
  o chionn f'hada

for a short time
  o chionn ghoirid

in a short time
  an ceartair; an ùine ghoirid

from time to time
  bho am gu am

Take your time!
  Air do shocair! (Lit. at your leisure)

What time is it?
  Dé an uair a tha e?

timid (adj.)
  meata, *nas* meata

tin (metal)
  staoin: *an* staoin, *na* staoine (f.)

tinker
  ceàrd: *an* ceàrd, a' cheàird, *na*
  ceàrdan (m.)

tired (adj.)
  sgìth, *nas* sgìthe

tiring (adj.)
  sgitheil, *nas* sgìtheile

to (a)
  gu (+ acc.); do (+ asp. + dat.)

to (the)
  chun (+ art. + gen.); do (+ art.
  + dat.)

to (as far as)
  gu ruige (+ acc.)
to (a) (no movement)
  ri (+ dat.)
to (the) (no movement)
  ris (+ art. + dat.)
to me, you etc
  See dhomh; rium; thugam
toad
  losgann: *an* losgann, *na* losgainn,
  na losgannan (f.)
tobacco
  tombaca: *an* tombaca, *an* tombaca
  (m.)
tobacco pouch
  spliùchan: *an* spliùchan, *an*
  spliùchain, *na* spliùchanan (m.)
today
  an diugh
together (adv.)
  còmhla; còmhla ri chèile
together with (prep.)
  comhla ri (+ dat.); maille ri (+
  dat.); cuide ri (+ dat.)
to-morrow
  am maireach
tongs
  clobha: *an* clobha, *a'* chloba, *na*
  clobhaichean (m.)
to-night (adv.)
  an nochd
tongue
  teanga: *an* teanga, *na* teangaidh, *na*
  teangannan (f.)
too (adv.)
  ro (+ asp.)
too much (adv.)
  cus
tooth
  fiacail: *an* f hiacail, *na* fiacla, *na*
  fiaclan (f.)
toothache
  déideadh: *an* déideadh, *an*
  déididh (m.)
top
  bàrr: *am* bàrr, *a'* bharra, *na*
  barran (m.); mullach: *am* mullach,
  a' mhullaich, *na* mullaichean (m.);

  uachdar: *an t*-uachdar, *an*
  uachdair, *na h*-uachdaran (m.)
tortoise
  sligeanach: *an* sligeanach, *an*
  t-sligeanaich, *na* sligeanaich (m.)
tossing (adj.)
  luasgannach, *nas* luasgannaiche
tourists
  luchd-turuis (m.) (See **luchd**)
towards (prep.)
  a dh'ionnsaigh (+ gen.)
towards me you etc.
  See ionnsaigh
towel
  searbhadair: *an* searbhadair, *an*
  t-searbhadair, *na* searbhadairean
  (m.)
tower
  tùr: *an* tùr, *an* tùir, *na* tùir (m.)
town
  baile: *am* baile, *a'* bhaile, *na*
  bailtean (m.)
trace
  lorg: *an* lorg, *na* luirge, *na* lorgan
  (f.)
track
  lorg: *an* lorg: *na* luirge, *na* lorgan
  (f.)
trade
  ceàird: *a'* cheàird, *na* ceàirde, *na*
  ceàirdean (f.)
train
  tren: *an* tren, *na* treana, *na*
  treanachan (f.)
tranquillity (n.)
  fois: *an* f hois, *na* foise (f.)
translate (v.)
  eadartheangaich, ag
  eadartheangachadh
transmitter
  crann-sgaoilidh (m.) (See **crann**)
transport
  giùlan: *an* giùlan, *a'* ghiùlain, *na*
  giùlanan (m.)
travel (v.)
  siubhail, a' siubhal
tread (v.)
  saltraich, a' saltairt

treasure
  ulaidh: *an* ulaidh, *na h*-ulaidhe,
  na h-ulaidhean (f.)
tree
  craobh: *a'* chraobh, *na* craoibhe,
  na craobhan (f.)
tribe
  treubh: *an* treubh, *na* treubha,
  treubhan (f.)
trick
  foill: *an* fhoill, *na* foille, *na*
  foilltean (f.)
trip (excursion)
  cuairt: *a'* chuairt, *na* cuairte, *na*
  cuairtean (f.); sgriob: *an* sgriob,
  na sgrioba, *na* sgrioban (f.)
triumphant (adj.)
  buadhmhor, *nas* buadhmhoire
trousers
  briogais, *a'* bhriogais, *na* briogaise,
  na briogaisean (f.)
trout
  breac: *am* breac, *a'* bhric, *na* bric
  (m.)
true (adj.)
  fior, *nas* fiora; firinneach, *nas*
  firinniche
trustee
  urrasair: *an t*-urrasair, *an*
  urrasair, *na h*-urrasairean (m.)
truth
  firinn: *an* fhirinn, *na* firinne (f.)
to tell the truth
  leis an fhirinn innseadh
try (v.)
  feuch, a' feuchainn
Tuesday
  Di Mairt (m.)
tuft
  bad: *am* bad, *a'* bhaid, *na* baid (m.)
tune
  fonn: *am* fonn, *an* fhuinn, *na*
  fuinn (m.); port: *am* port, *a'*
  phuirt, *na* puirt AND *na* portan
  (m.)
tune (an instrument) (v.)
  gleus, a' gleusadh
turn (v.)

tionndaidh, a' tionndadh
turnip
  sneip: *an t*-sneip, *na* sneipe, *na*
  sneipean (f.)
tweed
  clò: an clò, a' chlò, *na* clòthan (m.)
twentieth (adj.)
  ficheadamh
twenty (adj.)
  fichead (+ sing. n.)
    e.g. twenty years
        fichead bliadhna
twice
  dà uair
twig
  ògan: *an t*-ògan, *an* ògain, *na*
  h-òganan (m.)
twighlight
  camhanaich: *a'* chamhanaich, *na*
  camhanaiche (f.)
twist
  car: *an* car, *a'* chuir, *na* cuir AND
  na caran (m.)
twisting (adj.)
  lùbach, *nas* lùbaiche
two (adj.)
  dà (+ asp. + sing. n.)
two (n.)
  a dhà
two people (n.)
  dithis
    e.g. two of us
        dithis againn
typewriter
  clò-sgriobhadair (m.) (See
  sgriobhadair)

U

uamhasach (adv.)
  very, extremely
ugly (adj.)
  grannda, *nas* grannda
uncle (maternal)
  bràthair-màthar (m.) (See **brathair**)
uncle (paternal)
  bràthair-athar (m.) (See **brathair**)
uncomfortable (adj.)
  an-shocair, *nas* an-shocraiche;

mi-chomhfhurtail, *nas*
mi-chomhfhurtaile
uncommon (adj.)
neo-chumanta, *nas* neo-chumanta
under (prep.)
fo (+ asp. + dat.)
under (adv.)
fodha
under me you etc.
See fodham
understand (v.)
tuig, a' tuigsinn
understanding
tuigse: *an* tuigse, *na* tuigse (f.)
unenterprising (adj.)
lag-chuiseach, *nas* lag-chuisiche
uneven (adj.)
corrach, *nas* corraiche
unfortunate (adj.)
mi-shealbhach, *nas* mi shealbhaiche
ungrateful (adj.)
mi-thaingeil, *nas* mi thaingeile
unhappy (adj.)
mi-thoilichte, *nas* mi-thoilichte
unit
earrann: *an* earrann, *na h-*earrainn,
*na h-*earrannan (f.)
university
oilthigh: *an t-*oilthigh, *an* oilthighe,
*na h-*oilthighean (m.)
unless (conj.)
mur (a) (+ dep. form of v.)
unnatural (adj.)
mi-nàdurrach, *nas* mi-nàdurraiche
untie (v.)
fuasgail, a' fuasgladh; sgaoil, a'
sgaoileadh
until (a) (prep.)
gu
until (the) (prep.)
gus (+ art.)
until (conj.)
gus an (+ dep. form of v.)
unusual (adj.)
neo-àbhaisteach, *nas* neo-
àbhaisteiche; neo-chumanta, *nas*
neo-chumanta
up (from below) (adv.) (i.e. motion

upwards)
(a) nìos
up (no movement) (adv.)
shuas
up (wards) (adv.)
suas
uproar
ùpraid: *an* ùpraid, *na h-*ùpraide,
*na h-*ùpraidean (f.)
up to
suas ri + dat.
upside down
bun os cionn
us (pron. direct object)
sinn
use
feum: *am* feum, *an* fheuma, *na*
feuman (m.)
use (v.)
cleachd, a' cleachdadh
useful (adj.)
feumail, *nas* feumaile
usual (adj.)
àbhaisteach, *nas* àbhaistiche
as usual (adj.)
mar is àbhaist
usually
mar is trice; See àbhaist
utmost (n.)
dìchioll: *an* dìchioll, *an* dìchill (m.)
e.g. **I did my utmost**
Rinn mi mo dhìchioll

V

valuable (adj.)
luachmhor, *nas* luachmhoire;
priseil, *nas* priseile
value
luach: *an* luach, *an* luach (m.)
variety (n.)
caochladh: *an* caochladh, *a'*
chaochlaidh, *na* caochlaidhean (m.)
e.g. **variety of people**
caochladh dhaoine
vegetable
lus: *an* lus, *an* luis, *na* lusan (m.)

venison
  sithionn: *an t*-sithionn, *na* sìthne
  (f.)
verse (of poetry)
  rann: *an* rann, *an* rainn, *na* rannan
  (m.)
very (adv.)
  glé (+ asp.)
    e.g. very busy
         glé thrang
very (adv.)
  gu math; uamhasach
    e.g. very busy
         gu math trang
vessel (i.e. ship)
  soitheach: *an* soitheach, *an*
  t-soithich, *na* soithichean (m.)
vex (v.)
  sàraich, a' sàrachadh
vicinity
  coimhearsnachd: *a'* choimhears-
  nachd, *na* coinhearsnachd (f.)
view
  sealladh: *an* sealladh, *an*
  t-seallaidh, *na* seallaidhean (m.)
village
  baile beag: *am* baile beag, *a'*
  bhaile bhig, *na* bailtean beaga (m.)
violence
  fòirneart: *am* fòirneart, *an*
  f'hòirneirt (m.)
virtue
  beus: *am* beus, *a'* bheus, *na*
  beusan (m.); buadh: *a'* bhuadh, *na*
  buaidh, *na* buadhan (f.)
visit (v.)
  tadhail, a' tadhal (air)
vocabulary
  faclair: *am* faclair, *an* f'haclair, *na*
  faclairean (m.)
voice
  guth: *an* guth, *a'* ghutha, *na*
  guthan (m.)
at the top of my voice
  àrd mo chlaiginn
vowel
  fuaimreag: *an* f'huaimreag, *na*
  fuaimreige, *na* fuaimreagan (f.)

W

wage
  tuarasdal: *an* tuarasdal, *an*
  tuarasdail, *na* tuarasdail (m.)
waistcoat
  peitean: *am* peitean, *a'* pheitein, *na*
  peiteanan (m.)
wait (v.)
  feith, a' feitheamh
wait for (v.)
  fuirich, a' fuireach ri; feith, a'
  feitheamh ri
waiting room
  seòmar-fuirich (m.) (See **seòmar**)
waken (v.)
  dùisg, a' dùsgadh
walk (v.)
  coisich, a' coiseachd
walk
  sgriob: *an* sgriob, *na* sgrioba, *na*
  sgrioban (f.)
wall
  balla: *am* balla, *a'* bhalla, *na*
  ballachan (m.)
want (v.)
  iarr, ag iarraidh
war
  cogadh: *an* cogadh, *a'* chogaidh, *na*
  cogaidhean (m.)
wares
  badhar: *am* badhar, *a'* bhadhair
  (m.)
warm (adj.)
  blàth, *nas* blàithe
warmth
  blàths: *am* blàths, *a'* bhlàiths (m.)
warning
  rabhadh: *an* rabhadh, *an* rabhaidh,
  na rabhaidh (m.); sanas: *an* sanas,
  an t-sanais, *na* sanasan (m.)
warrior
  laoch: *an* laoch, *an* laoich, *na*
  laoich (m.)
warship
  long-cogaidh (f.) (See **long**)
was
  bha (p.t. of **tha**)

wash (v.)
nigh, a' nighe

wasp
speach: an speach, na speacha, na speachan (f.)

waste (time) (v.)
cosg, a' cosgadh

watch (timepiece)
uaireadair: an t-uaireadair, an uaireadair, na h-uaireadairean (m.)

water (fresh)
bùrn: am bùrn, a' bhùirn (m.)

water
uisge: an t-uisge, an uisge, na h-uisgeachan (m.)

water-cress
biolair: a' bhiolair, na biolaire, na biolairean (f.)

waterfall
eas: an eas, na h-easa, na h-easan (f.)

waterproof (adj.)
dionach, nas dionaiche

waulk (cloth) (v.)
luaidh, a' luadhadh

waulking (cloth)
luadhadh: an luadhadh, an luadhaidh, na luadhaidh (m.)

waulking song
òran-luaidhidh (m.) (See òran)

wave
tonn: an tonn, an tuinn, na tuinn (m.)

wave (to) (v.)
smeid, a' smeideadh (ri)

way (method)
dòigh: an dòigh, na dòighe na dòighean (f.)

way (route)
slighe: an t-slighe, na slighe, na slighean (f.)

weak (adj.)
fann, nas fainne; lag, nas laige

weakness
laigse: an laigse, na laigse, na laigsean (f.)

wealth
beartas: am beartas, a' bheartais

(m.); ionmhas: an t-ionmhas, an ionmhais, na h-ionmhasan (m.)

wealthy (adj.)
beartach, nas beartaiche

wear away (v.)
bleith, a' bleith

weariness
sgios: an sgios, na sgios (f.)

weasel
neas: an neas, na neasa, na neasan (f.)

weather
aimsir: an aimsir, na h-aimsire, na h-aimsirean (f.)

weather
side: an t-side, na side (f.)

weatherproof (adj.)
seasgair, nas seasgaire

weaver
breabadair: am breabadair, a' bhreabadair, na breabadairean (m.)

we (pron.)
sinn

wedding
banais: a' bhanais, na bainnse, na bainnsean (f.)

Wednesday
Di-Ciadaoin (m.)

week
seachdain: an t-seachdain, na seachdaine, na seachdainean (f.)

this week (coming)
an t-seachdain seo tighinn

last week
an t-seachdain seo chaidh

weep (v.)
caoin, a' caoineadh

weigh (v.)
tomhais, a' tomhas

welcome
fàilte: an fhàilte, na fàilte, na fàiltean (f.)

you are welcome
'se do bheatha (sing.); 'se ur beatha (pl.)

well
tobar: an tobar, an tobair, na tobraichean (m.)

well (adv.)
  gu math
were
  bha
west
  iar: an iar (f.)
west(ern) (adj.)
  siar
Western Isles (the)
  Na h-Eileanan Siar (m. pl.)
wet
  fliuch, *nas* fliche
whale
  muc-mhara (f.) (See muc)
what? (interog.)
  dé?
What a (crowd)!
  abair (grunn)!
what(so)ever (pron.)
  ge b'e air bith (a) (+ indep. form
  of v.; + rel. fut.)
whatever? (pron.)
  ciod air bith (a) (+ indep. form of
  v.; + rel. fut.)
wheel
  cuibhle: *a'* chuibhle, *na* cuibhle, *na*
  cuibhleachan (f.); roth: *an* roth, *an*
  rotha, *na* rothan (m.)
when? (adv.)
  cuine (a) (+ indep. form of v.; +
  rel. fut.)
    e.g. **When were they here?**
        Cuine a bha *iad* an seo?
when (not a question)
  nuair (an uair) a (+ indep. form
  of v.; + rel. fut.)
whenever (adv.)
  ge b'e uair a (+ indep. form of v.;
  + rel. fut.)
where? (adv.)
  càite (an) (+ dep. form of v.)
    e.g. **Where were you yesterday?**
        Càite an robh thu an dé?
where (not a question)
  far an (+ dep. form of v.)
    e.g. **the town where I was born**
        am baile far an do rugadh
        mi

which (rel. pron.)
  a
which . . . not
  nach (+ dep. form of v.)
while (n.)
  greis: *a'* ghreis, *na* greise, *na*
  greisean
for a while
  airson greis
whip
  cuip: *a'* chuip, *na* cuipe, *na*
  cuipean (f.)
whisper (n.)
  cagar: *an* cagar, *a'* chagair, *na*
  cagairean (m.)
whisper (v.)
  cagair, a' cagar
whistling
  feadaireachd: am feadaireachd, *an*
  fheadaireachd (m.)
white (adj.)
  bàn, *nas* bàine; geal, *nas* gile
whittle (v.)
  slisnich, a' slisneadh
who (rel. pron.)
  a (+ indep. form of v.; + rel.
  fut.)
who? (pron.)
  có (+ indep. form of v.; + rel. fut.)
whoever? (pron.)
  có air bith (a) (+ indep. form of v.;
  + rel. fut.)
who(so)ever
  ge b'e có (a) (+ indep. form of v.;
  + rel. fut.)
whose?
  có leis (a) (+ indep. form of v.;
  + rel. fut.)
    e.g. **Whose is this book?**
        Có leis a tha an leabhar
        seo?
why? (adv.)
  carson (a)? (+ ind. form of v.; +
  rel. fut.)
wicked (adj.)
  aingidh, *nas* aingidhe
wickedness
  olc: *an t*-olc, *an* uilc, *na h*-uilc (m.)

wide (adj.)
farsaing, *nas* farsainge

widow
banntrach: *a'* bhanntrach, *na* banntraiche, *na* banntraichean (f.)

wife
bean: *a'* bhean, *na* mnatha, *a'* mhnaoi (dat. sing.), *na* mnatha, *a'* (nom. pl.), *nam* ban (gen. pl.) (f. irr.); céile: *a'* chéile, *na* céile (f.)

wild (adj.)
fiadhaich, *nas* fiadhaiche; greannach, *nas* greannaiche

willing (adj.)
deònach, *nas* deònaiche

willow
seileach: *an* seileach, *an* t-seilich, *na* seilich (m.)

win
buannaich, *a'* buannachd

wind
gaoth: *a'* ghaoth, *na* gaoithe, *na* gaothan (f.)

wind (v.)
sniomh, *a'* sniomh

window
uinneag: *an* uinneag, *na* h-uinneige, *na* h-uinneagan (f.)

wine
fion: *am* fion, *an* f'hiona, *na* fionan (m.)

wing
sgiath: *an* sgiath, *na* sgèithe, *na* sgiathan (f.)

wink
priobadh: *am* priobadh, *a'* phriobaidh, *na* priobaidhean (m.)

wink (v.)
priob, *a'* priobadh; caog, *a'* caogadh

in the wink of an eye
(ann) am priobadh na sùla

winter
geamhradh: *an* geamhradh, *a'* gheamhraidh, *na* geamhraidhean (m.)

wipe (v.)
suath, *a'* suathadh

wisdom
gliocas: *an* gliocas, *a'* ghliocais (m.)

wise (adj.)
glic, *nas* glice

wish
dùrachd: *an* dùrachd, *na* dùrachd, *na* durachdan (f.); toil: *an* toil, *na* toile (f.)

with every good wish
leis gach deagh dhùrachd (subscription to a letter)

I wish
is miann leam (+ n. nom.)

with (a)
le (+ dat.)

with (the)
leis (+ art. + dat.)

with me, you etc
See leam

with (in company with)
comhla ri; maille ri; cuide ri

wither (trans. & intrans.) (v.)
searg, *a'* seargadh

without (prep.)
as eughmhais (+ gen.); as aonais (+ gen.); gun (+ asp.)

witness
fianais: *an* f'hianais, *na* fianais, *na* fianaisean (f.)

wolf
madadh-allaidh (m.) (See **madadh**)

woman
bean: *a'* bhean, *na* mnà, *a'* mhnaoi (dat. sing.) *na* mnathan (nom. pl.) (f. irr.); boireannach: *am* boireannach, *a'* bhoireannaich, *na* boireannaich (m.)

wonder
iongnadh: *an* t-iongnadh, *an* iongnaidh, *na* h-iongnaidhean (m.)

wool
clòimh: *a'* chlòimh, *na* clòimhe (f.`)

word
briathar: *am* briathar, *a'* bhriathair, *na* briathran (m.); facal: *am* facal, *an* f'hacail, *na* faclan (m.)

wordy (adj.)

briathrail, *nas* briathraile

work
obair: *an* obair, *na* h-obrach, *na*
h-oibrichean (f.); saothair: *an*
t-saothair, *na* saothrach, *na*
saothraichean (f.)

work (v.)
obair, ag obair; oibrich, ag obair;
saothraich, a' saothrachadh

workers, work force
luchd-obrach (m.) (See **luchd**)

workman
oibriche: *an t*-oibriche, *an*
oibriche, *na* h-oibrichean (m.)

world
saoghal: *an* saoghal, *an*
t-saoghail, *na* saoghalan (m.)

wordly (adj.)
talmhaidh, *nas* talmhaidhe

worry
iomaguin: *an* iomaguin, *na*
h-iomaguine, *na* h-iomaguinean (f.);
uallach: *an t*-uallach, *an* uallaich,
na h-uallaichean (m.)

worried (adj.)
fo iomacheist (Lit. under perplexity)

worship
adhradh: *an t*-adhradh, *an*
adhraidh, *na* h-adhraidhean (m.)

worthy (of) (adj.)
airidh, *nas* airidhe (air)

worthy (adj.)
gasda, *nas* gasda

wound (n.)
lot: *an* lot, *an* lota, *na* lotan (m.)

wound (v.)
leòn, a' leòn; lot, a' lotadh

wounded (adj.)
leònte (p.p.) (See **leòn**)

wrap (v.)
paisg, a' pasgadh

wrap (with a cord, string etc.) (v.)
suain, a' suaineadh

wren
dreathann-donn: *an* dreathann-
donn, *na* dreathainn-duinn, *na*
dreathainn donna (f.)

wrinkle

preas: *am* preas, *a'* phreasa, *na*
preasan (m.)

wrinkled (adj.)
preasach, *nas* preasaiche

write (v.)
sgrìobh, a' sgrìobhadh

writer
sgrìobhaiche: *an* sgrìobhaiche, *an*
sgrìobhaiche, *na* sgrìobhaichean
(m.); sgrìobhadair: *an*
sgrìobhadair, *an* sgrìobhadair, *na*
sgrìobhadairean (m.)

wrong (adj.)
ceàrr, *nas* ceàrra

Y

yarn (thread)
snàth: *an* snàth, *an t*-snàith, *na*
snàithean (m.)

yawl
geòla: *a'* gheòla, *na* geòla, *na*
geòlaidhean (f.)

year
bliadhna: *a'* bhliadhna, *na*
bliadhna, *na* bliadhnachan (f.)

this year
am bliadhna

yellow (adj.)
buidhe, *nas* buidhe

yes! (adv.)
seadh! (Strictly speaking, there is
no Gaelic word for "yes")

yesterday
an dé

the day before yesterday
air a bho'n dé

yet (adv.)
fhathast

yield (to) (v.)
géill, a' géilleadh (do)

yonder (adv.)
thall; an siud

you (sing.)
thu

you (pl.), you (sing. polite)
sibh

young (adj.)
  òg, *nas* òige
young man
  òganach: *an* t-òganach, *an*
  òganaich, *na* h-òganaich (m.)
young people
  òigridh: *an* òigridh, *na* h-òigridhe
  (f.)
your (sing.) (adj.)
  do (+ asp.)

your (pl.) (adj.)
  (bh)ur
youth (coll. n.)
  òige: *an* òige, *na* h-òige (f.)

Z

zoology
  mial-eòlas: *am* mial-eòlas, *a'*
  mhial-eòlais (m.)

APPENDIX

Irregular Verbs

Root	Past Tense	Future Tense	Verbal Noun
Abair, say	Indep. Thuirt Dep. Cha tuirt Dep. An tuirt?	Indep. Their Dep. Chan abair Dep. An abair?	Ag ràdh, saying
Beir + air, catch	Rug Cha d'rug An d'rug?	Beiridh Cha bheir Am beir?	A'beirsinn, & a'breith catching
Cluinn, hear	Chuala Cha chuala An cuala?	Cluinnidh Cha chluinn An cluinn?	A'cluinntinn, hearing
Dean, do	Rinn Cha d'rinn An d'rinn?	Ni Cha dean An dean?	A'deanamh, doing
Faic, see	Chunnaic Chan f haca Am faca?	Chi Chan f haic Am faic?	A'faicinn, seeing
Faigh, get	Fhuair Cha d'fhuair An d'fhuair?	Gheibh Chan f haigh Am faigh?	A'faighinn, & a'faotainn getting
Rach, go	Chaidh Cha deachaidh An deachaidh?	Theid Cha teid An teid?	A'dol, going
Ruig, reach	Rainig Cha d'rainig An d'rainig?	Ruigidh Cha ruig An ruig?	A'ruigheachd, & a'ruigsinn reaching
Thig, come	Thainig Cha tainig An tainig?	Thig Cha tig An tig?	A'tighinn, coming
Thoir, give	Thug Cha tug An tug?	Bheir Cha toir An toir?	A'toirt, giving

Also available:

The Birthday Surprise
Fun on the Pond
Visitors to Stay
Winter's Coming

Text © Margaret Carter 1994
Illustrations © Richard Fowler 1994
First published 1994 by
Campbell Books
12 Half Moon Court · London EC1A 7HE
All rights reserved

Printed in Italy

ISBN 1 85292 213 3

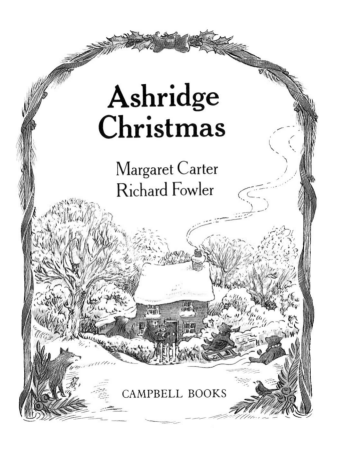

Ashridge
Christmas

Margaret Carter
Richard Fowler

CAMPBELL BOOKS

The puddings had been made. The cake had been iced.

It was the day before Christmas and in
their cottage in the great wood called
Ashridge, the Bear family – father, mother, Tim,
George and Daisy – were busy getting ready for
Christmas Day. The puddings had been made.
The cake had been iced. 'And now,' said father,
'it's time to bring home the Christmas tree!'

'Hooray!' cried the children.

'It's too cold for Daisy to walk,' said
mother. 'She can ride on the sledge.'

Father put his spade over his shoulder
and led the way into the woods. It took them
some time to find just the right tree.

'What about that one?' asked George, pointing.

'Yes, I do believe that's the one for us,'
agreed father. 'Well done, George!'

He began to dig round the tree.

'I must take care not to break any of the roots,' he explained. 'Then, after Christmas, we can plant it again and it will grow as well as ever.' Just then there was a loud creak and slowly, slowly the tree began to lean sideways. It gave one last creak, and then it fell.

'Hooray!' cried Tim, 'we've got our tree!' And the boys were so pleased they danced a little jig round the fallen tree.

'Now we must find some pine cones to paint for decorations,' said George. 'And holly,' added father. 'Holly with fat red berries.'

While George searched for pine cones, Tim gathered big bunches of holly and ivy. Soon the sledge was so full there was no room for Daisy. 'I'll give her a piggyback,' said father. And so, very happily, they all trudged home.

All that afternoon they made Christmas
decorations. They hung strips of silver paper
on the tree. They made paper chains and rows
of little angels holding hands. 'Now let's
paint the pine cones,' said Tim. 'Here's a
little one for you, Daisy.'

Daisy wasn't really very good at painting
yet, but the boys helped her.

Soon they had painted lots of cones in bright colours which father helped them to hang on the tree.

'Now we must put blobs of white paint on the holly leaves to make it look like snow,' said George. 'And sprinkle on glitter for frost.'

When mother came to see how they were getting on, she began to smile. 'Look at Daisy,' she whispered. On Daisy's nose was a little blob of white paint! 'She did get rather near my paint brush,' said George, giggling.

Now the last decorations were put on the tree and presents piled all around.

'No peeping, Tim,' laughed father.

George was looking out of the window. 'I'm sure I can hear singing,' he said.

*Now the last decorations were put on the tree
and presents piled all around.*

Father opened the front door. In the pathway of light which shone from the house they saw the carol singers – mice singing, hedgehog holding the lantern, badger conducting, fox beating time. The bears listened in silence.

When the last sweet notes had faded, how they clapped. 'Come in, come in,' cried father. 'There's food for everyone! Come in, come in!'

The carol singers came inside and they
all gathered round the warm fire for hot
drinks, soup and sausage rolls. In the firelight
the tree glowed and sparkled.

At last it was time for the singers to go.

Father and the boys waved goodbye
until they could see them no longer. Only
the faint sound of distant singing drifted
back through the trees.

Tim shivered. 'Cold, Tim?' asked father, as he put an arm round each boy. Far away they heard a clock striking. From inside the house came the sound of mother singing a lullaby. 'She's singing Daisy to sleep,' said George. The singing stopped. The light in the window went out.

'Daisy's asleep,' yawned Tim.

'And it's time for us to sleep,' said father. 'The sooner to sleep, the sooner to wake – and what a day tomorrow will be!'

The front door closed. The lights went out. For a moment it seemed that a shadow in a red coat and hood passed a window but perhaps that was a trick of the moonlight. . .

Then slowly, gently, the snow began. Drifting across the dark night sky, white flakes settled on the small house until it was covered in a soft blanket. Only the stars and the moon looked down on this silent, white world which seemed to be waiting, motionless, for Christmas Day.

George woke first. He yawned. He
rubbed his eyes. He stretched his legs.
He could feel something on the bed.
It was something heavy – and bumpy.
He sat up to look.

It was the Christmas stocking he'd
put there last night. Only now it was full
and very fat. During the night someone
had put things into his stocking.

'Tim, Tim!' he called. 'Wake up!
It's Christmas!'

In one moment Tim was wide awake and had scrambled down the bed to reach his stocking.

'I've got a colouring book,' he called.

'I've got a sticker book,' said George, 'and a jigsaw with lots of pieces.'

'I've got colouring pencils,' said Tim. 'And a notebook – ooh, here's something – I think it's a ball . . . no, it's a tangerine. And some nuts.'

'I've got those too,' cried George.

'Come on, George, we must get downstairs to see mother and father open their presents.'

Tim was already out of bed and through the door, nearly knocking into father who was carrying Daisy. 'Happy Christmas!' they all said together.

'Look out of the window, boys,' said father.

Both boys rushed so quickly to look that they squashed their noses on the window.

'It's all white!' George gasped. 'It's been *snowing!* Tim, we can make a snowman!'

'What about your present?' asked father. 'Don't you want to open that first?'

'Oh yes – open the present first, then we can build a snowman. Shall we, Tim?'

'Good idea,' said Tim. 'Come on, George, let's see what we've got!'

'It's all white!' George gasped. 'It's been snowing!'

Under the tree was an enormous parcel.
'It's for both of you boys,' said mother.
Inside was a large wooden truck. 'It's got
wheels that go round,' shouted George, 'and
a real tip up!' 'Oh thank you,' they both said
together. 'Let's wheel Daisy's present
over to her in our new truck. Are you
ready, Daisy?'

Daisy had been sitting on the floor, looking rather surprised at all the noise but she was very pleased indeed when George very carefully tipped her present into her lap.

'Special truck delivery!' he called in a loud voice, helping her to open the parcel. Inside was a windmill, a new hairbrush and a big smiley mask – which she put on at once and made them all laugh.

Inside mother's present were four blue
flowers, which smelt beautiful. 'We grew them
ourselves,' explained Tim. Father's present
rattled a great deal because inside were
five tins, labelled *Nails, Big Nails, Screws,
Big Screws, Hooks*. 'Now you won't keep
losing them,' George said.

'I can't wait to show grandpa and grandma our presents,' said Tim. 'Will they be here soon?' '*Very* soon,' said mother, looking out of the window, 'because here they come!'

Next moment both boys were running
to welcome their grandparents.

'Happy Christmas!' they cried.

'We've made you a bird table so you
can feed the birds in winter,' said grandpa.
'Thank you!' said Tim and George, hugging
him and grandma.

'Just look at all this lovely snow,' said grandma. 'I know what I'm going to do . . . *make a snowman!* Come on, boys, make a big fat ball for his tummy!' They all worked so hard that soon they'd made an *enormous* snowman.

They had just finished when mother called from the door, 'Isn't anybody hungry?' 'Yes, we are!' they shouted and they all ran as fast as they could to the house.

They ate the delicious food until they could not manage one more bite. They pulled crackers, wore paper hats and were very, very happy.

Father rubbed his tummy. 'I do believe,' he said, 'that Christmas gets better every year.'

'That's the way it should be,' said grandpa. 'Isn't that right, children? Better every year?'

And the children, who were really too full to say anything at all, just nodded their heads in agreement.

Happy Christmas, everyone!

n'a pas de copains

*Avec la collaboration
de Renaud de Saint Mars*

Collection dirigée par Dominique de Saint Mars

ISBN : 2-88445-529-9

Ainsi va la vie

Lucien
n'a pas de copains

Dominique de Saint Mars

Serge Bloch

CALLIGRAM

CHRISTIAN GALLIMARD

7

8

9

10

11

Ça suffit ! Vous savez tous que les injures, c'est interdit ! Et que ça fait mal, surtout quand on est seul ! Vous avez tous envie d'être respectés...

... alors, ne faites pas aux autres ce que vous ne voulez pas qu'on vous fasse. Max, viens ici tout de suite ! Et toi, Jérôme, au tableau !

Euh...

Tu fais le fier mais tu ne sais pas ta leçon. Bon... qui veut répondre ?

C'est facile, il suffit d'additionner le nombre de yaourts et de multiplier par deux !

13

14

Ce n'est pas dommage de repousser un geste amical de Max ?

OUAIP !

Mais ils ont été méchants avec moi juste avant !

Bah, c'est plus bête que méchant.
Peut-être qu'ils ont peur de perdre leur place dans le groupe ou que ton comportement les énerve ? C'est difficile à comprendre... Mais tu as besoin d'eux !

Ils me font peur, ça me rend bête. Qu'est-ce que je peux faire ?

Tu es plein de qualités et tu n'as pas la langue dans ta poche ! Au lieu de te plaindre, sois le premier à rire de toi-même, par exemple !

De toute façon, s'ils ne veulent pas de moi, ils me trouveront toujours nul et lourd !

Tu n'es pas forcé d'accepter de souffrir et d'être une victime ! Et il n'y a pas qu'eux dans l'école, comme copains.

17

18

19

... Il court vite, n'empêche !
Il n'est pas complètement nul !
On est quand même durs
avec lui !

Hé... ! C'est lui ou nous,
tes copains ?

C'est vous,
d'accord, mais ça doit
pas être drôle d'être
petit et cloche !

Ben toi aussi,
t'es petit !

Ah, voilà Max !

... Max, tu connais nos nouveaux voisins ? Dis, c'est vrai que Lucien n'a pas beaucoup de copains dans la classe ?

23

25

26

27

Tu ne le connais pas vraiment ! Et tu n'es pas obligé d'être toujours d'accord avec tes copains. Ni d'obéir quand ce n'est pas juste...

Attends, j'ai eu assez de mal à rentrer dans la bande !

Moi, je me souviens de ta tête quand tu étais nouveau à l'école... !

En tout cas, je compte sur toi pour essayer d'arranger la situation... Vous n'avez pas le droit de torturer ce pauvre Lucien !

Mais je ne torture personne, moi !

GRRR!

28

29

Mais je n'y arriverai jamais !
Et qu'est-ce que j'aurai,
si je réussis... ?

En plus tu voudrais
quelque chose ?... T'es quand
même gonflé !

Si, Jérémy, c'est normal... il gagne
le droit de visiter notre cabane,
par exemple...

31

Allez ! Plus vite ! Plus vite !

C'est pas mal mais... c'est une seconde de trop.

32

33

34

35

37

39

40

Et toi...

Est-ce qu'il t'est arrivé la même histoire qu'à Lucien ?

Ils se moquent de toi ? Ils ne te parlent pas ? Ils refusent de jouer avec toi ? Ils t'obligent à faire des choses que tu ne veux pas ?

Tu te sens seul ? violent ? Ça gêne ton travail ? Le soir, tu es triste en y repensant ? Tu voudrais qu'on t'aime ?

Est-ce parce que tu es différent ? nouveau ? timide ? susceptible ? bon ou mauvais élève ? bagarreur ? rêveur ?

Tu le dis à l'un d'eux ? à ta maîtresse, tes parents ? On te croit ? Tu aimerais qu'ils interviennent, changer d'école ?

Pourrais-tu changer ta façon d'être ? Et ne pas répondre aux provocations pour que tes « ennemis » se fatiguent ?

À l'école, tu t'isoles ou tu vas voir des plus petits ou des plus grands ? Te sens-tu rejeté aussi parfois à la maison ?

L'as-tu été ? En as-tu souffert ? Comment t'en es-tu sorti ?
Ça t'a appris à te défendre, à entrer dans un groupe ?

As-tu observé que ceux qui rejettent ont déjà été rejetés
eux-mêmes ou ont peur de perdre leur place dans le groupe ?

As-tu confiance en toi ? Penses-tu que tu vaux bien tes
copains ? Essaies-tu de ne pas provoquer les autres ?

Invites-tu un copain chez toi ? Essaies-tu de ne pas être seul ? Es-tu inscrit à un club de sport ? Aimes-tu aider ?

Es-tu prêt à dire ce que tu penses, même si tu n'es pas d'accord avec le groupe ? Ou as-tu peur d'être rejeté ?

As-tu déjà rejeté quelqu'un ? Pour quelles raisons ? Comment ça s'est arrêté ? As-tu accueilli un enfant rejeté ?

**Après avoir réfléchi
à ces questions
sur l'exclusion,
tu peux en parler
avec tes parents ou tes amis.**